职业教育·城市轨道交通类专业教材

城市轨道交通通信与信号系统

王青林　张　涛　主　编
韩海玲　赵明国　郎　健　副主编
郭京波　主　审

（第3版）

人民交通出版社

北　京

内 容 提 要

本书为职业教育城市轨道交通类专业教材。其主要内容包括城市轨道交通信号基础设备、列车自动控制系统和城市轨道交通通信系统。城市轨道交通信号基础设备主要讲信号继电器、信号机、轨道占用检测设备、转辙机等；列车自动控制系统主要讲列车自动驾驶、列车自动防护、列车自动监控三个子系统，通过通信网络实现地面控制与车上控制的结合、本地控制与中央控制的结合；城市轨道交通通信系统为信息传输服务，给乘客提供信息，保证车站与中控中心的视听网路正常运行，并对各个子系统内的故障进行自检和报警，确保整个通信系统可靠运行。

本书可作为职业教育城市轨道交通运营管理专业基础课程教材，也可作为城市轨道交通其他专业的教学参考书。

＊ **本书配多媒体教学资源，任课教师可加入"职教轨道教学研讨群"**（教师专用 QQ 群号：129327355）**获取。**

图书在版编目（CIP）数据

城市轨道交通通信与信号系统/王青林,张涛主编.

3 版. —北京:人民交通出版社股份有限公司,2025.

1. —ISBN 978-7-114-19987-5

Ⅰ. U239.5

中国国家版本馆 CIP 数据核字第 2024VH1362 号

Chengshi Guidao Jiaotong Tongxin yu Xinhao Xitong
书　　　名:**城市轨道交通通信与信号系统**（第 3 版）
著 作 者:王青林　张　涛
责任编辑:司昌静
责任校对:赵媛媛　卢　弦
责任印制:刘高彤
出版发行:人民交通出版社
地　　　址:（100011）北京市朝阳区安定门外外馆斜街 3 号
网　　　址:http：//www. ccpcl. com. cn
销售电话:（010）85285911
总 经 销:人民交通出版社发行部
经　　　销:各地新华书店
印　　　刷:北京印匠彩色印刷有限公司
开　　　本:787 × 1092　1/16
印　　　张:13.75
字　　　数:315 千
版　　　次:2012 年 8 月　第 1 版
　　　　　　2021 年 1 月　第 2 版
　　　　　　2025 年 1 月　第 3 版
印　　　次:2025 年 1 月　第 3 版　第 1 次印刷
书　　　号:ISBN 978-7-114-19987-5
定　　　价:42.00 元
（有印刷、装订质量问题的图书，由本社负责调换）

前　言

【课程定位】

城市轨道交通通信与信号系统是确保列车运行安全、提高行车效率的关键保障。按照最新的职业教育城市轨道交通专业教学标准，城市轨道交通通信与信号系统是城市轨道交通运营管理专业的专业基础课。在实际教学中，也可将其作为其他相关专业的专业拓展课。通过本课程的学习，学生能够对城市轨道交通的信号设备、通信设备有比较全面的了解，为从事城市轨道交通运营指挥和通信信号设备维护等工作提供知识保障，掌握城市轨道交通通信信号技术也是列车司机、调度员、行车值班员、工务作业工等岗位作业人员必备的技能。

【编写特色】

（1）编写调研，模块设计。本教材紧扣职业教育的特点，以调研实际教学需要和岗位需求为基础，进行一体化课程设计，包括课程标准、结构序化、教学方案、辅助资源、考核标准等。基于上述考虑，教材采用模块化编写方式，每个模块包括理论教学、实践教学设计，在讲述专业知识的基础上，突出岗位实际操作技能的训练。

（2）贯彻标准，够学适用。教材整体遵循形式服务于教学，根据课程特点，以知识掌握为基础，为专业核心课程实做服务，内容设计合理、难易适中、图文并茂，重点难点通过视频、动画等辅助教学。

【主要内容】

本教材详细介绍了城市轨道交通通信与信号的有关知识，共分为 8 个模块。模块 1 介绍信号基础设备与通信系统安全。模块 2 介绍信号基础设备，包括信号继电器、信号机、转辙机等。模块 3 介绍轨道占用检测设备，包括轨道电路、计轴器、计轴设备常见故障、车-地信息传输设备等。模块 4 介绍车站联锁的基本知识。模块 5 主要内容是区间闭塞相关知识。模块 6 主要介绍列车自动控制系统（ATC）及其子系统的相关内容。模块 7 介绍城市轨道交通 CBTC 系统。模块 8 介绍城市轨道交通通信系统中应用的通信子系统的相关内容。

【编写团队】

本教材由汕尾职业技术学院王青林、济南市技师学院张涛担任主编，负责结构设计和统稿；由汕尾职业技术学院韩海玲、辽宁省交通高等专科学校赵明国、济南轨道交通集团第一运营有限公司车辆部郎健担任副主编，由东莞市轨道交通有限公司郭京波担任主审。具体编写分工为：王青林编写模块1、模块2；郎健编写模块3；赵明国编写模块4；韦冬莉编写模块5；张涛编写模块6、模块7；韩海玲编写模块8。

【致谢】

本教材在编写过程中得到了兄弟院校和企业一线朋友给予的意见和建议，在此表示衷心的感谢。特别感谢人民交通出版社股份有限公司编辑团队为书稿质量提升提供的支持和协助。

由于作者水平有限，书中难免有错误和不当之处，欢迎读者批评指正。

作　者
2024 年 9 月

数字资源索引

目　录

模块 1

信号基础设备与通信系统安全

教学导入

　　城市轨道交通运营的最基本要求是运行安全，而通信和信号系统是保证运行安全的最重要基础设施设备。

　　城市轨道交通信号设备是构成城市轨道交通信号系统的基础硬件之一，也是城市轨道交通主要技术装备之一，其质量和可靠性直接影响信号系统的稳定性和效能发挥，同时还是衡量城市轨道交通装备水平和技术水准现代化程度的重要标志。城市轨道交通信号设备对指挥列车运行、保证行车安全、提高运输效率、改善行车人员劳动条件具有重要的作用。

　　城市轨道交通列车运行安全和行车效率的提高主要是通过列车自动控制系统（Automatic Train Control，ATC）实现的，而这一过程主要依托于城市轨道通信系统发挥稳定的功能作用。城市轨道交通通信系统为传输服务，给旅客提供信息、保证车站与控制中心的视听网路正常运行，并对各个子系统的故障进行自检和报警，确保整个通信系统可靠运行。

学习目标

知识目标

1. 掌握信号基础设备的类型及信号系统的组成和作用。
2. 了解城市轨道交通通信系统的组成。
3. 掌握故障-安全原理的基本内容。
4. 了解信号安全技术的基本内容。

能力目标

1. 能区分各种类型信号基础设备的功用。
2. 能复述故障-安全原理并举例。
3. 通过信号设备微机化讲述信号设备与计算机的关系。

素养目标

1. 牢固树立安全生产理念。
2. 具备通过查阅资料获取相关知识的能力。

案 例 一

某年 12 月 22 日 06：54，某地铁线路发生两列列车侧面冲撞事故，造成早高峰时间大量市民出行受到影响，并引起广泛关注。 1 月 22 日下午，主管部门公布了此次事故原因的调查结果：因设计疏漏，信号系统发出错误指令，致使列车制动距离不足，发生冲撞。

城市轨道交通系统列车运行速度快、发车间隔时间短、车站站间距较短，这些运行特征对列车运行的安全和控制提出了较高的要求。 故障－安全原则是轨道交通信号设备必须遵循的原则，当系统任何部分发生故障时，应确保系统的输出导向安全状态。

案 例 二

某年 10 月 14 日 06：18，某地铁线路行调通过中央 ATS 报警发现：0901 次（04 车）冒进一个非允许信号，同时列车产生紧急制动（故障导向安全，越信号列车紧急制动停车），行调令司机停车待令。 06：20 行调取消 0901 次（04 车）防护进路，并人工排列某站下行至指定折返线Ⅱ道进路，令司机确认安全后动车。 06：24 列车经该站折返线Ⅱ道折返至上行后投入载客服务，后续运行无异常。

单元 1.1 城市轨道交通信号与通信系统概述

一、城市轨道交通信号系统组成及作用

城市轨道交通信号系统主要由列车自动控制系统（ATC）和车辆段信号控制系统两部分组成。ATC 系统具体包括列车自动防护（ATP）子系统、列车自动运行（ATO）子系统、列车自动监控（ATS）子系统、正线计算机联锁（CBI）子系统、数据通信（DCS）子系统智能运维（MSS）子系统。车辆段信号控制系统包含联锁、进路控制、维修管理、车辆调度等子系统。子系统通过信息交换网络构成闭环系统，实现地面控制与车上控制结合、现地控制与中央控制结合，构成一个以安全设备为基础，集行车指挥、运行调整以及列车驾驶自动化等功能于一体的列车自动控制系统。其中，ATP 子系统是整个 ATC 系统的安全核心，负责整个 ATC 系统涉及安全的所有方面，具有列车间的安全间隔和超速防护、列车定位、速度测量、计算移动授权并执行速度监督等功能。ATO 子系统在 ATP 的安全保护下，根据 ATS 子系统的指令，实现列车在区间正方向的自动驾驶，自动完成列车启动、加速、巡航、惰行、减速和停车、站台精确停车、程序站停、下站停车、跳停和扣车、在 ATP 允许下的车门控制等功能。ATS 子系统通过与 ATP、ATO 和 CBI 子系统协调配合，主要实现列车监视和跟踪、进路自动控制、列车调整、人工控制等功能。CBI 子系统负责安全执行传统联锁功能。它从辅助列车检查计轴系统中获得列车的位置信息。CBI 子系统除与轨旁设备接口（如转辙机、信号机等）外，为保证 CBTC 系统正常运行，还与区域控制器（ZC）接口。DCS 子系统包括轨旁数据接入网络、轨旁数据骨干网络、车载数据通信网络和车地双向通信网络等。MSS 采用三层网络结构，由线网中心设备、线路中心设备和车站设备组成。它能实时监测信号设备状态，并对状态信息进行分析、处理和存储，当监测到信号设备工作状态异常时能及时发出预警和报警。智能运维子系统（MSS）是集信号设备状态监测、故障诊断、智能分析、维护维修管理于一体的综合性维管平台。

综上所述，城市轨道交通信号系统设备按其安装的位置可分为室内设备、室外设备和车载设备。

城市轨道交通
信号系统概述

二、城市轨道交通通信系统组成

城市轨道交通通信系统是指挥列车运行、进行运营管理、执行公务联络和传递各种信息的重要载体，是保证列车安全、快速、高效运行不可缺少的综合系统。它主要由传输系统、公务电话系统、专用有线调度系统、无线列车调度系统、闭路电视监控系统、广播系统、时钟系统、乘客信息系统、不间断电源系统和接地系统等子系统组成。这是一个复杂的大系统，各个部分互相结合、协调作业，完成通信系统整体的功能。

1. 传输系统

传输系统是整个通信网络的纽带，它为通信各子系统及电力系统、信号系统、自动售检票系统、消防报警系统、办公网络等提供传输通道，将各车站、车辆段、停车场的设备与控制中心的设备连接起来。

2. 公务电话系统

公务电话系统为城市轨道交通运营提供办公电话、传真等业务，同时在控制中心、车站、车辆段、停车场等区域也设置了公务电话。它既可作为办公电话使用，也可作为专用有线调度电话的备份，一旦调度电话出现故障，可临时应急使用。

3. 专用有线调度系统

专用有线调度系统是为行车指挥、维修、抢险等设置的专用通信系统。

4. 无线列车调度系统

无线列车调度系统主要用于固定人员（调度员、值班员等）与流动人员（司机、维修人员等）之间的通话。

5. 视频监视系统

视频监视系统是城市轨道交通运营管理及保证运输安全的重要手段，它为控制中心的调度员、各车站值班员、公安值班人员等，提供有关列车运行、旅客疏导、防灾救火、事件突发等情况下的现场视频信息。

6. 广播系统

广播系统为乘客提供列车到发时间和安全提示信息的同时，还能在紧急情况或突发事件时为乘客提供疏散信息。

7. 时钟系统

时钟系统主要是为行车组织提供统一的标准时间，并向其他系统提供标准时间信号。

8. 乘客信息系统

乘客信息系统的主要功能是为乘客提供关于行车时刻表、安全提示、视频等方面的文字或多媒体视频信息。

9. 不间断电源系统

不间断电源系统（UPS）主要为其他通信子系统提供稳定的电源，当市电或 UPS 主机发生故障时，通过电池组为设备供电，以保证通信设备正常运行。

三、城市轨道交通信号基础设备

1. 信号继电器

信号继电器是自动控制系统中常用的电器元件，它用于接通和断开电路，用以发布控制命令和反映设备状态，以构成自动控制和远程控制电路。

2. 信号机

信号机是保证行车安全的设备，是指示列车及调车作业的命令，行车有关人员必须熟知信号的显示方式，按照信号显示要求进行行车及调车作业。

3. 轨道电路

轨道电路是利用一段钢轨线路的两根钢轨作为导体，用引接线连接送电设备（电源）和受电设备所构成的电路。轨道电路既用于监督铁路线路是否空闲，也用于传输列车控制信息。

4. 计轴器

计轴器是用于完成计算车辆进出区段的轮轴数，分析计算区段是否有列车占用的一种技术设备。它具有检查区段占用与空闲的功能，而且不受轨道线路的道床状况等影响。

5. 应答器

应答器分为地面设备和车载设备，是一种能向车载子系统发送报文信息的传输设备。它既可以传送固定信息，也可连接轨旁单元传送可变信息来确定列车的具体位置。

6. 转辙机

转辙机是完成道岔转换的设备，具备完成道岔的转换、锁闭和位置监督功能。

单元 1.2　故障-安全原理

一、安全性和可靠性概念

1. 安全性

安全性是指系统在规定的条件下，在规定的时间内，不陷入危险状态的性能。在与安全有关的系统中，安全性也是反映质量的重要指标，在信号系统中它比可靠性更重要。

2. 可靠性

可靠性是指系统在规定的条件下，在规定的时间内，不发生故障的特性。可靠性是反映产品质量的一个重要指标。

3. 失效

失效是导致错误发生的主要原因，它包含以下内容：一是系统或系统的部件不能在规定的限制内执行所要求的功能；二是一个功能单元执行所要求的功能的能力的终结；三是程序操作偏离了程序的需求。

4. 错误

错误是指系统陷入不正常状态或执行非正常操作。错误可能由硬件失效、软件失效、环境干扰等因素引起。

5. 故障

故障是指由于错误造成系统的部件、软件或整个系统丧失必要的功能，即由于各种原因造成的系统的不正常状态。故障可按时间间隔、值的类型、故障影响范围等进行分类，具体如下。

①按时间间隔可分为永久性故障和瞬时性故障。永久性故障是由部件或软件中的不可逆变化引起的，它永久地将原逻辑或原数据变为另一种逻辑或数据。瞬时性故障是指持续时间不超过一定值的故障。

②按值的类型可分为确定值故障和非确定值故障。确定值故障的故障变量保持在一个恒定的值上；非确定值故障的故障变量在一定的范围内不断变动。

③按故障影响范围可分为局部故障和分布式故障。局部故障通常指只影响局部逻辑线路或某一软件模块的故障。分布式故障（相当于多故障）是指包含两个或两个以上逻辑部件或软件模块的故障，以及一个子系统或整个系统的故障。分布式故障可能引起灾害性后果。

6. 失误

失误是指人为的失败和错误，通常指人的错误操作。

7. 危害

危害是指有可能给人类或财产带来不良影响的事情。

8. 风险

风险表示危及安全事件发生的频度，以及事件危害程度（或严重程度）的指标。

9. 容错

容错指一个系统在已经出现故障的情况下仍能提供要求功能存活的属性。

10. 安全性评估

安全性评估指采用解析或测试的方法，对系统安全性能进行估算和分析，从而对系统安全性能作出定量或定性的评价。用于安全性评估的指标主要是安全性完善度和安全性完善等级。

①安全性完善度。在给定的条件下，到给定的时刻 t，系统维持所要求安全功能的概率，是表示系统所能达到安全性要求程度高低的指标。

②安全性完善等级。安全性完善等级表示系统所能达到的安全性水平等级。通常较小的等级表示安全性水平低，较大的等级表示安全性水平高（例如：1级安全性完善等级为最低级，4级安全性完善等级为最高级，0级则为没有安全性设计要求）。

二、故障-安全原理

故障-安全是指系统在发生故障的情况下，能够维持安全状态或向安全状态转移。这种与安全相关的系统特性就是故障-安全。在信号系统中常称为故障导向安全原则，又称 FS（Fail-Safe）原则。

信号"故障-安全"技术是随着城市轨道交通控制系统的进步而发展起来的。信号控制设备率先完成了故障-安全的设备化。从臂板信号机、机械联锁到信号继电器、轨道电路和继电联锁，不仅实现了故障状态向安全状态转移的功能，而且为信号安全技术提供了许多可借鉴的重要方法，因而成为现代城市轨道交通信号控制系统设计中的重要参考内容。

信号系统的重要作用之一是保证列车安全运行，这种安全的实现总是把"系统故障时让列车停止运行"作为首要方针。规定系统故障时把信号变为让列车停止运行的状态作为安全侧，这是信号安全技术的一个重要特点。由于司机对信号显示的信任和服从，一旦让列车停止运行的信号出现故障或出现错误显示，将会造成人员的伤亡和财产的巨大损失。因此，为了保证列车运行的安全，在信号设备发生故障时，绝对禁止向显示"进行信号"的危险侧动作，而必须导向显示"停止信号"的安全侧。也就是说，在信号设备发生故障时，显示绝对不能"升级"。

客观上百分之百可靠的信号设备是不存在的，即设备的故障是不可避免的。用全故障率表示，希望它足够小，但不可能为零。

三、城市轨道交通通信信号系统安全性评估

城市轨道交通通信信号系统安全性评估包括硬件系统的可靠性和安全性评估及软件系统的可靠性和安全性评估。

1. 硬件系统的可靠性和安全性评估

（1）硬件可靠性评估

对于信号应用微机系统，为了满足运营的高效和安全要求，其必须具有极高的可靠性和安全性，但无论系统的可靠性和安全性有多高，系统故障总是不可避免，采取各种可靠性技术措施可以帮助系统延长无故障工作时间。在定量地考虑系统的可靠性时，一般用平均故障间隔时间来衡量系统的可靠性。对信号设备而言，不仅要求其尽可能少发生故障，而且更要求在发生故障后，不致出现危及行车安全的后果。因此，采用故障-安全技术，可使系统不发生危险侧故障。但实践证明，绝对不发生危险侧故障是不可能的，只能采取措施使危险侧故障发生的概率尽可能小。

（2）硬件安全性评估

在计算安全度时，需要分析在什么情况下才发生危险侧故障。在采用双重软件进行比较的情况下，假定只有当发生两次故障且两次故障的后果一致并且不能通过比较被发现时，才有导致危险侧故障的可能。具体情况如下。

①微机第一次发生故障，使得基本的或冗余的信息中出现了一个错误的信息。

②在第一次故障尚未被检出期间，或者说在检测期间又发生了第二次故障。对于动态切换系统来说，是指同一微机发生了第二次故障，对于三中取二系统来说，是指另一个微机系统发生了故障，这次故障也产生了另一个错误信息。

③两个错误的信息恰巧构成了两个相同的且错误的有效代码，因而不能检出。

④错误的有效代码又是危险侧代码，从而产生了一个危及行车安全的控制命令。

总之，只有上述 4 个条件都存在时才算是出现了危险侧故障。

2. 软件系统的可靠性和安全性评估

（1）软件可靠性评估

软件可靠性是指软件在所规定的环境条件下和规定的时间内，一直能按需求规格说明，正确地完成任务的能力。

（2）软件安全性评估

软件安全性不像可靠性那样适合于定量处理，因为意外事故通常可由多种因素引起，概率小，评估极为困难。为了进行软件安全性评估，必须掌握下列各种资料和信息：

①系统及分系统说明、软件需求说明、各种接口说明等有关资料。

②系统生存周期中软件及其组成单元的工作情况、功能、工作时序等有关资料。

③程序各种功能的流程图、编程语言、储存和时序等相关资料。

④系统及软件在测试、生产、运输、装卸、储存、维修等各个环节与安全有关的经验教训。

⑤已知的危险事件源，包括能源及有毒物源，特别是可由软件控制的危险事件源。

⑥软件开发计划、软件质量评估计划、软件配置管理计划和其他系统、分系统开发计划的文档。

⑦系统测试计划、软件测试计划和其他测试文档。

软件安全性分析包括以下 7 个工作项目：

①软件需求危险分析；

②概要设计危险分析；

③详细设计危险分析；

④软件编程危险分析；

⑤软件安全性分析；

⑥软件与用户接口危险分析；

⑦软件更改危险分析。

软件更改危险分析是用来考查和分析说明书、软件设计、源程序和目标程序的更改对安全性的影响。

在实际运营过程中，根据以上硬件系统和软件系统的可靠性与安全性指标制定应急措施，能有效避免不必要的事故。

单元 1.3　信号安全技术

一、故障-安全计算机

1. 故障-安全计算机系统组成

①故障-安全计算机：实现数据处理过程的故障-安全。

②输入/输出接口：实现数据采集和控制过程的故障-安全。

③信息传输：实现远距离数据传输过程的故障-安全。

2. 故障-安全计算机的构成方法

故障-安全计算机的构成方法包括采用非对称性错误特性元件的构成方法、采用通用的对称性错误特性元件的构成方法、采用通用计算机或处理器的构成方法。前两种方法由于结构的复杂性、可靠性、经济性等原因未能推广应用；而采用硬件与软件冗余技术和故障诊断技术，将通用计算机的处理结果进行相互比较，发现故障时使输出导向安全侧的方法，在信号设备计算机化的过程中得到了推广，各国信号工作者研制了多种实施方案，大致可分为软件和硬件相异性两类。

软件的相异性就是在一台微型计算机上配置两套相异的软件，借此进行故障诊断和错误检测，从而实现故障-安全。

硬件的相异性就是把相同的软件配置在两台微型计算机上，高频度地对数据进行校验，在检出异常时，把输出保持在安全状态的一种方式。

3. 信号设备微机化的主要特点

微机化的信号设备具有如下特点：采用了集成电路芯片和利用软件实现逻辑运算及故障检测、诊断，从而使设备具有高速率高智能处理能力，并且具有更高的可靠性、容错性和安全性。

二、硬件安全性技术分类

在微机化的信号设备中，通过硬件实现故障-安全性能的技术主要有以下几类：

①多重化技术；

②高可靠技术；

③故障检测技术；

④电路构成技术。

三、软件安全性技术分类

在微机化的信号设备中，通过软件实现故障-安全性能的技术主要有以下几类：

①高可靠技术；

②故障检测技术；

③故障屏蔽和恢复技术；

④人机技术。

四、容错技术

1. 概述

避错技术是采用正确的设计和质量控制方法，尽量避免把故障引进系统，试图构造一个不包含故障和错误的"完善"系统的技术手段，但要绝对构成一个不包含错误的系统是不可能的，只可能使系统中包含的错误减少到一定程度。一旦系统出现故障，必须通过故障检测和诊断确定故障部位，进而排除故障、修复系统，使系统恢复正常。

容错技术则指采用外加资源的冗余技术，使系统出现某些硬件故障或软件错误时，仍能正确执行规定的程序或实现规定的功能。也可以说容错技术可使过程不因系统中的故障而被中止或修改，并且执行的结果也不包含系统中故障引起的差错。容错的基本思想是在系统体系结构上精心设计，利用冗余的硬件资源或软件资源达到掩蔽故障的影响，从而自动地恢复系统或达到安全停机的目的，因而在信号应用微型计算机的领域中得到了广泛应用。

2. 实现容错技术的主要方法

容错技术是依靠外加资源的方法来换取可靠性的。外加资源的方法很多，主要有外加硬件、外加信息、外加时间和外加软件等，这些方法往往要合理使用，才能达到提高可靠性的目的，包括硬件冗余、时间冗余、信息冗余以及各种冗余技术的综合应用。

五、信号系统安全技术

主要的信号系统安全技术如下：
①故障-安全技术；
②危险侧故障率最小化技术；
③防错技术；
④故障弱化技术；
⑤储备；
⑥故障检测与诊断；
⑦故障恢复；
⑧多重化技术；
⑨安全余裕。

达标练习题

一、填空题

1. 列车自动控制系统英文缩写为＿＿＿＿＿＿＿＿＿＿，其包括＿＿＿＿＿＿＿＿、＿＿＿＿＿＿＿＿＿＿＿＿＿＿和＿＿＿＿＿＿＿＿＿＿＿＿＿＿＿＿三个子系统。

2. 城市轨道交通信号设备按其安装位置可分为＿＿＿＿＿＿＿＿＿＿＿＿＿＿设备、＿＿＿＿＿＿＿＿＿＿＿＿设备和＿＿＿＿＿＿＿＿＿＿＿＿设备。

3. 城市轨道交通信号设备可分为三类，分别为＿＿＿＿＿、＿＿＿＿＿和＿＿＿＿＿。

4. 失效是导致＿＿＿＿＿＿＿＿＿＿＿＿＿＿＿发生的主要原因之一。

5. 故障可按＿＿＿＿＿＿＿＿、＿＿＿＿＿＿＿＿和＿＿＿＿＿＿＿＿等方式进行分类。

二、名词解释

1. 错误

2. 故障

3. 容错

4. 风险

5. 失误

三、简答题

1. 简述城市轨道交通通信系统的构成。

2. 简述城市轨道交通信号系统的组成及作用。

3. 什么是故障-安全原理？

4. 简述故障的不同分类。

5. 简述故障-安全计算机系统的组成。

6. 为什么要采用容错技术？

模块 2

信号基础设备

教学导入

　　继电器是自动控制系统中常用的电器，它不但可以接通和断开电路，而且可以构成各种逻辑电路，用来监督执行设备的运行状态，实现对电气和机械设备的自动控制和远程控制。 在城市轨道交通信号控制系统中采用了大量的继电器——信号继电器，作为城市轨道交通信号控制系统中的重要器件，信号继电器可以实现对各种信号设备的控制和监督。

　　为保证城市轨道交通运输安全，满足列车及调车作业的需要，必须设置各种信号机，以指示列车及调车车列的运行条件。 城市轨道交通运营管理及维护人员必须了解信号的相关知识，掌握各种信号机和信号表示器的作用、设置要求和用途等。

　　道岔转辙设备是保证列车或车列在站内安全运行的重要基础设备。 城市轨道交通运营管理及维护人员必须了解道岔转辙设备的相关知识，熟练掌握转辙设备的结构和动作原理。

学习目标

知识目标

1. 掌握直流无极继电器的结构和工作原理。
2. 了解信号继电器的基本功能、分类及表示方法。
3. 了解常用信号继电器的工作特点。
4. 了解信号继电器的特性。
5. 了解信号的分类。
6. 掌握城市轨道交通正线信号机及表示器、车辆段信号机的设置及作用。
7. 了解城市轨道交通信号机的设置原则。
8. 了解道岔的种类。
9. 了解转辙机的种类及特点。
10. 掌握 ZDJ9 型转辙机的结构及原理。
11. 了解外锁闭与内锁闭的区别。

能力目标

1. 能绘制继电器基本电路。

2. 会命名正线及车辆段信号机。

3. 会讲述城市轨道交通信号机显示的含义。

4. 了解 S700K 型电动转辙机的安装过程并会简单操作。

素养目标

1. 具有融入团队合作、互帮互助的学习理念。

2. 加强系统分析能力。

3. 通过了解 S700K 型电动转辙机的安装过程及简单操作，锻炼知识应用能力。

||| 案例导入 |||

案 例 一

试车线某计轴区段无车占用显示红光带，经查找发现，测量继电器端子 4-1、4-4 电压及该继电器二极管两端电压均为 0V，轨道继电器采用 JWXC-1700 型继电器，轨道继电器前后线圈串联使用，用导线将 2、3 端子连接，从而接通轨道继电器电路。若将继电器 2 端子断开，则会造成该电路开路，致使轨道继电器落下。

案 例 二

车辆段某信号机红灯不亮，开放调车信号时白灯也不亮。在处理故障过程中，发现机械室电源屏信号隔离变压器有输入无输出，更换后故障消除，但触摸变压器时变压器过热，怀疑室外有短路，故将分线盘外线甩开。到现场检查后发现该信号机密封不良，雨水渗入信号机，造成点灯一体化变压器短路。更换信号点灯变压器，连接好外线后，设备恢复正常。

案 例 三

大雪天气某车辆段 9 号道岔由定位向反位操纵时，发生挤岔报警故障，控制台的电流表显示电流值并未归零；而向定位操纵时，一切正常。经信号维修人员分析，判断故障的发生是由于 9 号道岔处的反位尖轨与基本轨之间夹雪所致，将雪清扫完毕后，故障消除。

单元2.1　信号继电器

一、继电器概述

1. 继电器的基本原理

（1）继电器的组成

继电器主要由接点系统和电磁系统两部分组成。电磁系统由线圈、固定的铁芯、轭铁以及可动的衔铁组成；接点系统由动接点、静接点组成。

继电器构造

（2）继电器的动作原理

当线圈中通入一定数值的电流后，由于电磁作用，产生电磁吸引力，吸引衔铁，由衔铁带动接点系统，改变其状态，从而反映输入电流的状况。继电器最基本的工作原理为：线圈通电→产生磁通（衔铁、铁芯）→产生吸引力→克服衔铁阻力→衔铁吸向铁芯→衔铁带动动接点动作→前接点闭合、后接点断开，电流减少→吸引力下降→衔铁依靠重力落下→动接点与前接点断开、后接点闭合。可见，继电器具有开关特性，利用其接点的通、断电路，可以构成各种控制。电磁继电器的基本工作原理和外形如图2-1所示。

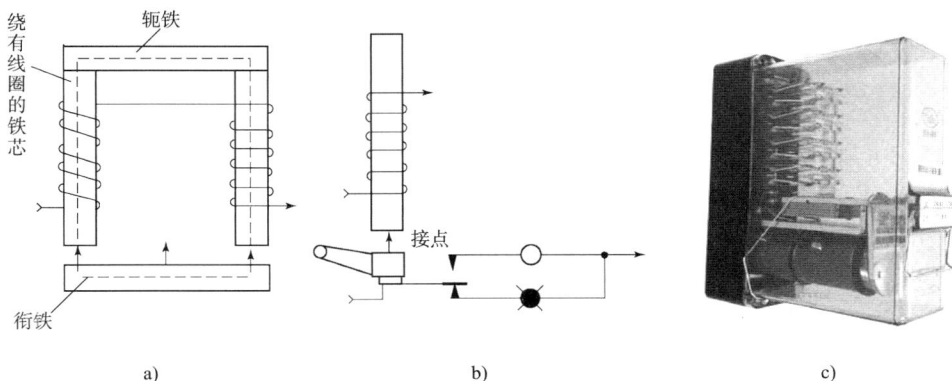

图2-1　电磁继电器的基本工作原理和外形

2. 继电器的继电特性

继电器具有回差特性：吸起值、释放值不一样，吸起值＞释放值。

3. 继电器的作用

①能够以极小的电信号控制执行电路中大的对象，能够控制数个对象和数个回路，也能控制远距离的对象；

②有着良好的开关性能：闭合阻抗小、断开阻抗大，有故障-安全性能；

③抗雷击性能强、无噪声、温度影响小等。

在以电子元件和微机构成的计算机联锁系统中，继电器作为接口部件，将系统主机与信号机、轨道电路、转辙机等执行部件结合起来使用。

4. 城市轨道交通信号对继电器的要求

①安全、可靠；

②动作可靠、准确；

③使用寿命长；

④有足够的闭合和断开电路的能力；

⑤有稳定的电气特性和时间特性；

⑥保持良好的电气绝缘强度。

5. 信号继电器的分类

①按动作原理分类：可分为电磁继电器和感应继电器；

②按动作电流分类：可分为直流继电器（按所通电流的极性，又可分为无极、偏极和有极继电器）和交流继电器；

③按输入物理量的物理性质分类：可分为电流继电器电压继电器、频率继电器、非电量继电器等；

④按动作速度分类：可分为快速继电器、正常动作继电器、缓动继电器；

⑤按接点结构分类：可分为普通接点继电器和加强接点继电器；

⑥按工作可靠度分类：可分为安全型继电器和非安全型继电器（前者称为 N 型重力式继电器，后者称为 C 型弹力式继电器）。

二、信号继电器的表示方法

信号继电器的表示方法主要有型号、符号及名称代号三种。型号是指由继电器结构决定的具有不同特性和功能的继电器；符号是指用电路符号表示不同型号的继电器及其接点；名称代号是根据继电器的用途给继电器起的名称，它与继电器的型号、符号无关。

1. 信号继电器的型号表示法

信号继电器的型号用汉字拼音字母和数字表示，字母表示继电器的类型，数字表示线圈的电阻值（单位为 Ω）。例如，JWXC-1700，第一个字母表示继电器，第二个字母表示无极，第三个字母表示信号，第四个字母表示插入式，数字 1700 表示继电器的线圈电阻为 1700Ω。该继电器的前圈和后圈均为 850Ω。

信号继电器型号中代号的含义见表 2-1。

信号继电器型号中代号的含义   表 2-1

代号	含义		代号	含义	
	安全型	其他类型		安全型	其他类型
A		安全	C	插入	插入、传输、差动
B		半导体	D		单门、动态

续上表

代号	含义		代号	含义	
	安全型	其他类型		安全型	其他类型
DB	单闭磁		T		通用、弹力
H	缓放	缓放	W	无极	
J	继电器、加强接点	继电器、加强接点、交流	X	信号	信号、小型
P	偏极		Y	有极	
R		二元	Z	整流	整流、转换
S		时间、灯丝、双门			

安全型继电器有无极继电器（含无极、无极加强接点、无极缓放、无极加强接点缓放）、整流式继电器、有极继电器（含有极、有极加强接点）、偏极继电器等型号。表2-2列出了各种安全型继电器的型号及其线圈连接方式、接点组数、鉴别销号码、电源片等情况。表中 Q 表示前接点，H 表示后接点，D 表示定位接点，F 表示反位接点，J 表示加强接点。

安全型继电器的型号及规格　　　　　　　　表2-2

类型序号	规格序号	继电器类型	继电器型号	线圈连接	接点组数	鉴别销号码	电源片	
							使用	连接
1	1	无极继电器	JWXC-2000	串联	2QH	12，55	1，4	2，3
	2		JWXC-1700		8QH	11，51		
	3		JWXC-1000			11，52		
	4		JWXC-7			11，55		
	5		JWXC-2.3		4QH	11，54		
	6		JWXC-370/480	单独	2QH，2Q	22，52	3，4/1，2	—
	7	无极加强接点继电器	JWJXC-480	串联	2QH，2QHJ	15，51	1，4	2，3
	8		JWJXC-160		2QHJ	11，52	1，4	2，3
	9		JWJXC-135/135	单独	2QH，4QJ，2H	31，53	3，4/1，2	—
	10		JWJXC-300/370		4QHJ	22，52		
	11	无极缓动继电器	JWXC-H310		8QH	22，54	1，4	
	12	无极缓放继电器	JWXC-H600	串联	8QH	12，51	1，4	2，3
	13		JWXC-H340			12，52		
	14		JWXC-500/H300	单独		12，53	3，4/1，2	—
	15		JWXC-H850		4QH	11，52	1，4	—
	16		JWXC-H1200	串联	8QH	14，42	1，4	2，3
	17	无极加强接点缓放继电器	JWJXC-H125/0.44	单独	2QH，2QHJ	15，55	3，4/1，2	—
	18		JWJXC-H125/0.13			15，43		
	19		JWJXC-H125/80		2QH，2QJ，2H	31，52		
	20		JWJXC-H80/0.06			12，22		
	21		JWJXC-H80/0.17			15，55		

续上表

类型序号	规格序号	继电器类型	继电器型号	线圈连接	接点组数	鉴别销号码	电源片 使用	电源片 连接
2	22	整流继电器	JZXC-480	串联	4QH, 2Q	13, 55	7, 8	1, 4
	23		JZXC-0.14	并联	4QH	13, 54	5, 6	1, 3 2, 4
	24		JZXC-H156	串联		22, 53	5, 6	1, 4
			JZXC-H62			13, 53		
	25		JZXC-H18	串联	4QH	13, 53	5, 6	1, 4
	26		JZXC-H142					
	27		JZXC-H138					
	28		JZXC-H60					
	29		JZXC-H0.14/0.14	单独	2QH, 2H	22, 53	53, 63/32, 42	
	30		JZXC-16/16		4QH	13, 53	1, 2	—
	31		JZXC-H18F				5, 6	
	32		JZXC-H18F1				1, 2	
	33		JZXC-480F		4QH, 2Q		71, 81	
3	34	有极继电器	JYXC-660	串联	6DF	15, 52	1, 4	2, 3
	35		JYXC-270		4DF	15, 53		
	36	有极加强接点继电器	JYJXC-3000		2F, 2DFJ	13, 51		
	37		JYJXC-J3000					
	38		JYJXC-135/220	单独	2DF, 2DFJ	15, 54	1, 2/3, 4	—
	39		JYJXC-X135/220			12, 23		
	40		JYJXC-220/220			15, 54		
4	41	偏极继电器	JPXC-1000	串联	8QH	14, 51	1, 4	2, 3

2. 信号继电器的符号表示法

在信号控制电路中会用到各种信号继电器，为了简化和规范电路，可将信号继电器（线圈）和开关接点用电路符号表示。图 2-2 以 JWXC-1700 继电器为例，展示了最常用的直流无极继电器的线圈和接点的基本图形符号。

继电器接点符号有工程图用和原理图用两种。其中，工程图用的符号略为复杂，但能准确表达接点的状态，且不致因笔误而造成误解，所以信号工程图纸、文件和书籍必须采用标准的工程图用符号；原理图用的接点符号比较简单，容易造成误认，正规的文件和图纸中不允许使用。

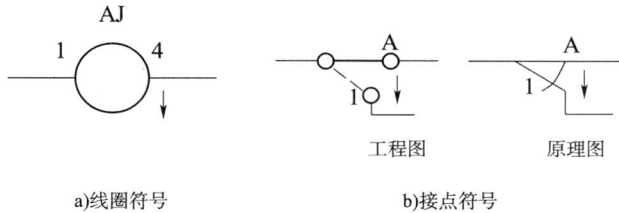

a)线圈符号　　　　　　　　b)接点符号

图 2-2　JWXC-1700 继电器的线圈符号和接点符号

不同类型的信号继电器、不同的线圈使用方式，其线圈的符号不同；继电器不同的定位状态、电路中不同的开关状态要求，其接点的符号也不相同。有关继电器的各种线圈符号和接点符号的表示方式，将在后面具体介绍。

3. 信号继电器的名称代号表示法

继电器的型号和继电器的名称不是一回事。继电器的型号是继电器本身所固有的，如 JWXC-1700 表示该继电器是无极继电器，线圈阻值为 1700Ω；而继电器的名称一般是根据它在继电电路中的主要用途和功能来命名的，常用汉语拼音字头来表示，它与继电器的型号无关。例如，按钮继电器表示为 AJ，信号继电器表示为 XJ。在一个控制系统中会使用很多继电器，同一作用和功能的继电器也不止一个，它们的名称必须有所区别。例如，以 XLAJ 代表下行进站信号机的列车进路按钮继电器，以 SLAJ 代表上行进站信号机的列车进路按钮继电器。同一个继电器的线圈符号和接点符号的上面必须用该继电器的名称来标记，以免混淆。同一个继电器的各接点组还要进行编号，以防止重复使用。

三、安全型继电器

1. 安全型继电器概述

Ax 系列安全型继电器是直流 24V 系列的重弹力式直流电磁继电器，其典型结构为无极继电器，其他各型号都是由其派生而来。因此，绝大部分零件都能通用。

继电器分为插入式和非插入式两种。两者的区别是外观上是否有防尘罩，前者单独使用，后者匣内使用。

（1）型号的表示方法

采用汉字拼音字母和数字表示，字母表示继电器种类，数字表示线圈的阻值，如图 2-3 所示。

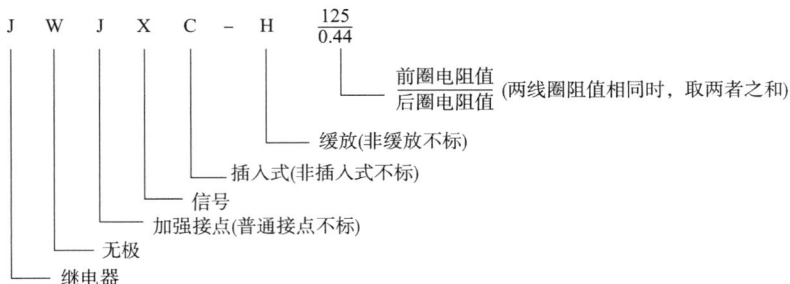

图 2-3　安全型继电器型号的表示方法

（2）安全型继电器的种类

安全型继电器有无极、无极加强接点、无极缓放、无极加强接点缓放、整流式、有极、有极加强、偏极、单闭磁等5种9类20多个型号及3个派生品类。

通常我们所说的直流无极继电器指的是通用的无极继电器，其主要型号有JWXC-1700、JWXC-2000、JWXC-1000、JWXC-7、JWXC-2.3、JWXC-70/480等。其中，JWXC-1700型继电器是最常用的直流无极继电器。

（3）安全型继电器的特点

前接点代表危险侧信息；后接点代表安全侧信息。因为在故障情况下，使前接点闭合的概率远远小于后接点闭合的概率。

（4）安全型继电器的寿命

①电气寿命：$2 \times 10^5 \sim 2 \times 10^6$ 次。

②机械寿命：1×10^6 次。

2. 安全型继电器的结构和动作原理

（1）无极继电器

①结构。无极继电器由电磁系统（包括线圈、铁芯、轭铁、衔铁），接点系统（包括拉杆、动静接点组）组成。线圈水平安装在铁芯上，分为前圈和后圈（前圈用3-4表示，后圈用1-2表示）。采用双线圈的目的主要是为了增强控制电路的适应性和灵活性。线圈绕在线圈架上，线圈架由酚醛树脂压制而成。线圈用高强度漆包线密排绕制，抽头焊有引线片。

②动作原理。通电→产生磁场→电磁力→动作拉杆。

吸引力＞重力为吸起状态。

吸引力＜重力为落下状态。

无极加强接点继电器是为通断功率较大的信号电路而设计的，它的普通接点与无极继电器的接点相同，加强接点组由加强动接点单元和带磁吹弧器的加强接点单元组成。为防止接点组间的飞弧短路，在两组加强接点间安装了既耐高温又具有良好的绝缘性能的云母隔弧片。隔弧片铆在拉杆上，保证加强接点的安装空间，增加空白单元。无极继电器电磁系统和结构如图2-4所示。

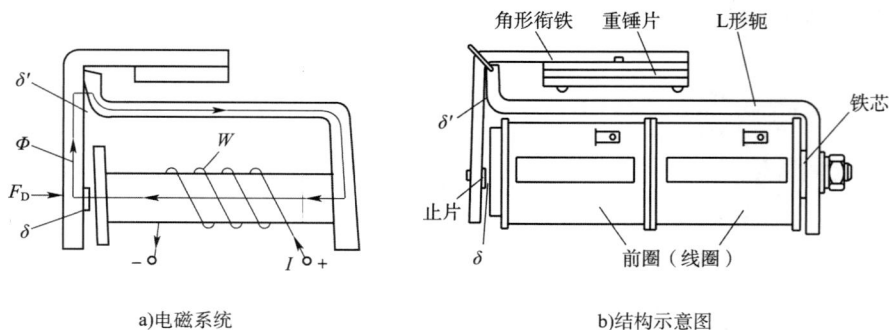

a)电磁系统　　　　　　　　　　b)结构示意图

图2-4　无极继电器电磁系统和结构图

（2）整流式继电器

整流式继电器（JZXC-480）与无极继电器基本一致，仅在接点组上安装了二极管组成的半波或全波整流电路，输入的是交流电源，经整流后再送入线圈。

（3）有极继电器

有极继电器（JYJXC-135/220）具有定位和反位两种稳定状态。这两种稳定状态在线圈中电流消失后，仍能保持，是因为刀形的长条形永久磁钢代替了部分轭铁。由于有永久磁钢的存在，使得磁路系统中有了两条固定磁路，保持在断电后继电器的状态。当通入电源后固定磁路在 δ、δ′ 处与电磁路之间进行比较，使衔铁相应发生运动，改变其状态，如图 2-5 所示。

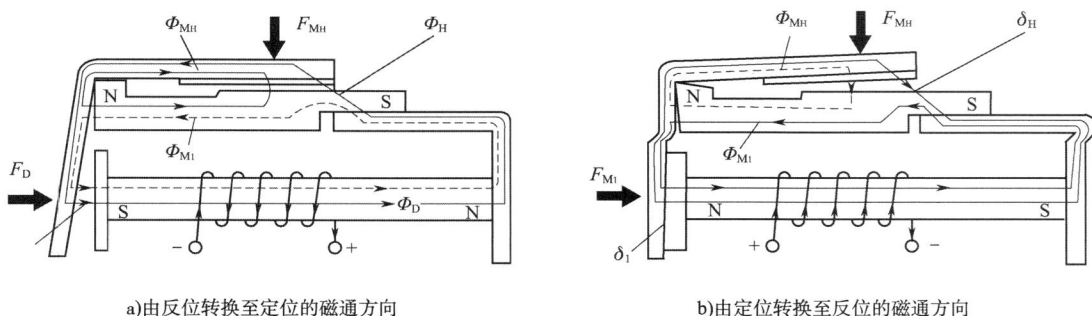

a)由反位转换至定位的磁通方向　　　　b)由定位转换至反位的磁通方向

图 2-5　有极继电器的结构

（4）偏极继电器

为了鉴别电流的极性，在方形极靴前装有人形永久磁钢。只有线圈中通过规定的电源极性，继电器才励磁。

3. 安全型继电器的特性

（1）机械特性

在继电器衔铁动作过程中，衔铁受到电磁吸引力的牵引，称电磁吸引力为牵引力。同时，继电器的衔铁（及重锤片）的重力和接点簧片的弹力组合成为牵引力的反作用力，它与牵引力的方向相反，称为机械力。

机械力与牵引力之间的配合保证了继电器的可靠吸合与落下。其中继电器机械力的大小决定了牵引力的大小。

（2）电气特性

电气特性是安全型继电器的基本要求，也是设计和实现信号逻辑电路的依据，具体包括额定值、吸起值、释放值、工作值、转极值、充磁值、反向工作值、反向不工作值、返还系数等。

（3）时间特性

信号继电器的时间特性是反映继电器动作快慢的时间参数，常用在继电器线圈两端并联 RC 串联电路，达到缓吸缓放的目的。

4. 安全型继电器接点的特性

继电器接点是继电器的执行机构，通过接点来反映继电器的状态，进行电路的控制。对于继电器接点从接点材料到接点结构、从接点组数到接点容量都有较高的要求。对频繁通断大电流的接点，还必须采取灭火花措施。其中最常用的方法是磁吹弧，这种方法是利用磁场的电磁力把电弧拉长，起到增大接点间距离的作用，使电弧拉长到加在接点间的电压不足以维持电弧燃烧所需的电压而自行熄灭，如图2-6所示。

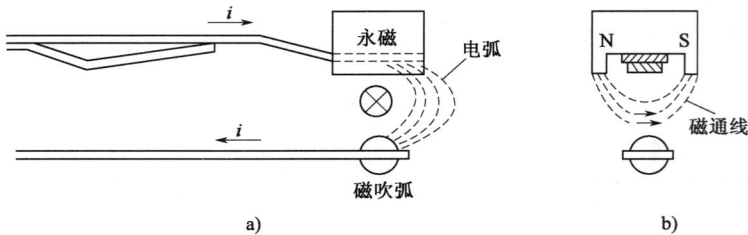

图2-6 常见灭弧方式

磁吹弧的方向根据左手定则确定，如图2-7所示。此时要求通过接点电流的方向，应符合使接点间电弧向外吹的原则。否则，向内吹弧，非但不会熄灭电弧，还会造成接点的损伤。加强接点上用磁吹弧的继电器都规定了接点的正负极性，使用中要注意其方向。

永久型磁吹弧继电器的优点：①可节省铜线和绝缘材料，灭弧系统结构简单；②灭弧较稳定；③没有电能消耗；④可使接点开距缩小。

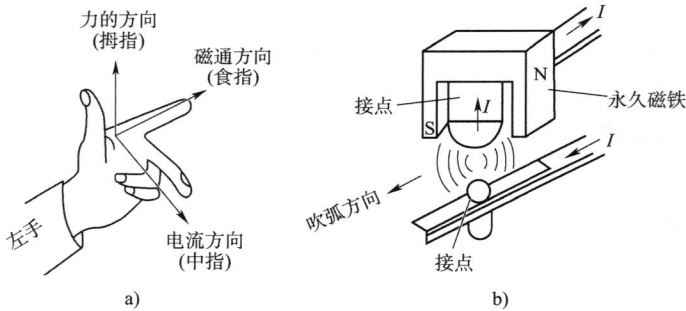

图2-7 磁吹弧方向示意图

四、时间继电器

时间继电器（JSBXC-850）是一种缓吸继电器，借助电子电路，获得180s、30s、13s、3s四种延时。采用微电子技术，通过单片机软件设定不同的延时时间。电路分为输入电路、控制电路、电源电路和动态输出电路。

时间继电器的180s一般用于接车进路和正线发车进路的人工延时解锁、中间出岔解锁；30s用于侧线发车进路、调车进路的人工延时解锁、非进路调车进路解锁、道岔控制电路；13s用于道岔表示报警电路、道岔控制电路；3s用于灯丝断丝等报警电路。

五、交流二元二位继电器

交流二元二位继电器中的二元指有两个相互独立而又相互作用的交变电磁系统，二位指继电器有吸起和落下两种状态，根据频率的不同有 25Hz 和 50Hz 两种。

JRJC-7/240 是用于交流电化区段 25Hz 相敏轨道电路中的轨道继电器，它由专设的 25Hz 铁磁分频器供电，具有可靠的频率相位的选择性，对于轨端绝缘破损和不平衡造成的 50Hz 的干扰，有可靠的防护作用。另外，还有动作灵活的翼板转动系统和坚固的整体结构，经久耐用、维护方便。

1. 交流二元继电器组成

（1）电磁系统

电磁系统包括局部电磁系统和轨道电磁系统。局部电磁系统由局部铁芯和局部线圈组成。轨道电磁系统由轨道铁芯和轨道线圈组成。

（2）翼板

翼板是将电磁系统的能量转换为机械能的关键部件，由 1.2mm 厚的铝板冲裁而成。在翼板一侧的主轴上还安装一块 2.0mm 厚、由钢板制成的止挡片，与轴成一整体，使翼板转至上下极端位置时受到限制。

（3）接点组

接点组具有常闭和常开各两组。

2. 工作原理

①相位的选择性。轨道线圈与局部线圈中的电流频率为 50Hz 时，继电器不一定吸起，只有局部线圈电流相位超前轨道相位 0°~180° 时，翼板中才产生正转矩，使继电器能够被吸起，当相位超前 90° 时正转矩最大。

②频率的选择性。当 50Hz 的电压加在轨道线圈上时，其产生的转矩在一个周期内的平均值为零。因此，在干扰电流混入、与 25Hz 的局部线圈相作用时，不会使继电器误动作。由于其具有良好的频率选择性，便于实现站内电码化。

六、继电器的应用

应用继电器构成的各种控制表示电路，统称为继电电路。

继电器应用

1. 选择继电器的一般原则

①继电器的类型、线圈电阻应满足各种电路的基本要求。

②电路中串联使用继电器时，串联继电器的数量应满足电压要求。

③继电器接点通过的电流不应小于电路的工作电流，必要时采用并联。

④继电器接点数量不够时（不能满足电路要求时），设置复示继电器反映主继电器工作状态。

⑤电路中串联继电器接点时，接点的接触电阻应满足电路要求（不影响电路正常工作）。

2. 继电器的定位

①继电器的定位状态必须和设备的定位状态一致。如：信号机以关闭为定位状态；道岔以开通为定位状态；轨道电路以空闲为定位状态。

②继电器的落下状态必须与设备的安全侧相一致，满足故障-安全原则。如：信号继电器落下表示信号机关闭；轨道继电器落下表示轨道电路被占用。在电路中，凡是以吸起为定位状态的继电器，其接点和线圈均以"↑"符号表示；凡是以落下为定位状态的继电器，其接点和线圈均以"↓"表示。

3. 继电器线圈的使用

继电器线圈的使用必须满足继电器的工作安匝和释放安匝。

串联：前后线圈串联，如：JWXC-1700。

并联：前后线圈并联，如：JWXC-850/850。

单线圈使用时，为了保证得到与两线圈串联使用时同样的工作安匝，通过线圈的电流必须比串联时大一倍，所消耗功率也大一倍。此时，电源容量较大，线圈易发热。因此，继电器大都采用两线圈串联使用的方法。当电路需要时，也采用分线圈使用的方法。两线圈并联使用时，所需电压比串联时低一半，一般使用在较低电压的电路中。

4. 继电器基本电路

①串联电路，实现"与"的功能，如图2-8a）所示。

②并联电路，实现"或"的功能，如图2-8b）所示。

③串并联电路如图2-8c）所示。

④自闭电路。当继电器吸合之后，由其自身前接点构成，用来继续保持继电器励磁导通的电路，如图2-8d）所示。

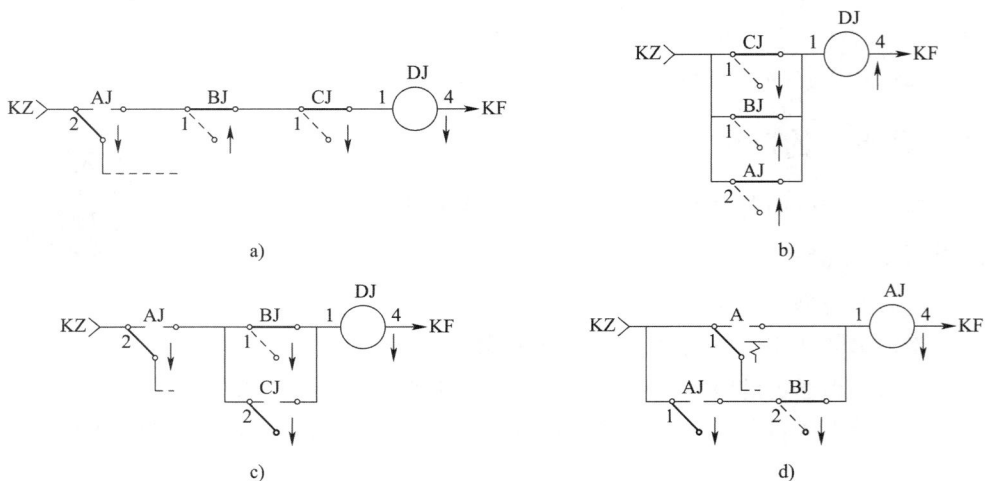

图2-8　信号继电器基本电路

⑤互切电路。在励磁电路中串联另一继电器的后接点。

5. 继电器电路的分析法

①动作程序法：反映继电器电路时序因果关系，并不严格表达逻辑功能。

②图解法。

③接通径路法：仅仅表达的是继电电路的导通路径，而不能反映电路的逻辑功能。

6. 继电器故障

常见的继电器故障有熔断器熔断、断线、脱焊、螺钉松脱、线圈烧坏、接点接触不良、线路混入电源等。此外还有电路开路和电路短路故障。电路开路（断线故障）是指使继电器错误落下，或不能吸起；电路短路（短路故障）是指使继电器错误吸起，或不能落下。

单元2.2 信 号 机

为保证城市轨道交通运输安全，满足列车及调车作业的需要，必须设置各种信号机和信号表示器，以指示列车及调车车列的运行条件。信号是保证行车安全的设备，是指示列车及调车作业的命令，行车有关人员必须熟知信号的显示方式，按照信号显示要求进行行车及调车作业。

城市轨道交通地面采用的色灯信号机在结构上与铁路信号机基本相同，但在设置原则和显示意义方面与铁路信号机有一定的区别，对于信号机的显示距离也有自己的规定，除了车辆段和有道岔的正线车站外，其他地方一般不设置地面信号机。

城市轨道交通的自动化程度比较高，一般采用地面信号显示与车载信号系统相结合，以车载信号系统为主的运行方式。列车的运行速度不取决于地面信号机的显示，地面信号只起辅助作用。

一、信号种类

1. 听觉信号和视觉信号

听觉信号是以声音的强度、长短等方式来表示信号意义，如机车鸣笛等。视觉信号是以信号灯的颜色、显示数目及灯光状态等表达的信号，如地面信号机、手信号旗、信号牌等。

2. 禁止信号和进行信号

禁止信号是指要求停车的信号。进行信号表示注意或减速运行的以及准许按规定速度运行的信号。

我国城市轨道交通视觉信号的基本颜色是红色、黄色、绿色。其中红色表示停车，绿色表示按规定速度运行，黄色表示注意或减速运行。

3. 固定信号与移动信号

固定信号是固定设置在规定位置的信号装置，如地面信号机等。移动信号是根据需要临时设置的信号装置，如实施临时限速时设置限

信号的种类

速告示牌和限速终止标牌等。

4. 地面信号与车载信号

地面信号是设置在线路附近供司机辨识的信号。车载信号是将地面信号通过传输设备或其他方式传输引入列车的信号，位于列车的两端。

城市轨道交通地面采用的色灯信号机在结构上与铁路信号机基本相同，但在设置原则和显示意义方面与铁路信号机有一定的区别，对于信号机的显示距离也有自己的规定，除了车辆段和有道岔的正线车站外，其他地方一般不设置地面信号机。

城市轨道交通的自动化程度比较高，一般采用地面信号显示与车载信号系统相结合、以车载信号系统为主的运行方式。列车的运行速度不取决于地面信号机的显示，地面信号只起辅助作用。

二、信号机的设置

1. 信号机设置的原则

①城市轨道交通采用右行车，所以信号机一般设于列车运行方向的右侧。如果两线路之间不足以装设信号机时，可采用信号托架和信号桥。

②信号机柱的选择。为了提高通过能力及运输效率，进站、正线出站、通过、预告、接车进路信号机采用高柱；站内调车、侧线出站采用矮柱。

③信号机不得侵入设备限界。信号机的安装位置应遵循《地铁限界标准》（CJJ/T 96—2018）的要求，信号机不得侵入设备限界。因为设备限界是用以限制设备安装的控制线。

2. 正线信号机及表示器的设置及作用

（1）防护信号机

设置：在正线道岔岔前和岔后的适当地点。

作用：防护正线上的道岔。

（2）进站信号机

设置：进站信号机防护车站，指示列车的运行条件，保证接车进路的正确和安全可靠，设置在车站入口外放适当距离，也可根据需要不设进站信号机。

作用：防护车站。

（3）出站信号机

设置：出站信号机设置于发车线路端部（车站出口）作为列车占用区间的凭证，指示列车能否由车站进入区间，与发车进路以及敌对进路相联锁，指示站内停车位置。

作用：防护区间，指示列车能否由车站进入区间。

（4）出段（场）信号机

设置：车辆段（场）的出口处。

作用：防护正线，指示列车从段（场）进入正线。

（5）道岔防护兼出站信号机

设置：位于发车线路端部（车站出口）的道岔岔前和岔后的适当地点。

作用：进站信号机防护车站，出站信号机防护正线道岔和区间。

（6）阻挡信号机

设置：线路终点。

作用：阻挡列车。

（7）发车表示器

设置：在正向出站方向站台一侧，列车停车位置前方的适当地点。

作用：向司机表示能否关闭车门及发车的时间。

3. 车辆段信号机的设置及作用

（1）进段（场）信号机

设置：车辆段（场）的入口处。

作用：指示列车从正线进段（场）。

（2）出库信号机

设置：车辆段（场）库区出口处。

作用：指示列车从库内发车至正线。

（3）调车信号机

设置：车辆段（内）。

作用：指示调车作业。

三、信号机及信号表示器的命名

1. 正线信号机的命名

（1）命名规则

正线信号机以 S 或 X 开头，上行方向编 S，下行方向编 X；编号由四位数字组成，前两位为车站编号，后两位为信号机号码，上行咽喉编双号，下行咽喉编单号，相对车站中心自远而近、由小到大编号。

（2）命名举例

例如，S0402，其中，"S"代表该设备为正线信号机，并且该信号机的开放朝向为上行方向，"04"代表车站的编号，"02"代表其在车站内的序号，表明该信号机在该车站的上行咽喉。

2. 车辆段信号机的命名

车辆段的进段、出段信号机用上行或下行（S、X 和 J、C）表示。

调车信号机冠以字母 D，下缀编号，下行咽喉为单号，上行咽喉为双号，从段外向段内顺序编号。

四、信号显示

1. 正线信号的显示

正线地面信号机的显示由红、绿、黄组成。对于 CBTC 列车（装备有全套车载设备并在 CBTC 控制模式下的列车），正线地面信号机常态为灭灯显示，司机凭车载信号（TOD）

显示行车。对于非 CBTC 列车（故障的 CBTC 列车或是没有装备车载设备的列车），正线地面信号机为亮灯显示，司机凭地面信号显示行车。对于非 CBTC 列车，红灯为禁止信号。

（1）道岔防护信号机

每个道岔防护信号机有 4 个 LED 灯位。其 LED 信号有以下五种显示方式：

①绿灯。绿灯表示进路排列至下一架信号机，进路中的所有道岔都在直向且电锁闭，允许列车在线路限速条件下运行。

②黄灯。黄灯表示进路开放至下一架信号机，进路上至少有一个道岔在侧向且电锁闭，允许列车在道岔开通方向按规定的限速条件运行。

③黄灯＋红灯。黄灯＋红灯表示引导信号，引导运行限速为 25km/h，并随时准备停车。此时列车安全完全由人工保证。

④红灯。红灯表示绝对停止信号，不允许列车越过此信号显示。

（2）出站信号机

每个出站信号机都有 3 个 LED 灯位，出站信号机位于站台终端。出站信号机有以下三种显示方式：

①绿灯。绿灯表示进路排列至下一架信号机，进路中的所有道岔都在直向且电锁闭，允许列车在线路限速条件下运行。

②红灯。红灯表示绝对停止信号，不允许列车越过此信号显示。

（3）道岔防护兼出站信号机

每个道岔防护兼出站信号机都有 4 个 LED 灯位，共有以下五种显示方式：

①绿灯。绿灯表示进路排列至下一架信号机，进路中的所有道岔都在直向且电锁闭，允许列车在线路限速条件下运行。

②黄灯。黄灯表示进路开放至下一架信号机，进路上至少有一个道岔在侧向且电锁闭，允许列车在道岔开通方向按规定的限速条件运行。

③黄灯＋红灯。黄灯＋红灯表示引导信号，引导运行限速为 25km/h，并随时准备停车。此时列车安全完全由人工保证。

④红灯。红灯表示绝对停止信号，不允许列车越过此信号显示。

（4）阻挡信号机

阻挡信号机位于线路上的折返位置，其有以下两种显示方式：

①绿灯。绿灯表示进路排列至下一架信号机。

②红灯。红灯表示绝对停止，不允许列车越过此信号显示。

（5）终端信号机

终端信号机设置在线路的终端。每个终端信号机有一个红灯显示，表示所有列车在此信号机前方必须停车，对接近的 CBTC 列车不灭灯。

2. 正线信号显示的基本原则

非 CBTC 列车按照地面信号机的显示行车。如果仅有 CBTC 列车在一段区域运行，那么位于这两个 CBTC 列车间的信号机均为灭灯。当 CBTC 列车与非 CBTC 列车混跑时，非

CBTC 列车的地面信号机为点灯（除蓝灯外），CBTC 列车的地面信号机为灭灯。

所有 CBTC 列车前方要接近的信号机均为蓝灯，所有非 CBTC 列车前方要接近的信号机均为点灯（除蓝灯外）。对于蓝灯的信号机，非 CBTC 列车不允许越过此信号机。

3. 车场信号的显示

（1）进段信号机

绿灯表示允许进段，红灯表示禁止列车越过该信号机，黄灯 + 红灯表示引导进段。

（2）三显示列车阻挡兼调车信号机(绿灯封闭)

红灯表示禁止越过该信号机，月白灯表示允许调车。

（3）二显示调车信号机

红灯表示禁止调车或越过该信号机，月白灯表示允许调车。

4. 信号显示距离

各种地面信号机及表示器的显示距离应符合下列规定：

①行车信号和道岔防护信号应不小于 400m。

②调车信号和道岔状态表示器应不小于 200m。

③引导信号和道岔状态表示器以外的各种表示器应不小于 100m。

④各种地面信号机及表示器的显示距离为无遮挡条件下的最小显示距离。

5. 车载信号

①车载信号的显示应与地面信号显示的意义一致或含义相符，正确表示地面设备赋予车载设备的信息。

②车载信号的显示可根据车载设备功能、系统构成特点而具有不同的表示方式和内容。车载信号宜有列车实际速度、目标速度、目标距离、列车超速及设备故障等声光报警、表示。表 2-3 列出了常用信号图形符号。

常用信号图形符号　　　　　　　　表 2-3

名称	图形符号	名称	图形符号
红色灯光	●	空灯位	⊗
黄色灯光	◍	稳定绿灯	◯
绿色灯光	◯	稳定红灯	●
蓝色灯光	◉	高柱信号	⊢◯ ◯⊣
月白灯光	◎	矮型信号	I◯ ◯I

单元 2.3 转辙机

道岔转辙设备用于实现对道岔的转换和锁闭，是保证列车或车列在站内安全运行的重要基础设备。城市轨道交通运营管理及维护人员必须了解道岔转辙设备的相关知识，熟练掌握转辙设备的结构和动作原理。

道岔与转辙机

一、道岔

道岔是车辆从一个股道转入或越过另一个股道的线路设备，是轨道的重要组成部分。常用的道岔有单开道岔、对称道岔和交分道岔。

1. 道岔结构

道岔由转辙部分、连接部分和辙叉部分组成，如图2-9所示。

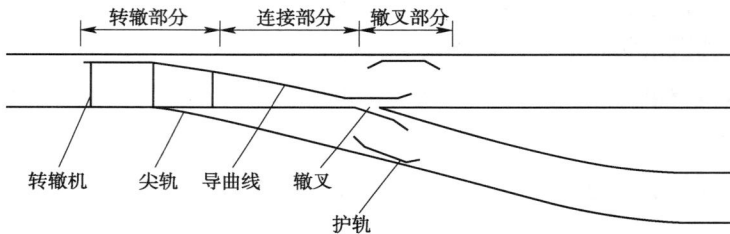

图2-9　道岔结构图

①转辙部分由尖轨、基本轨、连接零件（包括连接杆、滑床板、垫板、轨撑、顶铁、尖轨跟端结构等）及转辙机械组成。

②连接部分由导轨、基本轨组成，它将转辙部分和辙叉部分连成一组完整的道岔。

③辙叉部分由辙叉心、翼轨、护轨等组成。

2. 道岔号数

道岔号数或辙叉号码通常用道岔辙叉角的余切值来表示。

城市轨道交通常用的标准道岔号有7号、9号、12号。车场内基本采用7号道岔，正线及折返线统一采用9号道岔。为了行车安全平稳，列车过岔速度有一定的限制，其侧向通过最高允许速度：7号道岔为25km/h，9号道岔为30km/h，12号道岔为50km/h。

3. 道岔的位置

道岔是两条线路汇合处的转辙线路，道岔的位置是指道岔的尖轨与基本轨密贴后道岔所开通的线路状态。当道岔密贴后，岔前基本轨与直股线路开通，称道岔开通直向位置；当道岔密贴后，岔前基本轨与弯股线路开通，称道岔开通侧向位置。

二、转辙机

1. 转辙机的作用

在城市轨道交通集中联锁设备中，转辙机的作用是接收到命令后带动道岔转换，主要功能是转换道岔、锁闭道岔尖轨、表示道岔所在位置并给出指示。具体作用如下：

①转换道岔的位置，根据需要转换至定位或反位。

②道岔转换到所需的位置并密贴后，实现锁闭，防止外力转换道岔。

③正确反映道岔的实际位置，道岔尖轨密贴于基本轨后，给出相应的表示。

④道岔被挤或因故处于"四开"位置时，及时给出报警和表示。

2. 对转辙机的基本要求

①有足够的拉力，以带动尖轨做直线往返运动；当尖轨受阻不能运动到底时，应随时通过操纵使尖轨回复原位。

②作为锁闭装置，当尖轨与基本轨不密贴时，不应进行锁闭，一旦锁闭，应保证道岔不因列车通过的震动而错误解锁。

③作为监督装置，应正确反映道岔的状态。

④道岔被挤后，在未修复之前不应再使道岔转换。

3. 转辙机的分类

①按动作能源和传动方式分为电动转辙机（ZD）、电动液压转辙机（ZY）、电空转辙机（ZR）。

②按供电电源的种类分为直流转辙机和交流转辙机。

直流转辙机：ZD6 系列为直流 220V，电空系列为 24V。由于存在换向器和电刷，易损坏，故障率高。

交流转辙机：单相或三相电源，有交流 380V S700K、ZYJ7 系列等。故障率低，并且控制距离远。

③按锁闭道岔的方式分为内锁闭道岔和外锁闭道岔。

内锁闭道岔：依靠转辙机内部的锁闭装置锁闭道岔的尖轨，是间接锁闭方式。

外锁闭道岔：依靠外锁闭装置直接将基本轨与尖轨密贴，将斥离尖轨锁于固定位置，是直接锁闭方式。锁闭可靠，列车对转辙机几乎无冲击。

④按是否可挤分为可挤型转辙机和不可挤型转辙机。

可挤型转辙机：设有道岔保护（挤切或挤脱）装置，道岔被挤时动作杆解锁，保护整机。

不可挤型转辙机：道岔被挤时，挤坏动作杆与整机的连接结构，应整机更换。

4. 转辙机的设置

城市轨道交通线路常用的标准道岔有 7 号、9 号、12 号。正线及折返线上统一采用 9 号道岔。7 号道岔一般在车辆段/停车场使用，12 号道岔在一些重要的折返线、渡线或联络线等线路使用。

三、ZD 系列电动转辙机

ZD 系列转辙机采用内锁闭方式，是我国城市轨道交通中使用最为广泛的电动转辙机，ZD6-A 型是基本型转辙机，其结构如图 2-10 所示。其他型号，如 D、E、J 等属于派生型号。近年来我国城市轨道交通采用 ZDJ9 型转辙机较多，其由中国铁路通信信号集团公司下属天津、西安两家信号工厂生产，分可挤型转辙机与不可挤型转辙机两类。ZDJ9 型电动转辙机具有结构简单、转换锁闭可靠、维护工作量少、耐腐蚀、长寿命等特点，性能指标满足地铁线路道岔转换需要。

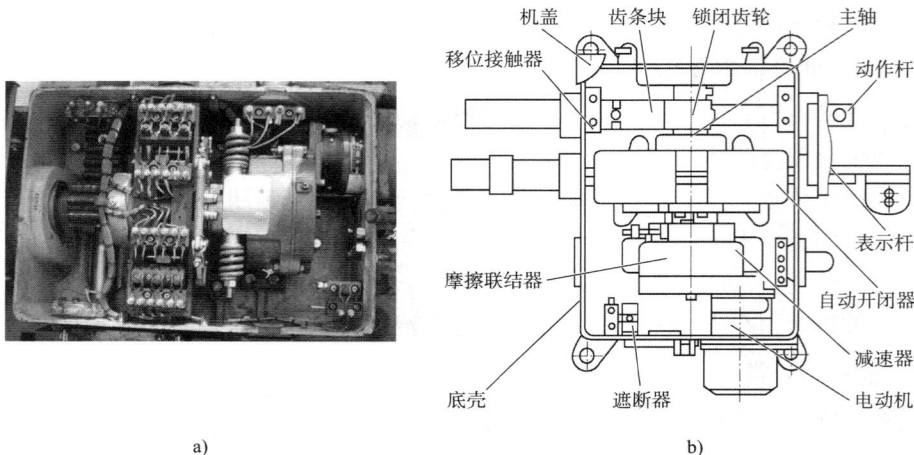

a)

b)

图 2-10 ZD6-A 型电动转辙机结构

1. ZDJ9 系列电动转辙机概述

ZDJ9 系列转辙机用于电气集中站场的道岔转换系统中，按照道岔控制系统的控制指令，通过外部连接装置，实现对道岔可动部分的转换及锁闭来改变道岔开通方向，检测牵引点附近道岔可动部分与基本轨或翼轨的密贴状态及锁闭状态，并根据检测结果规律性闭合或断开机内电气接点，向道岔控制系统输出表示道岔位置和锁闭状态的指示。

ZDJ9转辙机

（1）应用

根据道岔的特性和应用要求，ZDJ9 系列转辙机可以单机使用或多机配套使用，可以配套内锁闭道岔或外锁闭道岔，也可以配套联动道岔或分动道岔。ZDJ9 转辙机能满足转换不同类型道岔的要求，比如单机牵引、双机牵引、多点牵引等，既可适用于普通道岔转换，又可适用于提速道岔建设中的客运专线道岔转换的使用要求。转辙机还可根据所安装的牵引点不同分为可挤型与不可挤型。

（2）型号组成

ZDJ9 系列转辙机型号组成释义如图 2-11 所示。

（3）技术特性

ZDJ9 系列转辙机技术特性通过技术参数表示，其技术参数见表 2-4。

```
Z D J 9—□□/□/□□
```

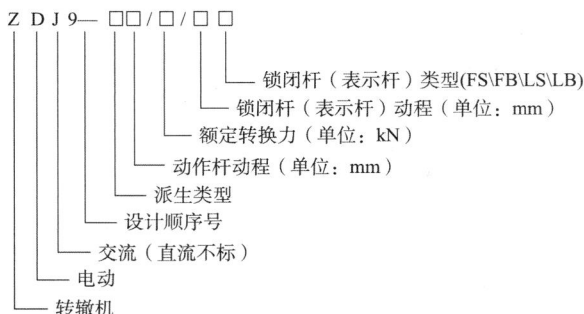

图 2-11　ZDJ9 系列转辙机型号组成释义

ZDJ9 系列转辙机技术参数　　　　　　　　　　　　　　表 2-4

型号	ZDJ9—170/4K	ZDJ9—K220/2.5K	ZDJ9—K150/4.5K
电源电压 AC 三相（V）	380	380	380
额定转换力（kN）	4	2.5	4.5
动作杆动程（mm）	170	220	150
锁闭杆动程（mm）	152	160	75
工作电流（A）	≤2.0	≤2.0	≤2.0
动作时间（s）	≤5.8	≤5.8	≤5.8
单线电阻（Ω）	≤54	≤54	≤54
挤脱力（±2kN）	28	—	28
摩擦力（kN±10%）	6	3.8	6.8
质量（kg）	180	182	177
适用范围	尖轨动程 152mm 以下的道岔，双杆内锁	双机牵引第一牵引点，不可挤，双杆内锁	双机牵引第二牵引点，可挤，单杆内锁

2. 机械结构组成

ZDJ9 转辙机外观及内部结构如图 2-12 所示。其主要由电动机、减速器、摩擦联结器、滚珠丝杠、推板套、动作板、锁块、锁闭铁、接点组、动作杆、锁闭（表示）杆、自动开闭器、安全开关等零部件组成，结构采用模块化设计，便于维护和维修。

（1）电动机

ZDJ9 型转辙机采用三相异步专用电动机，电压 AC380V，功率 0.4kW，额定转矩 2N·m，转速 1330r/min，F 级绝缘，能够在 −40~40℃ 的环境温度和 ≤95% 的环境湿度下正常工作。轴承采用双面密封轴承。三相异步电动机的特点是结构简单，运行可靠，坚固耐用，运行效率较高，具有广泛的适用性。它成功地减小了控制导线的截面，延长了控制距离，增强了系统的可控性。

（2）减速器

电动机和减速器组成为一个整体（图 2-13），减速器通过齿轮组把电动机输入的高转速转换为低转速，小转矩转换为大转矩，输出到摩擦联结器。减速器分为两级减速，第一级减速器为齿轮减速，它以齿轮箱的形式与电动机结合在一起，齿轮箱中有摇把齿轮、电动机输出小齿轮、中间齿轮，中间齿轮咬合于摩擦联结器齿轮上，摇把齿轮用于手摇转辙机。第二级减速由滚珠丝杠、螺母及推板套完成，它除了具有减速作用外，还将旋转运动变为推板套的水平动作，以便间接使动作杆作水平运动。

a) 外观

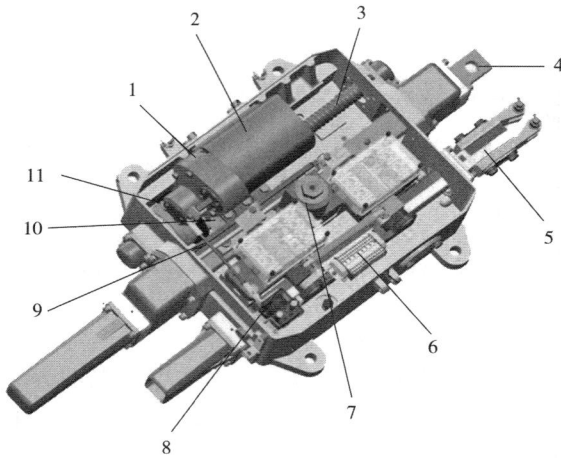

b) 内部结构

图 2-12　ZDJ9 转辙机外观及内部结构图

1-减速器；2-电动机；3-滚珠丝杠；4-动作杆；5-检测杆；6-接线端子；7-自动开闭器；
8-安全开关；9-动作板；10-推板套；11-摩擦联结器

（3）摩擦联结器和滚珠丝杠组（图 2-14）

摩擦联结器采用片式粉末冶金摩擦方式，主动片为 4 片外摩擦片，被动片为 3 片内摩擦片，用 12 个弹簧加压。在正常情况下，通过摩擦联结器中的内外摩擦片的摩擦作用，可以保证转换力稳定地将摩擦联结器齿轮的旋转运动传递到滚珠丝杠上，滚珠丝杠把传动齿轮的旋转运动转换成与丝杠联结的推板套的水平运动。当道岔受阻，滚珠丝杠不能转动时，电动机将带动齿轮箱中的齿轮及摩擦联结器齿轮空转，起到保护电动机的作用。

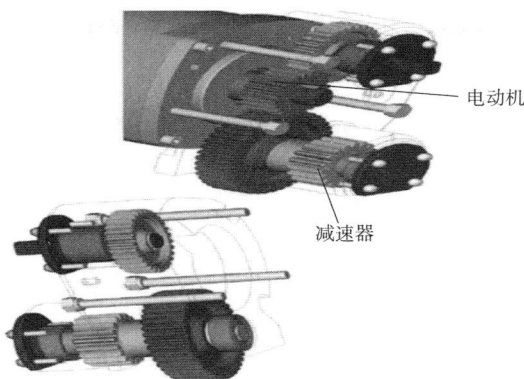

图 2-13　电动机及减速器

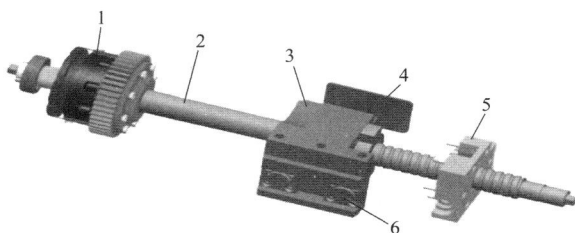

图 2-14　摩擦联结器和滚珠丝杠组

1-摩擦联结器；2-滚珠丝杠；3-推板套；4-衬垫；5-套盖；6-摩擦块

滚珠丝杠选用国产磨削丝杠，直径为 10mm。由于导程大，滚珠也大，故可靠性高。滚珠丝杠的一端与摩擦联结器"固定"在一起，当摩擦联结器转动时，滚珠丝杠随之转动，使丝杠上的推板套作水平运动。

（4）锁闭（表示）杆

ZDJ9 系列转辙机的锁闭（表示）杆分为左、右锁闭（表示）杆，分别与道岔的两根尖轨相连。若转辙机的表示杆具有锁闭功能，通常情况下称为锁闭杆（图 2-15），锁闭杆锁闭后能承受 30kN 的轴向锁闭力。若转辙机的表示杆不具备锁闭功能，称为表示杆。若转辙机的动作杆和表示杆均具备锁闭功能，简称双杆内锁。若转辙机只有动作杆具备锁闭功能，简称单杆内锁。

（5）自动开闭器

自动开闭器（图 2-16）主要由机械联动机构和接点开关系统两部分组成。接点开关系统的接通与断开由机械联动机构带动。机械联动机构由启动片、速动片、速动爪、调整架、拉簧、检查柱、拐轴和支架等零部件组成。接点开关系统由四排静接点和两排动接点组成。自动开闭器既是转辙机中以机械动作来实现电路控制的重要部件，又是一个监督检查机构。自动开闭器监督转辙机自身的转换过程是否按要求完成，并与表示杆一起不间断地检查道岔开通位置以及尖轨与基本轨的密贴状态。电动机驱动电路的接通与切断也由自动开闭器完成。

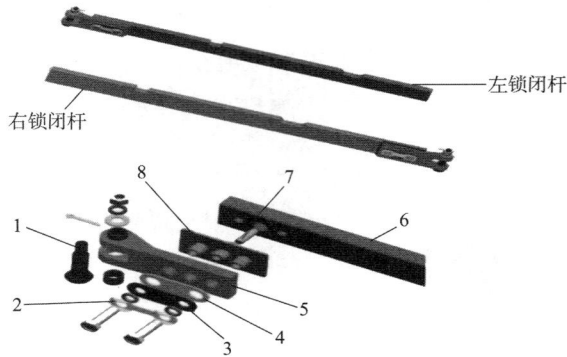

图 2-15　锁闭杆

1-螺栓销；2-防松片；3-压板；4-绝缘板；5-接头铁；6-左锁闭杆；7-销；8-绝缘垫板

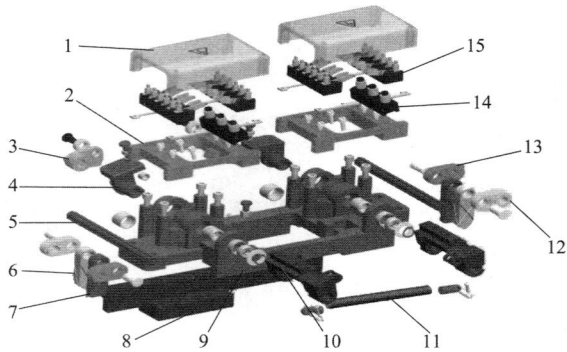

图 2-16　自动开闭器分解图

1-接点罩；2-左、右固定板；3-左、右起动片；4-左、右调整板；5-花键轴；6-检查柱；7-锁闭柱；8-锁闭铁；
9-不挤脱接点座；10-左、右支架；11-拉簧；12-拐臂；13-花键拐臂；14-动接点组；15-静接点组

（6）安全开关

当需要人工摇动转辙机时，由于安全开关通过连接杆与电动机轴端的连接板相连，因此必须打开安全开关后手摇把才能插入。

3. 动作原理

（1）机械原理

ZDJ9 型转辙机的动作时间一般不大于 5.8s，在此期间，转辙机要完成从启动到再锁闭的一系列动作，具体过程为：接收转换信号→电动机开始做旋转运动→减速齿轮组将电动机转速减速并带动摩擦联结器转动→摩擦联结器带动滚珠丝杠组将电动机的旋转运动转化成推板套的水平运动→推板套的水平运动带动锁块移动→锁块带动动作杆移动→动作杆带动道岔尖轨完成道岔转换。

（2）转辙机动作顺序

转辙机接通电源后动作顺序如下：

①断开原表示接点。

②转辙机解锁。

③转辙机转换。

④转辙机锁闭。

⑤接通新表示接点。

（3）机内转换与锁闭

对于右伸转辙机：

①动作杆锁闭在拉入位，如图 2-17 所示。通电后电动机旋转，带动推板套向右运动，动作杆开始解锁。

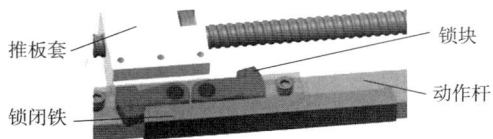

图 2-17　动作杆锁闭在拉入位

②推板套继续向右运动，推动锁块并带动动作杆一起向右运动，如图 2-18 所示。

③动作杆行程走完，推板套将锁块压入锁闭铁，将动作杆锁闭在伸出位，如图 2-19 所示。

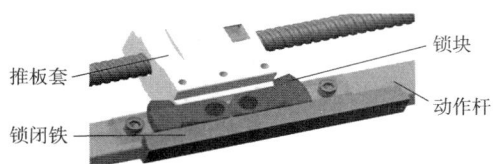

图 2-18　动作杆向右运动

转辙机动作原理（图 2-20）如下。推板套的运动会带动与其相联动的动作板一起运动，动作板的运动会抬起滚轮让启动片旋转一定角度，这个动作会抬起锁闭柱，此时锁闭杆解锁。推板套继续运动，当运动到一定位置时会推动锁块运动，锁闭块带动动作杆运动，动作杆带动尖轨运动，尖轨的运动又会带动锁闭杆的运动，这

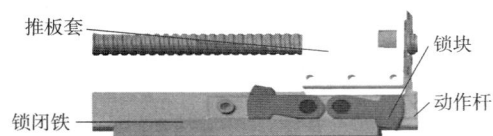

图 2-19　动作杆锁闭在伸出位

些动作运动到另一位置终端时，推板套与锁闭铁夹住锁块不让锁块运动，从而锁闭道岔。此时还有两个动作会同时进行：第一，锁闭柱下落锁闭锁闭杆；第二，接点组转换到位切断动作电路。

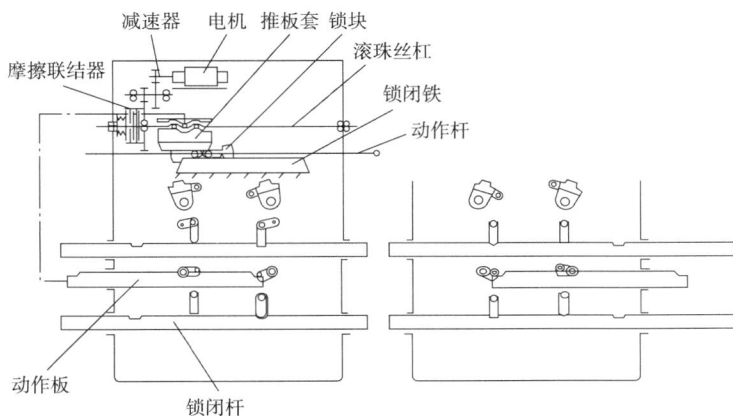

图 2-20　转辙机动作原理图

（4）表示原理

①表示杆动作原理（图 2-21）。

推板套动作的同时，安装在推板套上的动作板随着推板套一起运动。

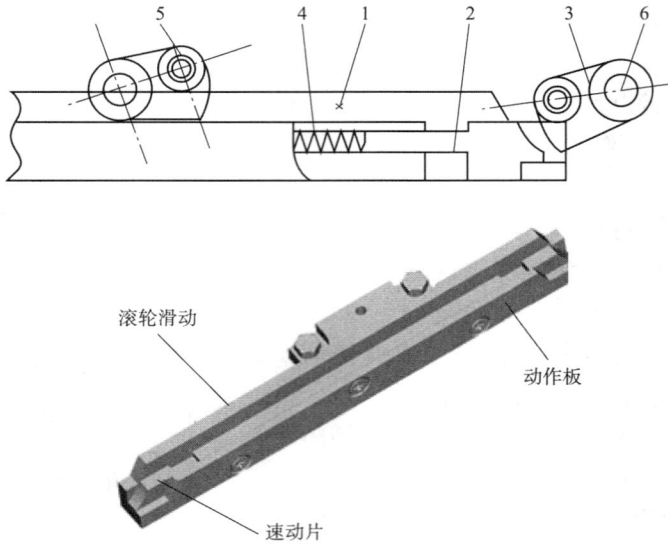

图 2-21　表示杆动作原理图

1-动作板；2-速动片；3-起动片；4-压簧；5-滚轮；6-动接点轴

②挤脱及挤岔表示原理（图 2-22）。

可挤型 ZDJ9 电动转辙机挤岔时，在挤岔力作用下，动作杆带动锁块移动使锁闭铁产生一定位移，锁闭铁位移挤压滚柱上升至锁闭铁槽顶平面，滚柱带动挤脱柱压缩碟簧组。同时锁闭铁位移使水平顶杆推动竖顶杆向上移动，竖顶杆推动支架旋转，使动接点组脱离静接点组，从而切断已接通的第二或第三排接点。非经人工恢复锁闭铁位置，不可能再接通表示接点。

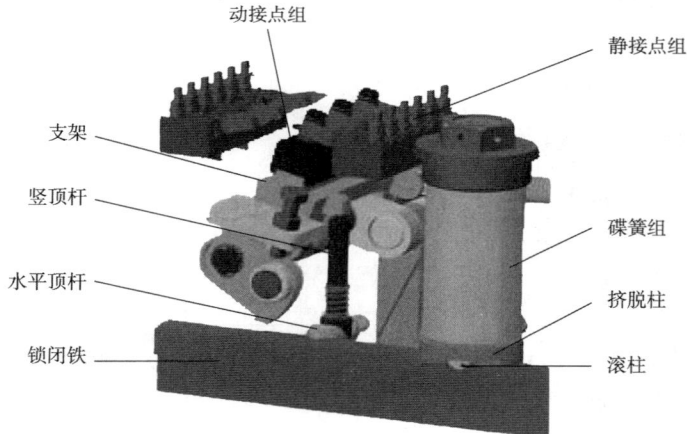

图 2-22　转辙机挤脱及挤岔表示原理图

四、外锁闭装置

1. 道岔的锁闭方式

道岔按锁闭方式可分为内锁闭道岔和外锁闭道岔（分动外锁闭道岔）。

（1）**内锁闭道岔**

内锁闭道岔是当道岔由转辙机带动转换至某个特定位置后，在转辙机内部进行锁闭，道岔位置固定是由转辙机动作杆经外部杆件来实现的。该方式不能适应提速的需要，满足不了安全及速度的要求。

（2）**外锁闭道岔**（分动外锁闭道岔）

由于外锁闭道岔的两根尖轨之间没有连接杆，在道岔的转换过程中，两根尖轨是分别动作的，所以又称为分动外锁闭道岔。

分动：两尖轨之间没有连接杆连接，在转换时，一根先动，另一根后动。这种方式降低了转换时的启动力矩。

外锁闭：当道岔由转辙机带动转换至某个特定位置后，通过本身所依附的锁闭装置，直接把尖轨与基本轨或心轨与翼轨密贴夹紧并固定，称为外锁闭。外锁闭尖轨与基本轨密贴处实行锁闭，力量大，安全系数高。

分动外锁闭道岔转换设备的特点：

①改变了传统的框架式结构，使尖轨的整体刚性大幅度降低。

②尖轨分动后，转换启动力矩小，而且一根尖轨的变形不影响另一根尖轨，由此造成的反弹、抗劲等转换阻力均减小很多。

③两根分动尖轨在外锁闭装置的作用下，无论是在启动解锁，还是密贴锁闭过程中，所需的转换力均较小，避开了两根尖轨最大反弹力的叠加时刻。

④同时承担两根尖轨弹性力的过程是在密贴尖轨解锁以后到斥离尖轨锁闭以前这一较短的时间内，而此时正是电动机功率输出的最佳时刻，使电气特性和机械特性得到良好的匹配。

⑤外锁闭装置一旦进入锁闭状态，当车辆过岔时，车轮对尖轨和心轨产生的侧向冲击力基本上不传到转辙机上，即具有隔力作用，这有利于延长转辙机及各类转换部件的使用寿命。

⑥由于两根尖轨间无连接杆，密贴尖轨很难在外力的作用下与基本轨分离，因此可以保证行车安全。

⑦由于密贴尖轨与基本轨之间由外锁闭装置固定，克服了内锁闭道岔靠杆件推力或拉力使尖轨与基本轨密贴易造成 4mm 失效的较大缺陷。

2. 外锁闭装置类型

（1）**燕尾式外锁闭装置**

燕尾式外锁闭装置属于平面锁闭，已逐渐被淘汰。

（2）**钩锁式外锁闭装置**

钩锁式外锁闭装置属于垂直锁闭方式。

（3）**可动心轨外锁闭装置**

可动心轨外锁闭装置由锁闭杆、锁钩、锁闭框、锁闭铁组成。

可动心轨外锁闭装置的工作过程分为解锁、转换、锁闭三个阶段。由于其结构简单，安装方便，动作灵活，4mm 不锁闭容易实现。取消了道岔 Y 形接头拉板，解决了拉板松动的问题。心轨可以在锁钩槽内自由伸缩，使心轨的爬行不影响外锁闭装置的锁闭，但锁钩较长，对生产工艺要求较高。

五、S700K 型电动转辙机

1. S700K 型电动转辙机的特点

S700K 型电动转辙机产品代号含义为：

S——西门子；700——具有 700kgf 转换力（6860N）；K——带有滚珠丝杠。

S700K 型电动转辙机的特点如下：

①380V 交流控制。

②摩擦联结器不需要调整。

③滚珠丝杠作为驱动传动装置延长了其使用寿命。

2. S700K 型电动转辙机的分类

S700K 型电动转辙机根据装设的地点以及安装的牵引点的不同具有多种型号。

装于线路左侧为 A13/A15 型电动转辙机；装于线路右侧为 A14/A16 型电动转辙机等。

3. S700K 型电动转辙机的结构

①外壳部分。外壳部分主要由铸铁底壳、动作杆套筒、导向套筒、导向法兰四部分组成。

②动力传动机构。动力传动机构主要由三相电机、摇把齿轮、摩擦联结器、滚珠丝杠、保持连接器、动作杆六部分组成。

③检测机构。检测机构主要由检测杆、叉型接头、速动开关组、锁闭块、锁舌、指示标六部分组成。

④安全装置。安全装置主要由开关锁、遮断开关、连杆、摇把孔挡板四部分组成。

⑤配线接口端。配线接口端主要由电缆密封装置、接插件插座两部分组成。S700K 型电动转辙机的结构如图 2-23 所示。

4. S700K 型三相交流电动转辙机的功能

①电气检测尖轨和辙叉的终点位置，即只有当密贴尖轨密贴、斥离尖轨与基本轨距离符合要求，才能给出该组道岔的正确位置表示。

②转换道岔及辙叉的尖轨（即转换功能）。

③使道岔尖轨和可动岔心尖轨在终点位置有一定的保持力（防挤岔功能）。

④使锁闭装置有一定的机械保持力（锁闭功能）。

5. S700K 型交流电动转辙机技术性能

①电动机：采用三相交流 380V 电源（设有专门的电源屏）。

②转换力：6kN（当外阻力超过该转换力时，电机就会出现空转现象，不能带动尖轨进行转换）。

③保持力：9kN（即作用到转辙机内部的振动、车轮侧向冲击等外力不能超过此力）。

④转辙机动程：有 150mm、220mm、240mm 三种（依据其放置的位置不同，其转换的动程也不一样，如尖轨处与心轨处）。

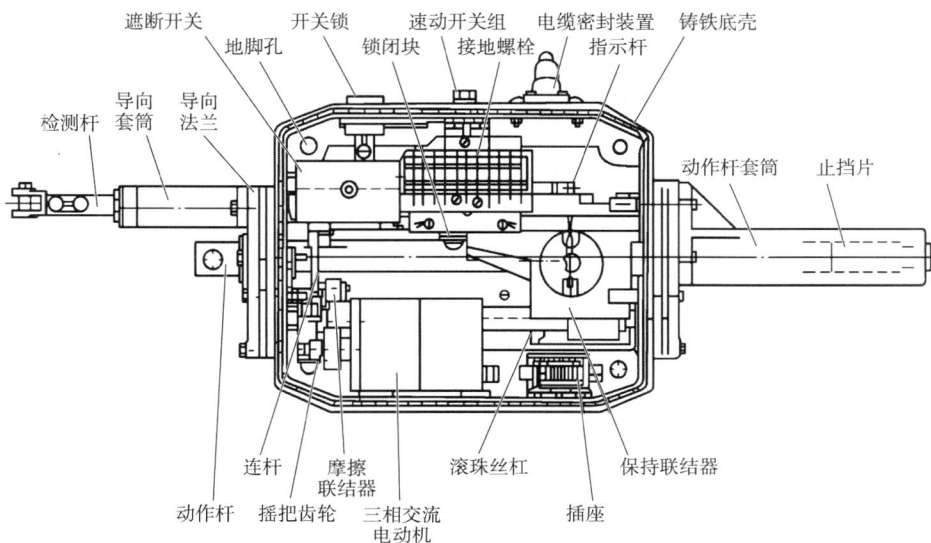

图 2-23 S700K 型电动转辙机的结构

⑤动作时间：不大于 7.2s（与 ZD6 型转辙机基本一致）。

⑥动作电流：不大于 2A。

⑦单线电阻：不大于 54Ω。

⑧检测杆行程（即尖轨与基本轨或心轨与翼轨之间的距离）：有 69mm、76mm、87mm、98mm、110mm、117mm、160mm、180mm 等多种。同样，由于安装位置不同，其行程也会不同。

6. S700K 型电动转辙机的动作原理

（1）传动过程

电动机将动力通过减速齿轮组传递给摩擦联结器，摩擦联结器带动滚珠丝杠转动，滚珠丝杠的转动带动丝杠上的螺母水平移动，螺母通过保持联结器经动作杆、锁闭杆带动道岔转换，道岔的尖轨或可动心轨经外表示杆带动检测杆移动。

（2）动作过程

①解锁过程及断开表示接点过程；②转换过程；③锁闭及接通新表示接点过程。

7. S700K 型电动转辙机的调整

S700K 型电动转辙机调整包括第一牵引点和第二牵引点的调整，分别为密贴的调整、锁闭量的调整，缺口的调整。

8. S700K 型电动转辙机的安装装置

（1）构件组成

①转辙机托板。转辙机托板用来安装转辙机，它通过螺栓固定在轨枕端部，使转辙机

及外锁闭装置与道岔连成一体。

②动作连接杆。动作连接杆用来连接转辙机动作杆和锁闭杆，以便动作杆动作时带动外锁闭装置，使尖轨或心轨转换位置并实现锁闭。

③短表示杆。短表示杆一端用来连接转辙机近侧的尖轨，另一端通过叉形接头与转辙机上层的检测杆相连。可通过尖轨侧的轴套和螺母调整表示杆的长度。

④长表示杆。长表示杆一端用来连接离转辙机远侧的尖轨，另一端通过叉形接头与转辙机下层的检测杆相连。也可通过尖轨侧的轴套和螺母调整表示杆的长度。

（2）安装方法及技术要求

安装 S700K 型电动转辙机之前，工务部门除了按要求调整好道岔各牵引点轨距，还需按要求整治轨枕位置，并将固定转辙机托板的岔枕铺设到位。

①在固定转辙机的岔枕端部安装转辙机托板。要求弯板与直股基本轨垂直，而垫板与弯板垂直。

②将转辙机固定在垫板上，通过增减调整片数量，调整转辙机高低，以使杆件动作平顺。

③在各牵引点由尖轨内侧向外穿出 M20×100 的螺栓将尖轨与该牵引点的长、短表示杆连接。

④用动作连接杆将转辙机动作杆与锁闭杆相连，同时，将长、短表示杆及心轨表示杆与转辙机检测杆连接。要求动作杆、动作连接杆和锁闭杆处在同一直线上，而表示杆则与检测杆平行。

⑤各杆件连接平顺、无别卡现象。连接销置入或退出容易，不得用手锤强行敲击。

⑥调整道岔应按先尖轨、后心轨，由第一牵引点到第二、第三牵引点顺序进行，摇动转辙机调整时，需几个牵引点相互配合。

⑦调整时应先调整道岔开程和锁闭量，再调整密贴，最后调整表示缺口。

⑧调整密贴可通过增减锁闭铁与锁闭框间的调整片厚度类型和数量进行。

⑨调整锁闭量应测量定反位两侧的锁闭量大小，两侧锁闭量相差不得大于 2mm，过大时，可通过旋转动作连接杆的接头和螺母，调整动作连接杆的长度进行。

⑩调整表示缺口应观测密贴时检测杆缺口标记是否处于检测缺口中心位置，应使两侧间隙相等，缺口两侧为 1.5mm±0.5mm。若不对中时，则可通过旋动表示杆的轴套和螺母，调整表示杆的长度来进行。

实训任务

任务 2.1　继电器认知

🔄 任务描述

（1）对信号继电器有一个清晰的认识和了解。

（2）准备教学资料。

（3）学生分组讨论学习计划。

（4）学生分组讨论学习信号继电器、常用的信号继电器等相关知识。

（5）各组将学习成果进行交流并汇报。

（6）对学生的学习情况进行评价。

🌀 任务准备

（1）在多媒体教室或城市轨道交通通信与信号车间现场，每组学生人数根据场地和需要确定。

（2）教学用的 PPT、视频及相关教学引导资料。

（3）考评表。

🌀 任务考评

将考评结果填入表 2-5 中。

任务实施过程考评表 表 2-5

考评项目		配分	考评指标	学生自评	小组互评	教师评定
知识准备	基础知识回顾、制订学习计划	5	熟悉的程度			
任务组成	信号继电器的基本功能	5	熟悉的程度			
	信号继电器的分类	20	熟悉的程度			
	信号继电器的表示方法	20	熟悉的程度			
	常用信号继电器	20	熟悉的程度			
	任务实施过程记录	5	详细性			
	所遇问题与解决记录	5	成功性			
讨论过程的表现		5	遵守上课纪律、态度认真			
协调合作，成果展示		15	小组成员的参与积极性、成果展示的效果			
成绩						
总成绩 （根据需要按照自评、互评和教师评价作百分比计算，以学生为主、教师为辅）						

任务 2.2　信号机认知及设置

🌀 任务描述

（1）对信号机有清晰的认识和了解。

（2）准备教学资料。

（3）学生分组讨论学习计划。

（4）学生分组讨论学习铁路信号的基础知识、城市轨道交通信号机的知识。

（5）各组将学习成果进行交流并汇报。

（6）对学生的学习情况进行评价。

任务准备

（1）在多媒体教室或城市轨道交通通信与信号车间现场，学生人数根据场地和需要确定。

（2）教学用的 PPT、视频及相关教学引导资料。

（3）考评表。

任务考评

将考评结果填入表 2-6 中。

任务实施过程考评表 表 2-6

考评项目		配分	考评指标	学生自评	小组互评	教师评定
知识准备	基础知识回顾、制订学习计划	5	熟悉的程度			
任务组成	信号机的命名及设置原则	20	熟悉的程度			
	正线信号机和车辆段信号机的设置及作用	20	掌握的程度			
	信号显示及信号显示的距离	20	熟悉的程度			
	任务实施过程记录	5	详细性			
	所遇问题与解决记录	5	成功性			
讨论过程的表现		5	遵守上课纪律、态度认真			
协调合作，成果展示		15	小组成员的参与积极性、成果展示的效果			
成绩						
总成绩 （根据需要按照自评、互评和教师评价作百分比计算，以学生为主、教师为辅）						

任务 2.3 ZDJ9 转辙机认知

任务描述

（1）对道岔转辙设备有一个清晰的认识。

（2）准备教学资料。

（3）学生分组讨论学习计划。

（4）学生分组讨论学习道岔转辙设备的基础知识、ZDJ9 系列电动转辙机和钩式外锁闭装置的相关知识。

（5）各组将学习成果进行交流并汇报。

（6）对学生的学习情况进行评价。

任务准备

（1）学生在多媒体教室或城市轨道交通通信与信号车间现场，学生人数根据场地和需要确定。

（2）教学用的 PPT、视频及相关教学引导资料。

（3）考评表。

任务考评

将考评结果填入表 2-7 中。

任务实施过程考评表　表 2-7

考评项目		配分	考评指标	学生自评	小组互评	教师评定
知识准备	基础知识回顾、制订学习计划	5	熟悉的程度			
任务组成	道岔的基础知识	5	熟悉的程度			
	转辙机及外部转辙装置	10	熟悉的程度			
	ZDJ9 系列电动转辙机的概念和结构	10	熟悉的程度			
	ZDJ9 系列电动转辙机的动作过程	10	熟悉的程度			
	ZDJ9	10	熟悉的程度			
	道岔的锁闭方式	10	熟悉的程度			
	分动尖轨用钩式外锁闭装置	10	熟悉的程度			
	任务实施过程记录	5	详细性			
	所遇问题与解决记录	5	成功性			
讨论过程的表现		5	遵守上课纪律、态度认真			
协调合作，成果展示		15	小组成员的参与积极性、成果展示的效果			
成绩						
总成绩（根据需要按照自评、互评和教师评价百分比计算，以学生为主、教师为辅）						

达标练习题

一、填空题

1. 信号继电器的接点系统由_____和_____构成。

2. 直流继电器按所通电流的极性可分为_____、_____和_____三种。

3. 信号继电器由_____系统和_____系统两部分组成。

4. 继电器按动作原理可分为_____和_____两种。

5. 在城市轨道交通系统中采用的信号可分为_____、_____、_____、移动信号和固定信号。

6. ZDJ9 型转辙机的供电电源是_____。

7. S700K 型转辙机的供电电源是_____。

8. 进站信号机的作用是_____，出站信号机的作用是_____。

9. 按锁闭道岔的方式，转辙机可分为_____和_____两种。

10. S700K 型转辙机的动作过程分为_____、_____和_____3 个过程。

11. 道岔主要由_____、_____和_____组成。

二、选择题

1. 在城市轨道交通系统中，关于地面信号，下列叙述正确的是（　　）。

    A. 正线绿灯表示按规定速度行驶　　　B. 正线黄灯＋红灯表示立即停车

    C. 车辆段白色调车信号表示调车禁止　D. 车辆段绿色调车信号表示调车允许

2. 为防护车站，指示进站列车的运行条件，保证接车进路的正确和安全而设置的信号机称为（　　）信号机。

    A. 进站　　　　　B. 出站　　　　　C. 进路　　　　　D. 通过

3. 下列继电器中，（　　）具有相位和频率鉴别的功能。

    A. 偏极继电器　　　　　　　　　　　B. 无极继电器

    C. 交流二元二位继电器　　　　　　　D. 整流继电器

4. 下列关于 ZDJ9 型转辙机的表述正确的是（　　）。

    A. 采用内锁闭道岔　　　　　　　　　B. 采用交流 380V 供电

    C. 正常工作电流为 10A　　　　　　　D. 传动系统中采用了滚珠丝杠

5. 继电器的作用有（　　）。

    A. 表示功能　　　B. 驱动功能　　　C. 实现逻辑电路　　　D. 连接电路

6. 下列关于 S700K 型转辙机的表述正确的是（　　）。

    A. 采用外锁闭锁闭道岔　　　　　　　B. 采用直流 160V 供电

    C. 正常工作电流为 5A　　　　　　　　D. 传动系统中采用了滚珠丝杠

7. 在城市轨道交通系统中，关于地面信号，下列叙述正确的是（　　）。

    A. 正线黄灯表示按规定速度行驶　　　B. 正线黄灯＋红灯表示立即停车

    C. 车辆段蓝色调车信号表示调车禁止　D. 车辆段绿色调车信号表示调车允许

三、判断题

1. 城市轨道交通系统中，信号机一般设于行车方向线路的左侧。 （　　）
2. 城市轨道交通地面信号机熄灭为禁止信号。 （　　）
3. 信号机的定位是指信号机熄灭的位置。 （　　）
4. 信号表示器可以指示列车运行方向。 （　　）
5. 城市轨道交通地面信号机指示的是非速差信号。 （　　）
6. 电动转辙机控制的道岔在停电时不能转换。 （　　）
7. 在车站的入口处必须设置进站信号机。 （　　）
8. 城市轨道交通系统中，信号机一般设于行车方向线路的右侧。 （　　）
9. 城市轨道交通地面信号机指示的是速差信号。 （　　）
10. S700K 型转辙机是交流供电。 （　　）
11. S700K 型转辙机是内锁闭型转辙机。 （　　）
12. ZDJ9 型转辙机是外锁闭型转辙机。 （　　）
13. ZDJ9 型转辙机是交流供电。 （　　）

四、简答题

1. 简述信号继电器的基本工作原理及其在城市轨道交通信号系统中的作用。
2. 交流二元二位继电器有哪些特点？主要应用在哪些场合？
3. 简述进站、出站信号机的设置位置及作用。
4. 简述对转辙机的基本要求。
5. 简述 ZDJ9 型电动转辙机的动作过程。
6. 有极继电器磁路有哪些特点？简述其工作原理。

模块 3

轨道占用检测设备

教学导入

列车空闲／占用检测设备作为信号系统的一个重要组成部分，主要分为两大类：一类是采用传统的轨道电路；另一类是计轴设备。 随着计算机技术、自动控制技术、网络技术和通信技术的发展，适用于移动闭塞信号系统的计轴设备应用越来越广泛，其性能直接影响行车安全和运输效率。 因此，城市轨道交通运营管理及维护人员不仅要了解道岔转辙设备的相关知识，还要熟练掌握轨道电路及计轴器的工作原理和组成。

学习目标

知识目标

1. 了解轨道电路的原理。
2. 掌握计轴器的结构。
3. 了解计轴器的工作原理。
4. 熟悉计轴设备的分类及特点。
5. 了解计轴设备常见故障。

能力目标

1. 能复述轨道电路的工作原理。
2. 能复述计轴器与轨道电路的区别。
3. 会简单处理计轴设备出现的故障。

素养目标

1. 难以理解的知识通过查阅相关资料进行深度学习，加强信息获取与利用能力。
2. 通过处理设备出现的故障，养成认真细致的工作态度。

案例导入

工班值班人员接到部门调度电话报某站出现红光带，随后到车控室和信号设备室进行查看。 车控室自动控制系统（ATS）及工作站（LCW）界面显示上行 ST010608、T0104 区段在列车完全出清后仍留有红光带（导致站前及站后折返道岔灰色锁闭无法操作）。 工班人员到设备室计轴机柜查看后发现 C0114 放大触发带通滤波板车轮感应灯常亮。 10:05 对 ST010608、T0104 区段进行计轴预复位，等待行车调度员组织列车进行红光带的清扫；10:29 行车调度员组织 109 次列车轧过后，红光带消除，锁闭箭头及道岔灰锁框消失，列车恢复正常运营模式。

　　此次故障处理时间为 12min，等待列车清扫红光带时间为 24min。

单元 3.1 轨道电路的组成与种类

轨道电路是利用钢轨线路和钢轨绝缘构成的电路，是轨道信号的重要基础设备，它的性能直接影响列车行车安全和运输效率。

一、轨道电路的组成与工作原理

1. 组成

轨道电路由钢轨、轨端接续线、绝缘节、发送端、接收端等组成。图 3-1 所示为最简单的轨道电路。

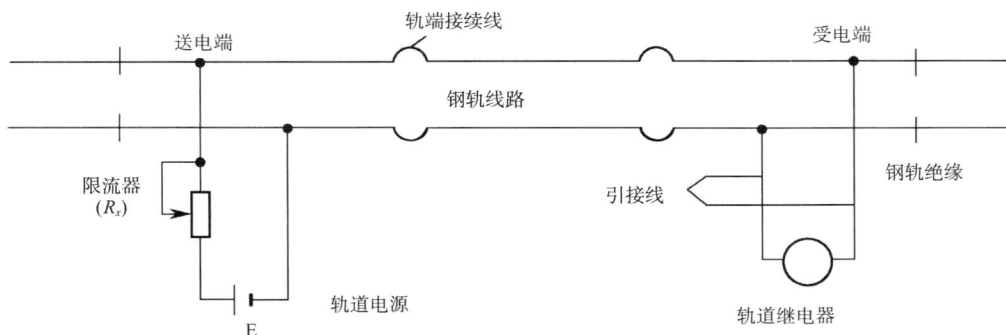

图 3-1　最简单的轨道电路

钢轨：钢轨是传输轨道电流的导体。

轨端接续线：在两节钢轨的接头处，为了减少钢轨与钢轨夹板间的接触电阻，用连接线连接。

引线：引线用于送电设备、受电设备与钢轨的连接。

绝缘节：即钢轨绝缘安装于相邻的两个轨道电路衔接处，以保证相邻轨道电路在电气上的可靠隔离。

发送端：发送端指轨道电源侧设备，用于向轨道电路供电；也可以是能够发送一定信息的电子设备，通过轨道电路向列车传递行车信息。

接收端：接收端是轨道继电器时，用于反映轨道电路范围内有无列车、车辆占用和钢轨是否完整；也可以是能够接收并鉴别电流特性的电子设备。

2. 工作原理

当轨道电路内钢轨完整且没有列车、车辆占用时，轨道继电器会被吸起，表示轨道电路空闲，此状态称为轨道电路的调整状态。

当轨道电路被列车占用时，它被列车轮对分路，由于轮对电阻远小于轨道继电器线圈电阻，因此流经轨道继电器的电流将大大减小，

軌道電路的
基本原理

轨道继电器落下，表示该区段有车占用，此状态称为轨道电路的分路状态。

当轨道区段内发生断轨或是断线等故障时，流经继电器线圈的电流中断，使继电器失磁落下，此状态称为轨道电路的断轨状态。

二、轨道电路的作用

①监督列车的占用。反映线路的空闲状况，为开放信号、建立进路或构成闭塞提供依据。

②传递行车信息。如移频自动闭塞利用轨道电路传递不同的频率信息来反映列车的位置，决定通过信号机的显示或决定列车运行的目标速度，从而控制列车运行。

三、轨道电路的分类

①按动作电源分类：直流轨道电路（已经淘汰）、交流轨道电路（低频 300Hz 以下，音频 300~3000Hz，高频 10~40kHz）。

②按工作方式分类：开路式、闭路式（广泛使用）。

③按传送的电流特性分类：连续式、脉冲式、计数电码式、频率电码式、数字编码式。

④按分割方式分类：有绝缘轨道电路、无绝缘轨道电路（电气隔离式、自然衰耗式、强制衰耗式）。

⑤按所处的位置分类：站内轨道电路、区间轨道电路。

⑥按轨道电路内有无道岔分类：无岔轨道电路、道岔轨道电路。

⑦按适用的区段分类：电化区段、非电化区段。

⑧按通道分类：双轨条、单轨条。

四、典型轨道电路的应用

在准移动闭塞信号系统中，普遍采用轨道电路作为列车空闲/占用检测设备。无绝缘轨道电路，通常应用于城市轨道交通的正线；有绝缘轨道电路，通常应用于城市轨道交通正线的岔区。

1. 50Hz 相敏轨道电路

50Hz 相敏轨道电路由轨道电源变压器、送电端限流电阻、送电端扼流变压器、受电端轨道变压器、受电端扼流变压器、二元二位轨道继电器组成。

50Hz 相敏轨道电路只能用以检测轨道电路区段是否空闲，不能传输其他信息。它的电源频率较低，传输的损耗也低，因此传输的距离较长。

2. 数字轨道电路

除检测列车占用外，数字轨道电路所传输的轨道信号内包含的数字信息有列车运行方向、目标距离、目标速度等，能够为车载 ATP 设备提供控制信息。

单元 3.2 轨道电路的基本工作状态

一、轨道电路基本工作状态

轨道电路的工作状态分为以下三种。

1. 调整状态——空闲

轨道电路的调整状态指的是轨道电路完整、无车占用，接收设备正常工作时的状态。轨道电路在调整状态下，受电端的轨道继电器线圈中有电流流过，它应处于吸起状态，但流过继电器线圈中的电流值将随着道床电阻、钢轨阻抗、发送电压等外界因素的变化而变化。

2. 分路状态——占用

轨道电路的分路状态指的是当轨道电路区段有车占用时，接收设备停止工作的状态。当轨道电路处于分路状态时，由于列车、车辆的轮对和轮轴在钢轨之间形成了短路作用，可以看成两钢轨之间跨接了一个分路电阻，故称为分路状态。在分路状态，要求在任何情况（任何地点、任何参数条件及任意车轴数分路）下分时，都应使轨道电路的接收设备处于不工作状态。分路状态最不利的条件是：道砟电阻最大，钢轨阻抗最小，电源电压最大。

3. 断轨状态——故障

轨道电路的断轨状态指的是轨道电路的钢轨在某处折断的情况下，其接收设备应停止工作。此时，虽然钢轨已经断开，但轨道电路仍可以通过大地构成回路，轨道电路的接收设备中还会有一定数量的电流流过。

另一种断轨状态是当轨道电路空闲（无车占用）时，移去一段钢轨，这时轨道接收设备必须停止工作，这种情况称为移轨状态。

二、轨道电路分路的几个术语

1. 列车分路电阻

轨道电路被列车占用时，轮对跨接在两根钢轨上形成的电阻称为列车分路电阻。它由车轮和轮轴本身的电阻、轮缘与钢轨头部表面的接触电阻组成。列车分路电阻是纯电阻，它与钢轨上分路的车轴数、车辆的载重情况、列车的行驶速度、轮缘装配质量、钢轨表面的洁净程度（是否生锈、有无撒砂及其他油质化学绝缘层）等因素均有关系，变化范围比较大。

2. 分路灵敏度

分路灵敏度指的是用一电阻在某一点对轨道电路进行分路，此时恰好能够使轨道继电器线圈中的电流减少到落下值，则这个分路电阻值就叫作轨道电路在该点的分路灵敏度。轨道上各点的分路灵敏度是不一样的，为保证轨道继电器恰好落下或不吸起，所需的分路电阻阻值是不相等的。

3. 极限分路灵敏度

轨道电路上各点的分路灵敏度不同，对于某一具体轨道电路来说，它的最小分路灵敏度称为极限分路灵敏度。

4. 标准分路灵敏度

任何轨道电路在分路状态最不利的条件下，用标准电阻线在任何地点分路时，轨道电路的接收设备必须停止工作。由于轨道电路的种类及长度不同，其标准分路灵敏度也不同。通常规定：480V 交流连续式轨道电路和25Hz 轨道电路的标准分路灵敏度为 0.06Ω。

单元 3.3　轨道电路的划分与绝缘布置

一、站内轨道电路的划分和命名

1. 划分原则

轨道电路的划分就是确定轨道电路的范围，利用轨道绝缘节（包括机械绝缘和电气绝缘）将轨道电路划分为互不干扰的独立电路单元。轨道电路应用的处所不同，轨道电路的划分原则也不同。

区间轨道电路的主要划分原则：在轨道电路极限长度允许的情况下，应保证列车停车时有足够的停车制动距离。

站内轨道电路区段的主要划分原则：要保证轨道电路的可靠工作，并应满足排列平行进路和不影响作业效率。

站内轨道电路的具体划分原则有以下几点：

①有信号机的地方均应设有轨道绝缘，其前后为两个不同的轨道电路区段。

②凡能平行运行的进路，其中间应设轨道绝缘隔开；渡线上的绝缘及能构成平行进路的前后道岔，其中间都应装设轨道绝缘。

③每个道岔区段的轨道电路内所包括的道岔数不得超过三组，交分道岔不得超过两组。这是因为道岔太多，会对轨道电路分支漏阻有较大的影响，不易调整。

④在站内，有时为了提高咽喉通过能力，要将轨道电路区段划短，这样才能保证列车通过道岔后即时使道岔解锁。

⑤集中联锁车站的牵出线、机待线、出库线、专用线或其他用途的尽头线入口处的调车信号机前方，应设轨道电路，其长度不得小于25m。

2. 命名

道岔区段和无岔区段的命名方式不同。

（1）道岔区段的命名

道岔区段以道岔号码缀上 DG 来命名。只有一组道岔的区段为 ×DG，如 1DG、5DG。

当一个轨道区段有多组道岔时,以最小号至最大号连缀来命名,如 17-23DG、19-27DG。

(2)无岔区段的命名

无岔区段的命名方式有多种情况:

①差置信号机之间的无岔区段的命名为相邻道岔形成的分数后面加 WG,如 1/19WG、2/20WG。

②进站信号机内方的无岔区段的命名是以其对准的股道号后面加 AG(下行咽喉)或 BG(上行咽喉)来表示,如 I AG、II BG。

③调车信号机前方无岔区段的命名是用信号机的名称后面加 G 来表示,如 D_2G、$D_{18}G$。

二、道岔区段的轨道电路

1. 道岔绝缘

道岔区段除了各种杆件、转辙机安装装置等加装绝缘外,还要加装切割绝缘,以防止辙叉将轨道电路短路。道岔绝缘根据需要,可以设在直股,也可以设在弯股。

2. 道岔跳线

为保证信号电流的畅通,道岔区段除轨端接续线外,还需装设道岔跳线。

3. 道岔区段轨道电路的连接方式

(1)串联

这种轨道电路的电流要流经整个区段的所有钢轨,可以检查所有跳线和钢轨的完整,相对来说较安全。

(2)并联

一送多受轨道电路设有一个送电端,在每个分支轨道电路的另一端各设一个受电端,加装道岔绝缘和道岔跳线,受电端形成并联关系。因侧线只检查了电压,而没有检查电流,当跳线或连接线折断,列车进入弯股时,弯股并没有设置继电器,GJ 仍在吸起状态,这是不足的地方。

4. 一送多受轨道电路

一送多受轨道电路设有一个送电端,在每个分支轨道电路的另一端各设一受电端。各分支受电端轨道继电器的前接点串联在主轨道继电器电路中。当任一分支分路时,分支轨道继电器落下,其主轨道继电器也落下。使用时将主轨道继电器的接点用在联锁电路中。在实际中应注意,与到发线相衔接的道岔轨道电路的分支末端应设受电端;所有列车进路上的道岔区段,其分支长度超过 65m 时,在该分支的末端应设受电端;一送多受轨道电路最多不应超过 3 个受电端;任一地点有车占用时,必须保证有一个受电端被分路。

三、极性交叉

1. 概念

极性交叉是指有钢轨绝缘的轨道电路,为了实现对钢轨绝缘破损的防护,要使绝缘节两侧的轨面电压具有不同的极性或相反的相位。

2. 极性交叉的作用

极性交叉可以防止在相邻的轨道电路间的绝缘节破损时引起轨道继电器的错误动作。

3. 极性交叉的配置

在一个闭合的回路中，绝缘节的数量必须为偶数才能实现极性交叉；若为奇数，可采用移动绝缘节的方法实现极性交叉。车站内要求正线电码化时，可以将绝缘节移至弯股，并且采用人工极性交叉方式。

四、钢轨绝缘节的设置

钢轨绝缘节的设置应满足以下基本要求：

①道岔区段警冲标的内方，不得小于 3.5m，若实在不能满足此要求，则该绝缘节称为侵限绝缘。

②两绝缘节应设在同一坐标处，避免产生死区段。错开距离不得小于 2.5m。

③两相邻死区段间隔，不得小于 18m。

④信号机处的绝缘节应与信号机坐标相同，若达不到，则进站、接车进路信号机处，钢轨的绝缘可以设在信号机前方 1m 或后方 1m 处；出站、发车进路信号机处，钢轨绝缘可以设在信号机前方 1m 或后方 6.5m 范围内。调车信号机处与进站一致，但设在到发线，与出站一致。

⑤半自动闭塞区段的预告信号机处，安装在预告信号机前 100m 处。

单元 3.4　计　轴　器

一、概述

20 世纪 30 年代，随着欧洲铁路轨枕的钢枕化，代替轨道电路作为铁路区段空闲检查的计轴设备随之出现了。集现代传感技术和计算机技术的优秀成果，计轴设备越来越展现出其优越性和广泛的发展空间，成为当今主要的轨道区段、区间的空闲检查设备。

在移动闭塞系统（CBTC）中，通常采用计轴设备作为正线的列车空闲/占用检测设备。计轴设备的最大优势在于它与轨道状况的无关性，这使其具备了检查长轨道区间的能力。计轴不同于轨道电路的特点是：对轨道区段的长度几乎没有限制；不需要绝缘节；不受道床电阻的影响；在钢轨表面生锈、污染的条件下，仍能可靠安全地检测列车；对电气化区段牵引回流的连接及接地线无限制；不能检测断轨（现已采用超声波检测）；当计轴站间自动闭塞时，需与车辆信号发送设备配套使用。

我国早期的城市轨道交通多引进国外的计轴设备，如阿尔卡特 AzL 型、西门子 AzS 型、福豪舍尔 ACS 和提芬巴赫 TAZ 型等。随着地铁设备国产化不断发展，如今越来越多的国产计轴设备得到广泛应用。国产新型计轴设备均符合铁路有关技术条件，满足铁路信号故障-安全原则。

二、计轴系统原理

在所监测区段的每一个端口安装一个计轴点。这些计轴点监测在这个轨区段上运行的列车和车辆的轴数及运行方向，每个计轴点通过一根两芯电缆将这些信息传送到计轴评估器；同时，这条电缆也用来向计轴点供电。

计轴系统用于自动监控区间线路和车站线路，将线路空闲检测区段、道岔股道显示为"空闲"或"占用"。

计轴系统工作原理（图3-2）：列车从所检测区间的一端出发，驶入区间，经过计轴点时，计轴评估器对传感器产生的轴信号进行处理、判别及计数，此时轨道继电器落下，发车端不断将"计轴数"及"驶入状态"等信息编码传给接收端。当列车驶出区间，经过接车端计轴点时，接车端计数，接车端将"计数"及"驶出状态"传给发车端。当两端对"计轴数"及"驶入、驶出状态"校核无误后方可使两端轨道继电器吸起，给出所检测区间的空闲信号。

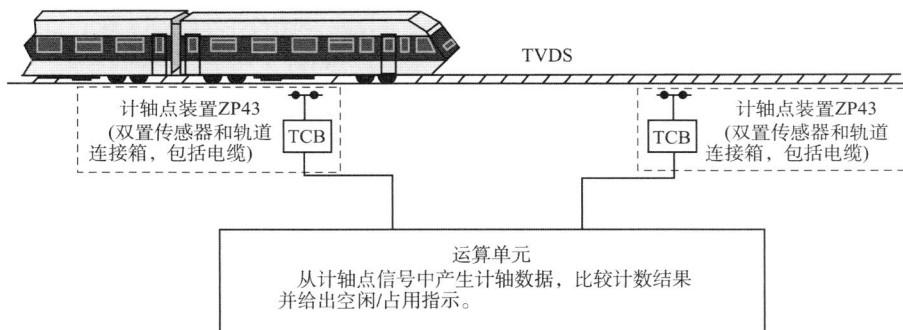

图3-2 计轴系统结构图

TCB-轨道连接箱；TVDS-轨道空闲检查区段

三、计轴设备

1. 计轴设备的组成

国产新型计轴设备一般分为室内、室外两个主体部分，即室外车轮传感器及室内计轴主机。室外车轮传感器采用单体封装设计，体积小，使用专用安装卡具固定于钢轨的内侧，传感器通过电缆终端盒直接与室内设备相连，使室外设备具有简单、安装紧固方便的特点。室外无其他电子设备，所有数据处理全部集中在室内设备。室内计轴机柜采用模块化设计，每个计轴区段由一套独立的计轴运算单元控制，具有安装方便、维护简单、故障影响面小等特点。室内主机包括放大板、计轴板、输出板、复零板和电源板等单元。其中车轮传感器与放大板组成车轴检测单元，计轴板与输出板等组成计轴运算单元。

（1）车轮传感器

车轮传感器采用单体全铸封装设计，如图3-3所示。其体积小，是室外唯一的电子设

备，采用单侧安装于钢轨内侧方式，安装灵活简便。车轮传感器的内部电路由一个高频
LC 有源振荡器和相应的一系列附属电路构成，电路的输出端也就是电源供电端，由外部
直流恒流源供电。如图 3-4 所示，当车轮传感器接入电源时，电流（3）流过车轮传感器
内装的线圈（2）并在线圈内产生电场（1），如金属物质（4）在该电场中存在（5），则
使电流更不容易通过该线圈，并且电压增大（6）。

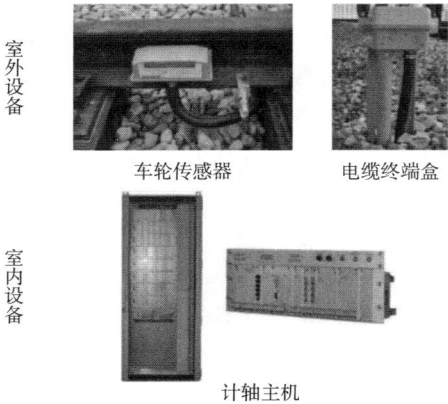

室外设备

车轮传感器　　　　电缆终端盒

室内设备

计轴主机

图 3-3　计轴设备组成

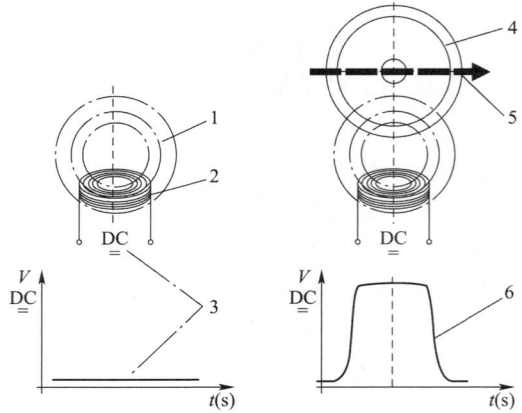

图 3-4　车轮传感器工作示意图（1）

1-电场；2-线圈；3-电流；4-金属物质；5-金属物质在该电场中
存在；6-电压增大

电压的变化作为轮轴信号，车轮传感器将该信号输出至
放大板。放大板接收到车轴传感器的轮轴信号，经放大和整
型，形成轮轴脉冲，为计轴板和输出板提供工作条件。

车轮传感器的壳体内有两个单独的传感单元 SI 和 SII，
每个传感单元独立执行同种任务。使用一组检测电路或两组
不相互独立的检测电路被认为是不安全的。车轮跨越车轮传
感器，两组传感器分别感应出车轮脉冲信号。两路脉冲信号
必须满足有先后有重叠的特征，才被认为是有效的车轮信号，
如图 3-5 所示，两路脉冲信号的相位关系代表车轮的运动方
向，系统用它来确定车轮的运行方向。

（2）电缆终端盒

电缆终端盒通常安装在钢轨附近，它是连接车轮传感器
和计轴电缆的专用接线盒，如图 3-3 所示。

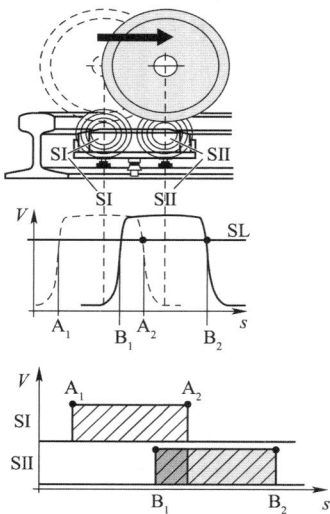

图3-5　车轮传感器工作示意图（2）

（3）计轴主机

计轴主机是由若干个计轴运算器及其他辅助设备组成的计轴室内设备，计轴主机完成
室外车轮传感器传输来的车轴脉冲信号处理，通过轴数统计、方向判别输出控制区段的状
态（空闲、占用），具备与联锁设备的接口，与其他监测系统的数据接口功能。计轴系统
功能示意图如图 3-6 所示。室内主机各计轴区段子系统采用模块化配置，各区段故障不影
响其他区段的正常工作。计轴运算器是由放大板、计轴板、输出板、复零板和电源板等组

成的计轴室内电子装置。

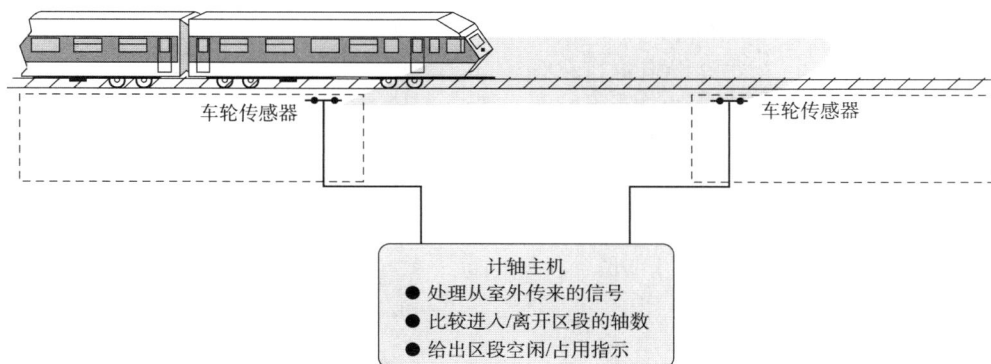

图 3-6 计轴系统功能示意图

①放大板。

放大板如图 3-7 所示。其主要功能如下：

a. 将车轮传感器感应到的模拟车轮轴脉冲信号放大、整型、滤波转换为数字信号；

b. 将通过恒流源电路的电压转换为车轮传感器需要的恒流工作电压；

c. 当列车车轮轮缘作用在车轮传感器感应区域时，车轮传感器阻尼变化引起电压变化（电压抬高），放大板检测到该电压变化，输出占用信息给输出板；

d. 检测车轮传感器的连接情况（包括断线、短路）以及传感器工作状态（空闲、占用、松动），体现为线间电压的变化；对于相邻区段共用车轮传感器的情况（计轴点的复用情况），对应的放大板也要复用，两个区段的计轴单元要同时从复用的放大板中接收车轮传感器轴脉冲信号。

②计轴板。

计轴板如图 3-8 所示。其主要功能如下：

a. 处理放大板送来的轴脉冲信号并统计区段内车轮轴数；

b. 判别列车运行方向；

c. 给输出板输出空闲、占用信息；

d. 采用双通道（I/II）二取二系统功能。

e. 最多可同时连接和处理 6 个车轮传感器信号。

f. 提供预复位反馈光耦接口（ZB8/115/6）。

③输出板。

输出板如图 3-9 所示。其主要功能如下：

计轴设备与控制设备（6502 电气集中及计算机联锁）的接口由输出板来承担。由继电器单元来比较计数单元的双通道数据，并使输出置于关联安全的状态——"轨道占用"或"轨道空闲"。输出板内继电器组成"故障-安全"逻辑电路。当计轴系统出现故障时，自动输出安全侧信息——"轨道占用"状态。继电器接点通过的最大电流 $I_{max} = 2\,A$。一个计轴区段配置 1 块输出板。

图3-7　放大板 　　　　图3-8　计轴板

④复零板。

复零板如图3-10所示。其主要功能如下：

a. 执行系统复零，完成系统的"预复位""直接复位"或者"条件复位"功能；

b. 提供外部复零条件输入接口。一块复零板满足2个计轴区段的复位操作。

图3-9　输出板 　　　　图3-10　复零板

⑤电源板。

TAZIL/S295＋JC型计轴设备主系统配有2种型号的电源板，分别为SV25/1414型（图3-11）和SV26/1414（图3-12）型。输入电压均为单相交流稳压电源AC220V±10%，允许范围为AC170V～265V。SV25/1414为设备提供DC24V工作电源，SV26/1414为设备提供DC12V工作电源。监测子系统采用独立供电，电源板为NT6型（图3-13），输入电压也是AC220V，输出DC12V和DC5V供监测子系统各模块工作使用。

⑥监视板。

监视板如图3-14所示。其主要功能如下：

监视板由6个继电器构成，用来监测放大板的电源电压。当放大板工作电压过低或者没有时，继电器落下，并使放大板相关的计轴区段输出占用信息。

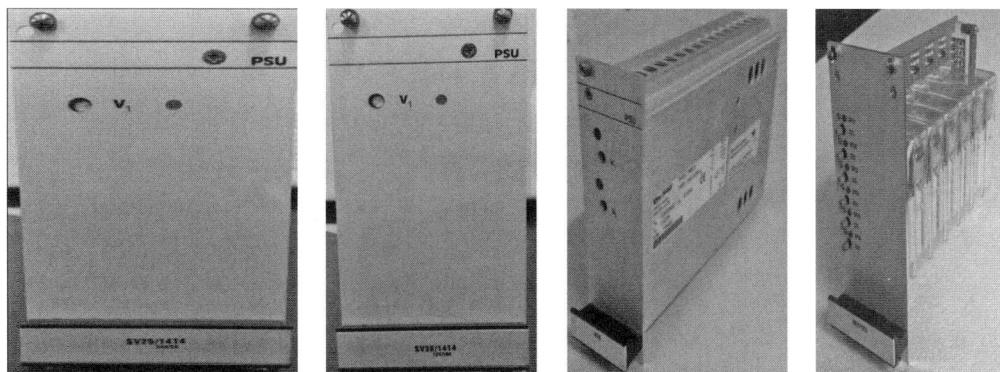

图 3-11　电源板 SV25/1414　　图 3-12　电源板 SV26/1414　　图 3-13　电源板 NT6　　图 3-14　监视板

2. 计轴点的命名

计轴点的命名规则是分上、下行线路分别编号（以车站为单位），上行线路为双号，下行线路为单号。

例如，A0103，其中，"A"代表该设备为计轴磁头，"01"代表其所在车站的编号，"03"代表其在所在车站内的序号，表明该计轴点在下行线路。

（1）无岔轨道区段

无岔轨道区段以 T 开头，编号由四位数字组成，前两位为车站编号，后两位为区段号码，上行线路编双号，下行线路编单号。

例如，T0103，其中，"T"代表该轨道区段为无岔轨道区段，"01"代表其所在车站的编号，"03"代表其在所在车站内的序号，表明该轨道区段位于下行线路。

（2）有岔轨道区段

以单渡线为例，如 ST0109，其中，"ST"代表该轨道区段为有岔轨道区段，"01"代表其所在车站的编号，"09"代表该有岔轨道区段仅有的一个道岔的编号。

以交叉单渡线为例，如 ST010507，其中，"ST"代表该轨道区段为有岔轨道区段，"01"代表其所在车站的编号，"0507"代表该有岔轨道区段内两个道岔的编号。

3. 计轴的复位

计轴容易经常受到干扰，受干扰的原因包括"掉电"、电磁干扰、磁头划过金属物等。因受到干扰，计数器的轴数往往出现差错，导致系统故障，此时，需要通过人工操作来进行计轴复位。

复位，即让计轴的轴数清零，同时计轴轨道区段为出清状态（轨道继电器吸起）。实际上计轴复位是一个安全作业程序，在计轴系统发生故障时使用。

计轴复位按钮盘上设置有计轴复位按钮，当车站值班员按压计轴复位按钮时，计轴主机在采集到计轴复位按钮的按下状态后，将会作出相应的处理。

计轴设备的直接复位、预复位和条件复位的定义如下。

（1）直接复位

在系统无故障且车轮传感器上方车轮传感器探测范围内无金属物存在的情况下，由于系统计轴区段占用，对计轴系统进行"直接复位"时，系统将计轴板轴数清零，并输出空闲状态。

（2）预复位

在系统无故障且车轮传感器上方车轮传感器探测范围内无金属物存在的情况下，由于系统计轴区段占用，对计轴系统进行"预复位"时，系统将计轴板轴数清零，但是计轴区段仍处于占用状态，只有在下一次计轴过程中，计入与计出轴数相等时才输出空闲状态。

（3）条件复位

在系统无故障且车轮传感器上方车轮传感器探测范围内无金属物存在的情况下，由于系统计轴区段占用且当前区段轴数为计出状态（即计轴板进行减计数），对计轴系统进行"条件复位"时，系统将计轴板轴数清零，并输出空闲状态。

城市轨道交通多推荐采用预复位方式。常规施工作业或其他原因造成计轴区段受扰的情况下只能执行预复位操作，组织列车轧过计轴区段，使区段恢复空闲的方法能够快速恢复计轴故障。

4. 计轴系统的功能

①为联锁、列控、闭塞和其他信号系统提供轨道区段占用或空闲的安全开关量输出接口；

②列车运行方向鉴别功能；

③复位功能；

④自诊断及故障检测功能。具备与信号计算机监测系统、维护支持系统等监测与管理系统的接口。

5. 计轴点与计轴主机距离

室外计轴点与室内设备之间的最大分布距离取决于车轮传感器信号传输距离。工程设计中，对于计轴点的分布，要求实际的电缆长度不大于车轮传感器信号传输距离。车轮传感器信号传输距离取决于所选择的电缆的电路环阻，因此，要依据实际要求选择电缆的规格。

表3-1列出了使用不同线径铜缆的传输距离。计轴区段的长度也受限于室外计轴点与室内设备之间的最大分布距离。

使用典型铜缆的传输距离 表3-1

线径（mm）	最大环阻（Ω/km）	最远距离（km）	最长区段建议（km）
0.9	200	3.5	7.0
1.0	200	4.2	8.4
1.4	200	8.6	17.2

6. 计轴设备与轨道电路的比较

（1）计轴设备的特点

①列车空闲/占用检测设备不再作为ATP信息传输的载体，因此，其功能更加单纯。

现在大多数移动闭塞信号系统采用计轴设备作为列车空闲/占用检测设备，还可以消除对线路上牵引供电关于均流点与回流点设置位置的限制。

②无须绝缘节。

③不受道床电阻影响。

④在钢轨表面生锈、污染条件下，仍能可靠安全地检测列车进出区间。

⑤对电气化区段牵引回流的连接及接地线无限制。

⑥若采用计轴设备作为列车空闲/占用检测设备，如出现计数错误，则须进行人工恢复；必要时还须用列车对室外错误计数的计轴设备进行恢复。

（2）轨道电路设备的特点

①准移动闭塞信号系统采用数字无绝缘轨道电路作为 ATP 信息的传输媒介，作为 ATP 信息传输的载体，较为安全可靠；在轨道电路中传输的 ATP 信息不易受到外界的电磁干扰；轨道电路的故障恢复较计轴设备相对容易。

②采用轨道电路作为列车空闲/占用检测设备，对钢轨的依赖性较强；轨道电路在轨道上安装时对道床的漏泄电阻及其他参数有一定的要求；对线路上牵引供电关于均流点与回流点位置的设置会有所限制。

随着计算机技术、自动控制技术、网络技术和通信技术的发展，移动闭塞信号系统在城市轨道交通中成为主流，计轴设备逐渐取代轨道电路得到了更广泛的应用。

单元 3.5　计轴设备常见故障

一、整个联锁区上行线计轴红光带

1. 故障现象

整个联锁区上行线计轴红光带，造成联锁区内列车紧急制动。

2. 故障原因

车轮传感器受扰、室内板卡故障、室外频率漂移、室内保险损坏。

3. 处理方法

①排查红光带区段对应传感器是否有受扰情况。

②检查室内保险是否完好。

③检查室内板卡是否工作正常，可查看灯位显示，利用诊断软件分析。

二、单个区段出现棕光带

卡斯柯的 CBTC 系统出现"棕色光带"的原因是计轴区段非正常占用，但是此时区域控制器（ZC）判断这个区段不是列车占用就会将此计轴区段切除，从而在人机界面（HMI）

上显示棕色光带。卡斯柯的 CBTC 系统中计轴信息可用与否的决定权在区域控制器。

针对发生的计轴设备故障，根据计轴监测设备丢轴时的数据以及发生故障时的设备状态，其主要原因如下。

1. 施工或人为因素影响

线路施工人员在车轮传感器附近（110mm 范围内）作业，其所携带金属物品对传感器的感应磁场造成影响，导致 HMI 出现计轴红光带或棕色光带的故障现象。

2. 联锁接口设备干扰

轨道继电器线圈是电感性负载，在计轴区段由空闲状态转为占用状态时，计轴输出的继电器链路会断开，切断 JGJ 的供电电源，继电器线圈突然断电的瞬间会产生一个较大的反向电动势，对计轴系统电路造成冲击，造成计轴设备受到干扰，继而导致 HMI 上相应区段显示红光带或是棕色光带。针对这种情况，在轨道继电器线圈处并联续流二极管（IN4007）后，故障可得到根本的解决。

3. 放大板工作不稳定

由于设备环境的湿度高、灰尘大，放大板的继电器接点易受腐蚀，造成触点接触电阻过大，导致计轴设备工作不稳定。可在设备室内加装空调，使室内温湿度满足要求，并定期对设备进行除尘、检测。

4. 车轮传感器工作不稳定

（1）影响车轮探测的因素

①车轮传感器的安装高度（车轮传感器表面与钢轨顶面的距离）；

②车轮传感器的感应高度（有效探测轮缘的高度）；

③车轮传感器安装位置（弯道内侧）；

④列车在弯道的运行速度；

⑤轨道弯曲半径；

⑥钢轨截面；

⑦隔垫厚度；

⑧列车轮对；

⑨轨宽和轴宽。

（2）针对以上因素采取的应对措施

①将车轮传感器的列车轮缘感应高度调高。

②在弯道时，如果将磁头安装在弯道外侧，由于列车的离心力作用，会造成轮缘探测强度降低。所以传感器安装在弯道时，最好是安装在弯道内侧。

③安装车轮传感器时底面不能与钢轨保持垂直，而是稍向下倾斜，可将车轮传感器靠近钢轨侧安装隔垫，并在安装螺栓外侧的弹垫和钢轨之间加装 2～3mm 不锈钢平垫，加强车轮轮缘探测的准确性。

④电磁干扰。

由于计轴电缆没有很好的接地，计轴室外电缆和转辙机电缆放在同一层电缆支架上。

转辙机附近的计轴磁头在操动转辙机时很容易受到干扰，可通过有针对性的整改来降低干扰。

⑤车辆轮对干扰。

某一列车轮对参数的异常会导致该列车计轴故障频率非常高，可通过更换该轮对或校正轮对参数降低故障发生率。

单元3.6　车-地信息传输设备

城市轨道交通中最常用的信号系统分为准移动闭塞信号系统和移动闭塞信号系统。前者基于传统的铁路信号控制技术发展而来；后者的核心控制部分也是基于传统的铁路信号控制技术发展而来，但在外在的传输媒介上更多的是采用先进的无线通信技术。因此，二者最基本的区别在于，准移动闭塞信号系统采用数字无绝缘轨道电路作为ATP信息的传输媒介，而移动闭塞信号系统则采用无线天线、波导管、泄漏电缆等来传输列车控制所需的ATP信息。随着计算机技术、自动控制技术、网络技术和通信技术的发展，准移动闭塞信号系统是传统信号系统发展的顶峰，而移动闭塞信号系统更多的是体现了现代信号系统的发展方向。

CBTC实现"地对车"控制的基础是安全、可靠、高速、大容量的车-地信息传输，数字轨道电路仅能实现"地-车"的单向信息传输，信息量少，不具备精确定位功能，无法满足CBTC系统的要求。随着城市轨道交通CBTC系统的应用，出现了轨旁车-地信息传输等信号设备。

一、应答器

有的信号系统将应答器称为信标。应答器是一种利用电磁原理，在特定地点以报文形式实现地面与车载设备间高速数据传输的设备。应答器分为有源应答器和无源应答器两种。

无源应答器没有外接电源供电，平时处于静止休眠状态。当列车经过无源应答器上方时，地面无源应答器接收到车载天线传递的载频能量，获得电能量使地面应答器中的信号发生器工作。该种应答器包含的信息包括公里标、线路坡度和固定限速等各种固定不变的数据信息。

有源应答器（图3-15）连接车站信息编码设备（LEU），数据报文可以随外部控制条件的改变产生变化。LEU从联锁系统提取轨旁信息，再将信息编码后传送给有源应答器，例如设置于地面信号机旁的应答器可将信号机的显示状态传输给列车。

应答器除提供坐标信息外，可支持点式ATP系统。车载设备通过车载应答器天线接收地面有源应答器发送来的停车点信息，根据这一信息，生成ATP速度控制曲线，将这一速度控制曲线与测速设备得到的本列车速度进行比较，如果列车速度超出ATP速度控制曲线的速度，车载设备自动输出制动，对列车进行点式模式下的安全控制。

二、无线接入点（AP）

随着无线通信技术的发展，基于自由空间传输的无线传输技术在 CBTC 系统中得到了应用。无线 AP 在整个地铁网络系统中是各个子系统软硬件设施工作目标得以实现的纽带，可有效将地铁中安装的有线网络设备传输信号转换为无线网络。我国各城市地铁庞大的网络系统中安装了无数个无线接入点，实现了地铁站内和列车运行中的网络无线存取，其可移动性高的特点，为车载系统中的网络传输提供了可能，从而方便了乘客在站内和列车上活动时的用网需求，使得地铁系统服务功能升级。在整个地铁运行系统中，控制中心与各个子系统通过软硬件设施得到信息的双向传输，无线 AP 的使用可使二者之间的传输信号加强，并可有效避开传输信号之间的干扰，从而为地铁运行中的信息传输提供了保障。

采用 AP 天线作为和列车进行通信的手段，无线自由波的 AP 箱和天线多装在高梁立柱或隧道侧壁，如图 3-16 所示。

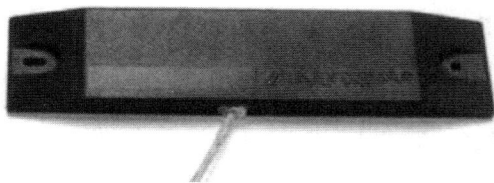

图 3-15　有源应答器　　　　　　　　图 3-16　无线自由波 AP 天线的应用

设置 AP 天线保证区间的无线重叠覆盖，对于车载通信设备的安装位置限制少，传输效率高；可实现空间的重复覆盖，单个接入设备故障不影响系统的正常工作；轨旁设备少，安装位置与钢轨无关，操作简单且便于维护，精度要求低，又相对独立，对周围影响小，有利于升级改造。

无线自由传波方式的抗干扰性不如波导管强，信号发射源常选用定向天线，使用异于其他干扰源的无线扩频技术，在一定程度提升了系统的抗干扰性，但定向天线不是加长型天线，再加上传输距离较远，且存在其他无线信号，导致抗干扰能力较弱。

三、波导管

波导管可分为普通波导管和裂缝波导管两种。在不同种类波导管中，裂缝波导管应用最为广泛。裂缝波导管的矩形波导管壁上等间隔地开了很多缝隙的波导。由于精确地设计了缝隙的宽度、长度及间隔尺寸，使得每个缝隙耦合出来的微波能量都是适当的，同时波导内部传输的衰减非常小，波导管上方的信号强度能长距离地保持稳定。通过裂缝耦合出不均匀的场强，对连续波的场强进行采集和处理，并通过计数器确定列车经过的裂缝数，计算出列车走行距离，确定列车在线路中的位置。波导管应用于无线数据传输时，具有传输频带宽、损耗小、可靠性高和抗干扰等优点。尤其是传输速率大，用来传送超高频电磁波，可以满足列车控制系统的要求。

波导管系统是车-地双向传输的媒介。沿线铺设的裂缝波导（裂缝天线）及波导连接的 AP 是轨旁与列车的双向传输通道，如图 3-17 所示。通过有线和无线网络的集合，实现列车与轨旁设备的双向连续通信及列车定位功能，如图 3-18 所示，最终实现移动闭塞信号控制系统的功能。

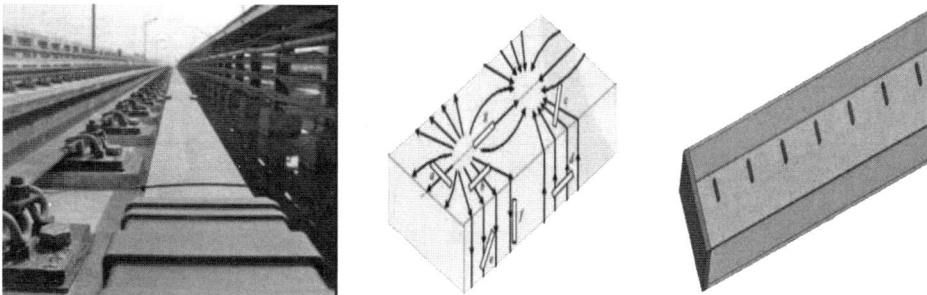

图 3-17 裂缝波导管

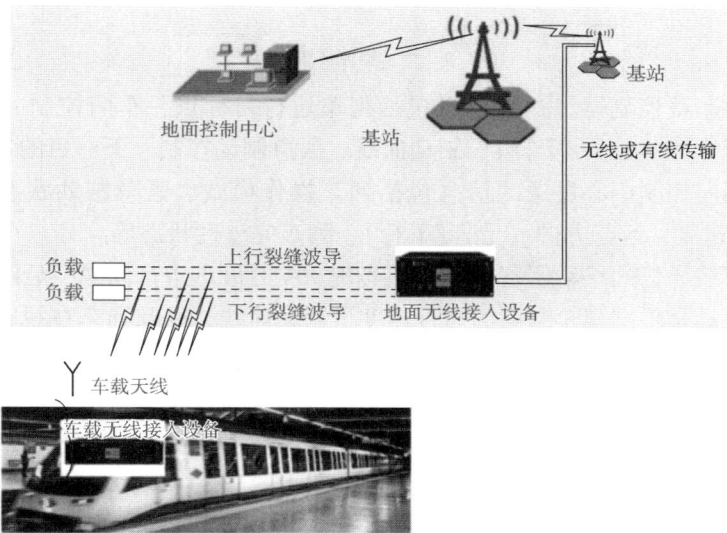

图 3-18 裂缝波导网络通信示意图

波导管系统存在的不足是安装困难，需全线沿线路安装波导管，安装维护复杂，并且造价高。

四、感应环线

感应环线数据通信是车辆控制中心与车载控制器之间交换信息的方式，以敷设于轨道间的感应环线上的信息和安装于车辆轮轴的速度传感器的信息为基础。感应环线由扭绞铜制线芯和绝缘防护层组成，每 25m 交叉一次，在末端形成回路，利用闭合导线传送数据信息。列车底部安装有接收和发送天线，与轨道交叉感应环线之间产生电磁耦合，形成车-地双向通信，如图 3-19 所示。

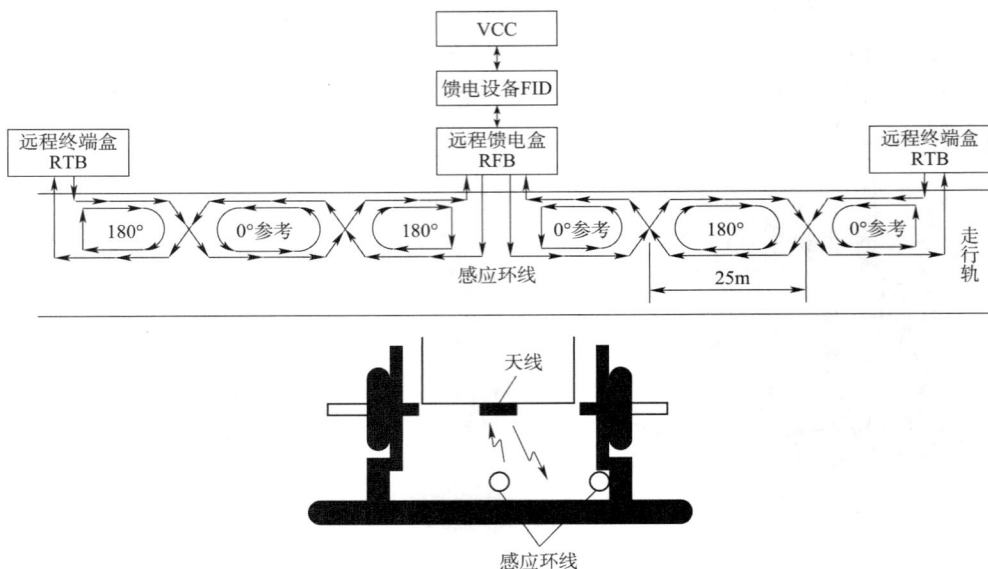

图 3-19　交叉感应环线示意图

控制中心向车载控制器发送的信息包括列车运行目标点、车门控制（开关、左右）、最大速度、运行方向（上行/下行）、制动曲线、紧急制动控制、下一目的地等。

车载控制器向控制中心发送的信息包括列车操作模式、紧急制动状态、列车门状态（开/关）、实际速度、运行方向（上行/下行）、列车完整性状态等。

基于感应环线通信的移动闭塞系统，能实现 90s 的最小运行间隔。后续列车与前一列车的安全间隔距离是根据列车当前的运行速度、制动曲线，以及列车在线路上的位置动态计算出来的。由于列车位置的定位精度高，因此，后续列车可以在该线路区段，以最大允许速度，安全地接近最后一次确认的前一列车尾部位置，并与之保持安全制动距离。

实训任务

任务 3.1　计轴器的认知

任务描述

（1）对计轴器有一个清晰的认识。

（2）准备教学资料。

（3）学生分组讨论学习计划。

（4）学生分组讨论学习轨道电路、工频交流连续式轨道电路、50Hz 微电子相敏轨道电路、计轴等的相关知识。

（5）各组将学习的成果进行交流并汇报。

（6）对学生的学习情况进行评价。

任务准备

（1）学生在多媒体教室或城市轨道交通通信与信号车间现场，学生人数根据场地和需要确定。

（2）教学用的 PPT、视频及相关教学引导资料。

（3）考评表。

任务考评

将考评结果填入表 3-2 中。

任务实施过程考评表 表 3-2

考评项目		配分	考评指标	学生自评	小组互评	教师评定
知识准备	基础知识回顾、制订学习计划	5	熟悉的程度			
任务组成	轨道电路的工作原理	5	熟悉的程度			
	轨道电路的作用	5	熟悉的程度			
	轨道电路的基本工作状态	5	熟悉的程度			
	计轴设备组成	5	熟悉的程度			
	车轮传感器工作原理	5	熟悉的程度			
	计轴主机的组成	5	熟悉的程度			
	计轴直接复位、预复位及条件复位	5	熟悉的程度			
	计轴系统的功能	5	熟悉的程度			
	计轴系统与轨道电路的区别	5	熟悉的程度			
	计轴系统常见故障	5	熟悉的程度			
	应答器的作用及分类	5	熟悉的程度			
	波导管的种类及功能	5	熟悉的程度			
	感应环线的应用	5	熟悉的程度			
	任务实施过程记录	5	详细性			
	所遇问题与解决记录	5	成功性			

考评项目	配分	考评指标	学生自评	小组互评	教师评定
讨论过程的表现	5	遵守上课纪律，态度认真			
协调合作，成果展示	15	小组成员的参与积极性、成果展示的效果			
成绩					
总成绩 （根据需要按照自评、互评和教师评价作百分比计算，以学生为主、教师为辅）					

达标练习题

一、填空题

1. 轨道电路具有 ＿＿＿＿＿＿＿＿ 和 ＿＿＿＿＿＿＿＿ 的作用，同时具有 ＿＿＿＿＿＿＿＿＿＿、＿＿＿＿＿＿＿＿ 和 ＿＿＿＿＿＿＿＿ 三种工作状态。

2. 计轴系统共分为三部分，分别是＿＿＿＿＿＿、＿＿＿＿＿＿ 和＿＿＿＿＿＿。

3. 轨道电路常见故障有＿＿＿＿＿＿＿＿ 和 ＿＿＿＿＿＿＿＿。

4. 轨道电路分路时，最不利条件是＿＿＿＿＿、＿＿＿＿＿、＿＿＿＿＿。

二、简答题

1. 电路在城市轨道交通中的作用是什么？

2. 什么是轨道电路的极性交叉？其有何作用？

3. 简述钢轨绝缘节的设置应满足的基本要求。

4. 计轴器的工作原理是什么？

5. 计轴设备电路的常见故障有哪几种？主要故障原因有哪些？

三、综合题

标出下图中所示各部分的名称并简述其工作原理。

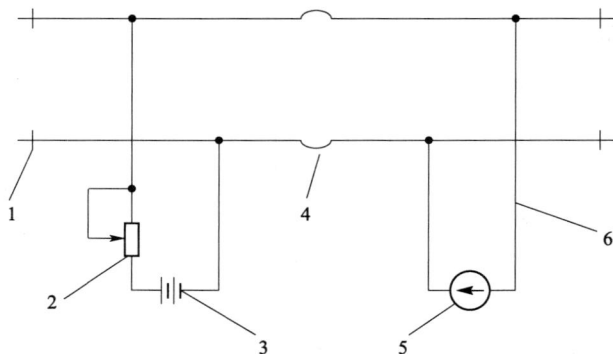

1. ＿＿＿＿＿＿＿＿＿＿＿＿＿＿＿＿＿＿＿＿＿＿＿＿＿＿＿＿＿＿＿＿＿＿；

工作原理：_____

_____

_____

2. _____

工作原理：_____

_____

_____

3. _____

工作原理：_____

_____

_____

4. _____

工作原理：_____

_____

_____

5. _____

工作原理：_____

_____

_____

6. _____

工作原理：_____

_____

_____

模块 4

联锁

教学导入

城市轨道交通线路按照作业的范围大体上可分为两大部分：一部分是车站，另一部分是区间。为了保证城市轨道交通运行的安全，提高运输效率，每一个车站和区间都必须安装安全可靠的控制设备，实现对列车或车列的运行制约，在站内的制约称为联锁。

学习目标

知识目标

1. 掌握联锁的基本概念。
2. 了解联锁图表的编制方法。
3. 了解 6502 电气集中联锁。
4. 掌握计算机联锁的基本结构和操作方式。

能力目标

1. 会编制联锁图表。
2. 会用计算机模拟进行 6502 电气集中联锁的操作。
3. 会 TYJL-Ⅲ 型计算机联锁系统的操作。

素养目标

1. 通过绘制表格，提高动手能力，养成认真细致的学习习惯。
2. 通过操作计算机设备，理解和掌握联锁系统的操作方法，提高学习与应用能力。

案例导入

某车辆段 TYJL-Ⅲ 显示器 2 屏突然黑屏，致使信号楼值班员无法进行排路操作。发生故障后，信号楼值班员立即报告车场调度员，车场调度员确认现场情况及影响范围后立即报告维修调度人员、维修调度人员及通号人员，经通号人员初步判断可能为显示器故障。因为可能需要降级处理，故车场调度员通知信号楼值班员做好降级处理的准备，同时将已掌握的情况汇报给值班主任，申请处理意见。值班主任的回复为：

（1）临时更换故障显示器；

（2）做好使用应急盘进行收、发车作业的准备。

之后，车场调度员立即通知通号人员更换显示器，更换后显示器恢复正常显示和使用。该故障因汇报和处理及时，未对运营产生不良影响。

单元 4.1 联 锁 概 述

信号设备是组织指挥列车运行、保证行车安全、提高运输效率、传递信息、改善行车人员劳动条件的关键设施。

继电器、信号机及信号表示器、转辙机、轨道电路等是基础设备，用它们以及计算机等其他设备和器材构成信号系统，完成相应的功能。信号系统可分为车站联锁设备、区间闭塞设备、列车信号和列车运行控制设备、调度监督和调度集中设备。

联锁是保证行车安全的重要技术措施，指的是信号设备与相关因素的制约关系。广义的联锁泛指各种信号设备所存在的互相制约关系。狭义的联锁，即一般所说的联锁，专指车站信号设备之间的制约关系。为保证行车安全，联锁关系必须十分严密。

一、联锁概念

车站内有许多线路，它们用道岔连接着。列车和调车车列在站内运行所经过的径路，称为进路。按各道岔的不同开通方向可以构成不同的进路。列车和调车车列必须依据信号的开放而通过进路，即每条进路必须由相应的信号机来防护。如进路上的道岔位置不正确，或已有列车占用，有关的信号机就不能开放；信号开放后，其所防护的进路就不能变动，即此时该进路上的道岔不能再转换。信号、道岔、进路之间的这种相互制约的关系，称为联锁关系，简称联锁。

二、联锁道岔

在车站联锁区范围内参加联锁的道岔称为联锁道岔。

1. 道岔的定、反位

每组道岔都有两个位置，即定位和反位。

道岔定位是道岔经常所处的位置，道岔反位是建立进路时临时改变的位置。道岔定位既可能开通直向位置，也可能开通侧向位置。确定道岔定位时应按照右侧行车制，尽量考虑减少扳动次数，以保证行车和调车作业安全为前提，基本原则如下：

①单线区段车站正线道岔，以车站两端开通不同股道为定位。如图 4-1 所示，1 号道岔（左一）以开通 3 股道（侧向开通）为定位，2 号和 4 号道岔（右一）以开通 II 股道（直向开通）为定位。

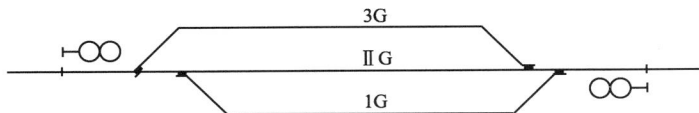

图 4-1 单线区段车站道岔定位示意图

②复线区段车站正线道岔以开通正线为定位，如站场连接正线的道岔均以开通直股为定位。

③引向安全线、避难线的道岔，以开通安全线、避难线为定位。

④侧线的道岔，除引向安全线、避难线的道岔外，一般以开通直股为定位。

2. 联动道岔

排列进路时，几组道岔要定位都要在定位，要反位则都要在反位，这些道岔称为联动道岔，它们必须同时转换，否则不能保证安全。

复式交分道岔包括两组尖轨和两组可动心轨，需4台转辙机牵引。其中前一组尖轨和前一组可动心轨联动，后一组尖轨和后一组可动心轨联动。

为了防止侧面冲突，有时需要将不在所排进路上的道岔处于防护位置并予以锁闭，这种道岔称为防护道岔（图4-2）。当向Ⅰ道接发列车（调车）时，16号道岔如在反位，则岔线的车辆就有可能进入Ⅰ道的进路，危及行车安全，因此必须将16号道岔锁闭在定位，那么16号道岔就是Ⅰ道的防护道岔。

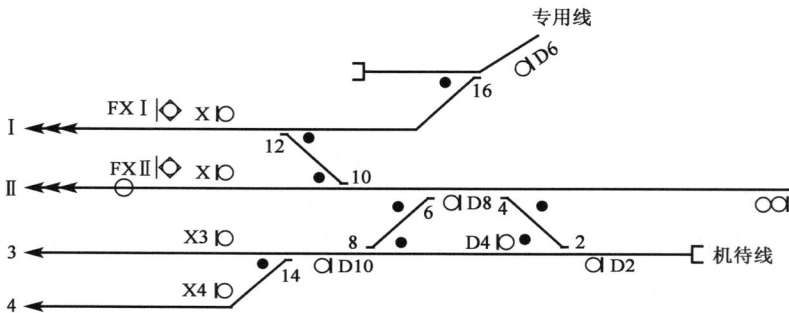

图4-2 防护道岔示意图

在实现进路锁闭时，是把同一道岔区段内的所有道岔都锁闭了，但为了满足平行作业的需要，排列进路时需把某些不在进路上的道岔带动至规定位置，并对其锁闭。这种道岔称为带动道岔。

对防护道岔必须进行联锁条件的检查，防护道岔不在防护位置时不能建立进路。对带动道岔则无须进行联锁条件检查，能带动到规定位置就带动，带动不到也不影响进路的建立，它不涉及安全，只是影响效率。

三、进路

进路是车站内列车或调车车列由一点运行至另一点的全部径路。其中列车用的称为列车进路，调车用的称为调车进路。进路要求其包括的道岔必须处在规定位置。进路包括数个轨道电路区段。

1. 列车进路和调车进路

列车进路分为接车进路、发车进路和通过进路。接车进路指列车进入车站所经过的进路，始于进站信号机，终于另一端咽喉的出站信号机。发车进路指列车由车站驶出所经过的径路，始于出站信号机，终于进站信号机（单线区段时）或车站与区间衔接处的绝缘节（复线区段时，在此处设置站界标）。通过进路指列车经正线不停车通过车站的进路。

调车进路包括单元（短）调车进路和组合（长）调车进路。单元调车进路是指从起始调车信号机开始，到次架阻挡信号机为止的一个调车进路。而组合调车进路则是指由两个以上的单元调车进路组成的进路。调车进路的"长"与"短"，不是指进路长度的长与短，而是指调车进路中，阻挡信号机是一架还是几架。

2. 基本进路和变通进路

站内由一点向另一点运行有几条径路时，规定常用的一条径路为基本进路。基本进路一般是两点间最近的、对其他进路作业影响最小的进路。此时，基本进路以外的其余进路叫作变通进路（又称迂回进路）。设计变通进路的目的是有效地利用车站线路，提高作业效率，增加列车或调车车列运行的灵活性。当正常行车线路上的道岔发生故障、轨道电路被占用或故障等原因不能开通基本进路，可以开通变通进路，使列车或调车车列迂回前进而不致受阻。

3. 敌对进路

敌对进路是指同时行车会危及行车安全的任意两条进路。下列进路规定为敌对进路：
①同一到发线上对向的列车进路与列车进路。
②同一到发线上对向的列车进路与调车进路。
③同一咽喉区内对向重叠的列车进路或调车进路。
④同一咽喉区内对向重叠或顺向重叠的列车进路与调车进路（顺向重叠进路指两条方向相同、互相间有部分或全部重合的进路）。
⑤进站信号机外方制动距离内接车方向为超过6‰下坡道，而在该下坡道方向的接车线末端又无线路隔开设备时，该下坡道方向的接车进路与另一端咽喉的接车进路、非同一到发线顺向的发车进路以及另一端咽喉的调车进路。
⑥防护进路的信号机设在侵限绝缘处，禁止同时开通的进路。

四、联锁的基本内容与技术条件

联锁的基本内容包括：①防止建立会导致列车相冲突的进路；②必须使列车或调车车列经过的所有道岔均锁闭在与进路开通方向相符合的位置；③必须使信号机的显示与所建立的进路相符。

联锁的基本技术条件包括：进路上各区段空闲时才能开放信号；进路上有关道岔在规定位置且被锁闭才能开放信号；敌对进路已建立时，防护该进路的信号机不能开放。

单元 4.2 联锁图表的编制

一、信号平面布置图

（1）道岔编号
各车站的道岔按咽喉区分别编号，编号的基本原则如下：

①下行咽喉区为单号，上行咽喉区为双号。

②每一咽喉区以信号楼为中心，从站外向站内按照由小到大的顺序编号。

③横坐标相同的道岔，纵向距信号楼近的道岔优先编号。

④对于联动道岔（包括双动道岔、三动道岔、四动道岔），按照联动关系连续编号。

（2）股道编号

股道的编号原则如下：

①与区间线路经道岔直向位置接通的正线用罗马数字，经道岔侧向位置接通的侧线用阿拉伯数字。

②单线区段车站的股道从信号楼开始由小到大顺序编号。

③复线区段车站的股道从正线开始向两边分别顺序编号。

④对于尽头式车站，当信号楼在线路一侧时，股道从信号楼开始由小到大顺序编号；当信号楼在线路终端时，面向终端由左至右顺序编号。

（3）其他

①运行的方向，采用单方向箭头和双方向箭头。

②信号楼中心公里标，道岔、信号机距信号楼的距离，以表格形式或直接在平面图中进行标注。

③进站信号机外方下坡道，应标明坡度数。

二、联锁表

联锁表是根据车站信号平面布置图所展示的线路、道岔、信号机、轨道电路区段等情况，按规定的原则和格式编制。联锁表以进路为主体，逐条地把排列进路、需顺序按压的按钮、防护该进路的信号机名称和显示、进路要求检查并锁闭的道岔编号和位置、进路应检查的轨道电路区段名称，以及与所排进路敌对的信号填写清楚，如图 4-3 所示。

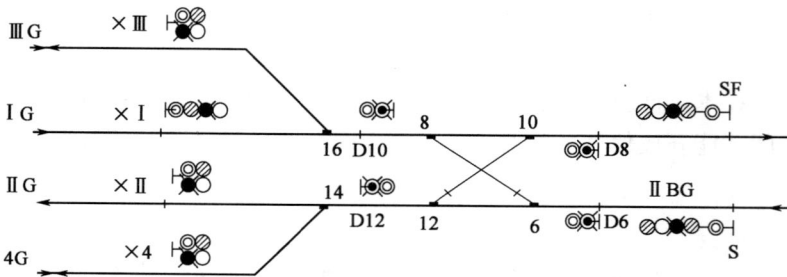

图 4-3 联锁表示意图

（1）方向栏

填写进路性质（通过、接车、发车、转场、调车或延续进路）和运行方向。

（2）进路号码栏

按全站列车进路和调车进路顺序编号，亦可按咽喉区、场分别编号。通过进路由正线接、发车进路组成，不另编号，仅将接、发车进路号码以分数形式填写。例如，接车进路号码为 2，发车进路为 8，通过进路就写作"2/8"。

（3）进路栏

逐条列出列车及调车的基本进路。在较大车站，列车进路同时存在两种以上方式时，除列出基本进路外，还需推荐一条变通进路作为第二种进路方式。

①列车进路：如将列车接至某股道时记作"至 × 股道"；列车由某股道发车时记作"由 × 股道"；由某信号机发车时记作"由 × 信号机"；通过进路应记作"经 × 股道向 × × 方向通过"。

②调车进路：如由 D_{xx} 信号机调车，记作"由 D_{xx}"；调车至另一顺向调车信号机，记作"至 D_{xx}"；调车至股道，记作"至 × 股道"；向尽头线、专用线、机务段、双线出站口等处调车时分别填记由各线向集中区调车的调车信号机名称，记作"向 D_{xx}"；当进站信号机内方仅能作调车终端时，应记作"至 × 进站信号机"。

③延续进路：区间接近车站一端接车方向有超过 6‰ 的下坡道而接车线末端又无隔开设备时，有下坡道的一端向某股道接车进路的延续进路应列出，并按接车进路方式检查延续进路上的全部道岔位置、轨道电路区段和敌对信号。

当向某股道接车进路末端有多条延续进路时，应列出其推荐的进路。延续进路编号由接车进路号码和接车进路的第 × 条延续进路号码组成排列进路，按下按钮栏，填写排列该进路时需按下的按钮名称。

（4）确定运行方向道岔栏

当有两种以上方式运行时，为了区别开通的进路，填写关键对向道岔的位置。

（5）信号机栏

填写排列该进路时开放的信号机名称及其显示。色灯信号机按显示颜色表示，进路表示器一般以左、中、右区分，如超过 3 个方向，以两组进路表示器组合后的灯位分别表示。

（6）道岔栏

顺序填写进路中所包括的全部道岔及防护和带动道岔的编号和位置。其填写方式举例如下：1/3，表示将 1/3 号道岔锁在定位；（5/7），表示将 5/7 号道岔锁在反位；［9/11］，表示将 9/11 号道岔防护在定位；［（9/11）］，表示将 9/11 号道岔防护在反位；｛（27）｝，表示将 27 号道岔带动到反位。

（7）敌对信号栏

填写排列该进路的全部敌对信号。

（8）轨道电路区段栏

顺序填写排列进路时须检查空闲的轨道电路区段名称。

（9）迎面进路栏

填写同一到发线上对向列车、调车进路的敌对关系，以线路区段名称表示。

单元 4.3 联锁设备

一、概述

联锁设备是指控制车站的道岔、进路和信号，并实现它们之间联锁关系的设备。联锁设备既可以分散控制，也可以集中控制。目前使用的联锁设备有继电联锁和计算机联锁两类。

继电联锁，又称为电气集中联锁，是用电气的方法集中控制和监督段内的道岔、进路和信号，并实现车辆段联锁关系的联锁设备。这种设备的主要特点是室外采用色灯信号机，道岔由转辙机转换，进路上所有区段均设有轨道电路，由继电电路实现对室外设备的控制并实现联锁，操作人员通过控制台集中操纵和监督全段信号设备。

计算机联锁利用计算机实现车站的联锁关系，用继电器电路作为计算机主机与室外信号机、转辙机、轨道电路的接口设备，操作人员通过计算机显示器等设备实现对现场设备的控制和监督。计算机联锁充分发挥了计算机的特点，操作表示功能完善，并方便设计、施工、维修和使用，便于实现信号设备的远程监督、远程控制和自动控制，是车站联锁设备的发展方向。

二、联锁设备的主要技术要求

1. 基本操作原则

车辆段联锁设备采用双按钮操纵方式，办理进路、取消和人工解锁进路、单独操作道岔都要按压两个按钮才能动作设备，这样可以防止由于误操作按钮造成信号设备错误动作。

2. 进路锁闭

进路锁闭指的是进路排通、防护进路的信号开放后，进路上有关道岔不能转换，有关敌对信号不能开放。控制台上办理好进路后，从防护进路的信号开始至进路的终端显示白光带，则该进路处于锁闭状态。集中联锁的道岔区段是锁闭的主要对象，进路锁闭是由该进路的各轨道区段的锁闭构成。

3. 信号的开放

控制台上操纵按钮办理进路后，信号开放的条件如下：①进路空闲；②有关道岔转换至规定位置；③敌对进路未建立；④进路处于锁闭状态。

4. 信号的关闭

已经开放的信号，在下列情况下应能自动关闭：

①列车信号：当列车进入该信号机内方第一个轨道区段时。

②调车信号：当调车车辆全部越过开放的调车信号，即出清调车进路接近区段。若接近区段留有车辆，则调车车列出清调车信号内方第一个轨道区段时信号关闭。

③当信号显示与防护进路的条件不符合时（如进路上轨道电路故障、道岔位置改变，信号灯丝断丝等）。

④办理取消或人工解锁进路时。

5. 进路的自动解锁

进路的自动解锁是指进路锁闭信号开放后，随着列车越过信号机进入进路或调车车辆的牵出、折返，进路上有关轨道区段自动解锁，控制台上相应车道区段的白光带自动熄灭。

进路的自动解锁根据电路动作的特点不同，包括两种情况：

①正常解锁：也称逐段解锁，即列车或调车车辆顺序占用和出清进路的各轨道区段后，进路上的轨道区段自动顺序解锁。

②调车中途返回解锁：在调车过程中，调车车辆未压上或部分压上的轨道区段，能够随着调车车辆的折返而自动解锁。

6. 人工办理解锁进路及解锁轨道区段

人工办理解锁进路指的是进路建立后，不经列车或调车车辆运行，经人为操作将进路解锁。

①当进路处于预先锁闭时，办理"取消解锁"，可将进路解锁。

②当进路处于接近锁闭时，须办理"人工解锁"，才能将进路解锁。当进路处于接近锁闭办理人工解锁进路时，进路需经过 3min 或 30s 的延时才能解锁。设置延时解锁，是为了防止解锁原有进路改办其他进路时，处于接近区段的列车或调车车辆可能由于停车不及时冒进信号而压上正在转换的道岔。延时能够确保列车或调车车辆有足够的停车时间。

"取消解锁"与"人工解锁"两种方式的不同在于使用的按钮不同、操作时执行的手续不同。

③当发生车站停电后恢复供电，以及进路没有完全解锁等情况时，控制台上全部或部分轨道区段显示白光带，此时有关区段均处于锁闭状态，须办理"区段人工解锁"手续，才能将有关轨道区段解锁。

7. 道岔的锁闭

联锁道岔有以下锁闭方式：

①区段锁闭：道岔区段有车占用时，区段内有关道岔不能转换，称为区段锁闭，此时控制台上有关道岔区段显示红光带。

②单独锁闭：利用控制台上道岔按钮断开道岔控制电路，使该道岔不能转换。对道岔进行单独锁闭后，控制台上该道岔表示灯显示红灯。

③故障锁闭：在故障情况下道岔区段被锁闭，此时控制台上有关道岔区段显示白光带。例如，列车经过进路后，由于分路不良使部分轨道区段不能解锁，控制台遗留有白光带。

联锁道岔受到上述任一种锁闭时，应保证车辆通过道岔时，道岔不能启动。

上述锁闭方式均属于对道岔进行电气锁闭，即通过断开转辙机的控制电路，使转辙机不能转换。除上述锁闭方式外，当设备故障时，为保证行车安全，使用钩锁器对道岔进行现场加锁以及钉固道岔等都是车务部门常用的锁闭道岔方式。

8. 道岔的转换

在不受上述任何一种锁闭的条件下，联锁道岔允许单独操纵，根据在控制台上的操作，能够进路式选动。但单独操纵优先于进路式选动。在进路式选动过程中，如果尖轨转换遇阻不能转换到底时，为保护电动机，允许单独操纵转回原来位置。为保证列车和调车作业安全，联锁道岔一经启动，则不受列车或调车车列进入道岔区段的影响，应继续转换到位。转换到位后控制台有相应定位或反位表示，联动道岔只有两端尖轨均转换到位才能构成位置表示。

9. 引导接车

办理列车进段时，当有关信号机、轨道电路或道岔等故障时，进段信号不能正常开放，应使用引导接车的方式将列车接入车辆段内。

三、6502 电气集中联锁

随着计算机技术的迅速发展，尤其是对于安全性技术和可靠性技术的深入研究，出现了计算机联锁。我国新建地铁的联锁设备基本都用计算机联锁，6502 电气集中联锁应用越来越少。我国的计算机联锁设备从界面设计到操作原则、从基本功能到联锁关系、从软件结构到接口电路，都最大程度借鉴了 6502 的设计理念，并在实现 6502 全部功能的基础上，发挥计算机和网络的优势进行了功能扩展，提高系统的安全性与可靠性。因此，学习必要的 6502 电气集中知识，有助于掌握联锁关系的本质，探究联锁系统的设计理念。

1. 6502 电气集中的主要技术特征

6502 电气集中是组合式电路，即以道岔、信号机和轨道电路区段为基本单元设计成定型的单元电路，称为继电器组合，简称组合。将各种组合按站场形状拼装起来即成为组合式电路。组合式电气集中具有简化设计、加速施工、工厂预制、便于维修等优点。6502 电气集中几乎是用定型组合拼成的，只需设计少量零散电路。

6502 电气集中采用双按钮选路方式，只需按压两个进路按钮，就能转换道岔、开放信号，而且不论进路中有多少组道岔均能一次转换，简化了操作手续，提高了效率。6502 电气集中采用逐段解锁方式，它把进路分为若干段，采用多次分段解锁的方式，即列车或调车车列出清一段解锁一段，以提高车站作业效率。6502 电气集中结构示意图如图 4-4 所示。

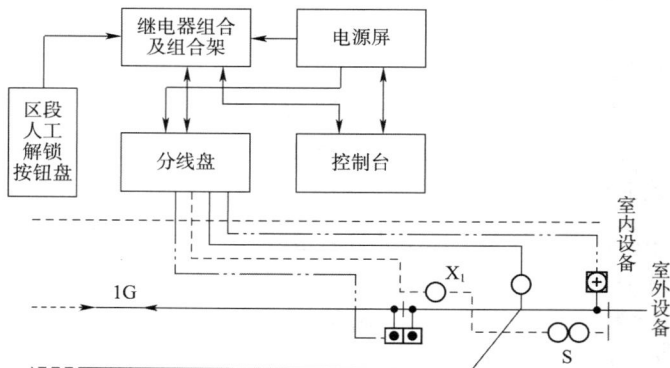

图 4-4　6502 电气集中结构示意图

2. 6502 电气集中的基本工作原理

6502 电气集中电路的动作层次是选择进路—锁闭进路—开放信号—解锁进路。

6502 电路是继电逻辑电路，包括网状电路和局部电路。

6502 电路分为选择组电路和执行组电路两部分。选择组电路由记录电路和选路网路组成，主要用来记录车站值班员按压按钮的动作，按要求自动选通所需进路，并将操作意图传给执行组电路。

所有联锁关系，包括检查道岔位置正确、轨道电路区段空闲且锁闭、敌对进路未建立且锁闭在未建立状态，都由执行组网状电路完成。经检查联锁关系正确后，锁闭进路，开放信号。各种解锁条件的检查也通过网状电路进行。

3. 电气集中联锁控制台操作

①办理进路。6502 电气集中采用双按钮选路方式，即只需在控制台上顺序按压进路的始端和终端按钮，就能够按照操作意图自动转换道岔、锁闭进路、开放信号，而且不论进路中有多少道岔，均能自动转换，简化了操作手续，提高了效率。

②进路的"取消解锁"。为了办理进路的"取消解锁"，控制台下方设置有总取消按钮。

③进路的"人工解锁"。控制台下方设置带有铅封的总人工解锁按钮，用于办理"人工解锁"。

④单独操纵道岔。当有关道岔区段未处于锁闭状态时，可以单独转换道岔，同时按压道岔按钮和"道岔总定位"按钮，道岔转换至定位，道岔表示灯显示绿灯；同时按压道岔按钮和"道岔总反位"按钮，道岔转换至反位，道岔表示灯显示黄灯。

⑤切断报警。当发生挤岔、跳信号、主灯丝断丝等故障时，6502 电气集中控制台有声光报警，对于每种故障均设置有两位非自复式按钮用于切断声音报警。

四、计算机联锁

计算机联锁根据作业情况可办理列车调车作业、单独操作道岔和单独锁闭道岔、引导接车等，操作方式可采用数字化仪控制台、鼠标或单元控制台，所有作业均在数字化仪上通过点压按钮或用鼠标在屏幕上按压按钮或单元控制台上按压按钮进行操作。通过显示器（或控制台）显示操作的控制命令和现场的设备状态，显示器屏幕上有各种汉字提示，并通过语音代替电铃报警。当操作有误时，屏幕上将显示办理有误的提示。

1. 计算机联锁的技术特征

计算机联锁是以微机为核心构成的联锁控制系统，它与继电集中联锁相比，主要区别是利用微型计算机对车站值班员的操作命令和现场监控设备的表示信息进行逻辑运算后，完成对信号机、道岔及进路的联锁和控制，全部联锁关系由微型计算机及其程序完成。

微型计算机发出的控制命令和现场发回的表示信息，可由传输通道串行传输，节省大量的干线电缆，并使采用光缆传输成为可能。

用屏幕显示代替表示盘，大大缩小了体积，丰富了显示内容，简化了结构，方便使用。采用积木式的模块化硬件和软件设计，便于站场变更，并易于实现故障检测分析功能。

2. 计算机联锁特点

（1）计算机联锁与传统的继电联锁的区别

①利用计算机对车站值班员的操作命令和现场监控设备的表示信息进行逻辑运算后完成对信号机、道岔进路的控制，并实现联锁关系。

②计算机发出的控制信息和现场传回的表示信息均可实现串行传输，节省电缆。

③用屏幕显示代替控制台表示盘，体积小，便于使用，还可根据需要多机并用。

④采用模块化软件和硬件结构，便于设备改造，并容易实现故障控制、分析等功能。

（2）计算机联锁与继电联锁相比的显著优点

①随着大规模集成电路的发展，计算机联锁系统性价比的优势将更大。

②采取硬件和软件冗余技术后（如双机热备系统、三取二表决系统等），系统的安全性、可靠性将得到提高。

③联锁功能更加完善，便于增加进路储存、自动选路等新功能，克服了6502电气集中联锁难以解决的问题。

④减少了系统设计、施工、维护、改造的工作量，易于实现系统自身化管理；利用自诊断、自检测功能及远距离联网，实现远距离诊断。

⑤人机界面灵活，显示内容丰富，信息量大，便于与其他系统联网，提供及交换各种信息，并协调工作，实现行车管理现代化。

作为行车安全控制的核心，计算机联锁系统应用大量电子元器件，系统中实现联锁运算的联锁计算机一旦出现硬件故障，影响面将会很大，甚至使系统不能工作，因此必须在抗电抗干扰及防止雷害等方面采取防护措施，在系统设计方面进一步提高其可靠性和安全性。

五、联锁设备及其应用举例

我国城市轨道交通正线联锁设备存在多种类型，国外设备曾经占据主导位置，如US&S公司的MicrolLokⅡ型计算机联锁系统、西门子公司的SICAS型计算机联锁系统等。近年来我国自主研发的高安全等级新一代计算机联锁系统不断涌现，已经逐步替代国外联锁设备。国产计算机联锁系统均采用二乘二取二冗余结构，在安全性、可靠性、经济性、适应性等方面具有良好的优势。

TYJL-Ⅲ型计算机联锁系统在我国城市轨道交通中应用广泛。

1. 设备特点

TYJL-Ⅲ型计算机联锁系统共有3个机柜，分别为联锁A机、联锁B机、联锁综合柜。每个机柜尺寸为高2.25m、宽0.6m、深0.8m。TYJL-Ⅲ型计算机联锁系统主要有以下显著特点：

①采用二乘二取二的计算机系统，系统有人工切换、自动切换两种方式，备用系统有离线、同步两种稳定工作状态。

②最大限度地利用软、硬件资源，对直接危及行车安全的联锁逻辑处理提出高故障安全要求，结构简化、组态灵活。

③计算机联锁容量不受限制，可以根据现场需求，将安全智能I/O模块放置于距离联

锁控制系统较远的位置，通过通信线实现信息传递，减少了所需信号电缆的长度。

④设备维修简便，计算机设备均采用模块接插件结构，便于更换，在机房内可通过电务维修机的监视器监视联锁系统的各个设备、现场设备和列车运行情况。系统提供图像再现功能，可将进路办理和列车运行情况以图像方式再现，以便更直观地查找故障及分析原因。

⑤系统各部分层次分明，减少了系统内部配线数量，提高了系统的安全性。

⑥CAN 总线的通信方式可靠性高，可以保证系统内各部分高效的数据传输。

⑦通过采集驱动模块内 CPU 的智能处理信息，能使故障检测更加严格，并保证系统在出现故障时导向安全侧。

⑧通过采取防雷、抗电磁干扰、增加系统容量、选用工业级的元器件等措施，提高了智能模块的可靠性。

⑨智能模块支持热拔插功能，可以实现在线维护。

⑩由于取消动态驱动单元，减少了中间环节，增加了系统的集成度。

⑪由于联锁控制系统采用通用的高可靠的工业控制计算机进行联锁逻辑运算，不仅安全性和可靠性得到了提高，系统成本也显著降低。

⑫整个联锁机柜内部全部为 24V 直流电压供电，减少了电力干扰。

2. 设备组成

TYJL-Ⅲ型计算机联锁系统的结构可分为操作显示层、逻辑运算层和输入输出层三个层次。

（1）操作显示层

操作显示层由操作显示子系统和维护终端子系统组成，提供可视化的人机界面。操作显示子系统和维护终端子系统之间通过局域网交换信息。

（2）逻辑运算层

逻辑运算层即联锁逻辑子系统，是整个联锁系统的核心层，由具有安全冗余结构的专用计算机组成。联锁逻辑子系统通过安全数据通道与输入输出层交换信息，通过局域网和操作显示层交换信息。联锁逻辑子系统接收来自操作显示层的操作命令信息和来自输入子系统的现场设备状态信息，据此进行联锁运算，产生相应的输出控制，通过输出子系统对现场设备进行控制。

（3）输入输出层

输入输出层由输入子系统和输出子系统组成。输入输出子系统通过安全数据通道与联锁逻辑子系统交换信息。输入子系统通过采集接口电路，采集现场设备的状态信息，发送给联锁逻辑子系统。输出子系统接收来自联锁逻辑子系统的输出控制信息，通过驱动接口电路，安全地控制现场信号设备。

按照上述逻辑层次划分，Ⅲ型系统由划分在上述三个逻辑层的操作显示子系统（MMI）、维护终端子系统（MT）、联锁逻辑子系统（IL）、输入子系统（FIMI）、输出子系统（FIMO）和电源子系统（PW）组成，共同实现联锁系统的功能。其组成结构如图 4-5 所示。

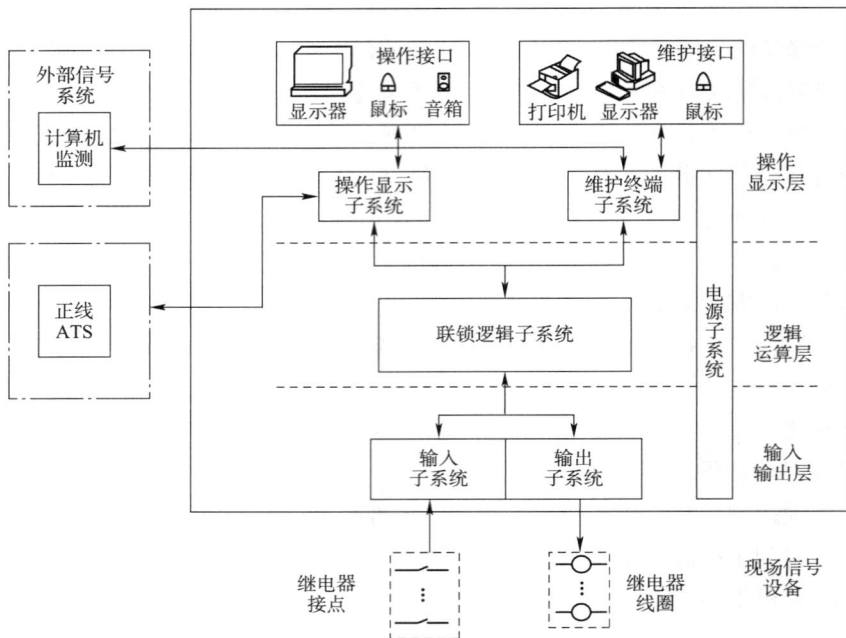

图 4-5　TYJL-Ⅲ型计算机联锁系统基本结构图

3. 屏幕显示

按站场图形布置，平时显示的浅蓝色光带为基本的轨道图形。绝缘节在屏幕上用竖线表示，与光带垂直方向的轨道电路的绝缘节有以下两种显示：

灰色线段：表示普通绝缘节，显示为 ███▉███。

灰色线段外包围红色圆：表示该绝缘节为超限绝缘节，显示为 ███⊕███。

屏幕图形显示颜色的含义如下。

（1）轨道区段

①浅蓝色光带████：表示区段为空闲解锁状态。

②白色光带████：表示区段为空闲锁闭状态。

③红色光带████：表示区段为占用状态或区段轨道电路故障。

④粉红色线框光带████：表示区段被人工设置为轨道分路不良标记。

（2）信号机

①信号机的显示含义。

信号表示器应能指示室外信号机的状态。进路表示器在控制台上不作显示。

a. 列车信号（包括出站兼调车信号）采用双灯位表示，显示为 ███ 或 ███；

b. 调车信号采用单灯位表示，调车信号机构同时用作调车按钮，显示为 ███ 或 ███。

c. 禁止灯光闪烁，表示灯丝断丝，即联锁系统不能采集到该信号的一灯丝（1DJ）的吸起表示，需要电务人员进行故障处理。

②信号机的名称显示含义。

a. 白色稳定显示：信号机名称，显示为 。

b. 银白色与底色交替闪烁：表示此信号的调车按钮被按下。

c. 红色倒计时数字：表示人工解锁、区段故障解锁、延续进路及中岔、溜放、非进路解锁、引导信号限时开放等的延时信息，采用倒计时方式，单位为秒；对于接近锁闭后办理的人工解锁，红色倒计时数字设置在被操作进路（列、调车）的始端按钮旁。显示为 。

③包围信号机复示器的方框颜色显示含义。

a. 白色稳定显示：表示此信号为调车进路始端，调车信号未开放，且进路未接近锁闭。

b. 绿色稳定显示：表示此信号为列车进路始端，列车信号未开放，且进路未接近锁闭。

c. 紫色稳定显示：表示以此信号为始端的进路已接近锁闭。

d. 黄色稳定显示：表示此信号为进路的终端，如果此信号为调车进路的终端，则表示调车终端，如果为列车进路的终端则表示列车终端。

e. 红色稳定显示：调车信号机用，指示信号按钮封锁，显示为 。

④列车信号按钮的颜色显示含义。

a. 暗绿色稳定显示：表示列车信号按钮或通过按钮，在通过按钮的上方或下方有银白色名称显示，显示为 。

b. 绿色和黑色交替闪烁：表示刚按下列车信号按钮。

c. 蓝色稳定显示：表示引导按钮。

d. 蓝色和黑色交替闪烁：表示刚按下引导按钮。

e. 灰色稳定显示：表示变通按钮或无信号机的调车终端按钮，显示为 。

f. 灰色和黑色交替闪烁：表示刚按下的变通按钮或无信号机的调车终端按钮。

g. 按钮上有红叉：表示列车信号按钮封锁，显示为 。

（3）道岔

道岔显示包括道岔现在所处的状态和道岔区段的状态。

①道岔开通位置的短线颜色显示含义。

a. 绿色稳定显示：表示道岔此时处于定位位置，显示为 。

b. 黄色稳定显示：表示道岔此时处于反位位置，显示为 。

c. 黑色稳定显示：表示道岔刚失去表示，失去表示时间未超过允许失去表示的规定时间（非特殊道岔，一般情况为 30s），显示为 。

d. 红色闪烁显示：表示道岔已失去表示超过允许失去表示的规定时间（非特殊道岔，一般情况为 30s），此时道岔处于挤岔报警状态，需要电务人员进行故障处理，显示为 。

e. 岔尖处有红色圆圈显示：表示道岔此时处于单锁状态、防护锁状态或引导总锁闭状态，显示为 。

②道岔光带显示含义。

a. 浅蓝色光带：道岔所在的轨道区段处于空闲解锁状态。

b. 白色光带：道岔所在的轨道区段处于空闲锁闭状态。

c. 红色光带：道岔所在的轨道区段处于占用或轨道电路故障。

d. 在原有区段状态上下增加粉红色线框的光带：表示道岔所在区段被人工设置了轨道电路分路不良标记，此标记仅为人工显示的标记，不含任何联锁关系。

③道岔名称显示含义。

a. 绿色字体：表示道岔此时处于定位位置，显示为 。

b. 黄色字体：表示道岔此时处于反位位置，显示为 。

c. 红色字体：表示道岔此时处于失去表示状态或挤岔状态，显示为 。

d. 道岔名称有红色方框显示：表示道岔处于封锁状态，显示为 。

4. 常用功能按钮

常用功能按钮（图 4-6）设置在屏幕下方的常用功能按钮区，按钮文字为红色时表示铅封按钮，按钮文字为黑色时表示非铅封按钮。

X 引导总锁	被道解锁	总取消	总人解	区故解	总定位	总反位	清除	单锁	单解	按钮封锁	按钮解封	道岔封锁	道岔解封	点灯	灭灯	S 引导总锁	上电解锁	辅助菜单	分路不良	标记窗

图 4-6　常用功能按钮

（1） X 引导总锁、S 引导总锁

当接车进路中的道岔失去表示，不能排列接车进路与引导进路时，需要对该咽喉的全部道岔办理引导总锁闭进行接车作业。"X 引导总锁"按钮和"S 引导总锁"按钮位置按咽喉设置。操作方法：以 X 行咽喉为例，操作人员确认进路上的道岔处于正确位置，左键点击常用功能按钮区的"X 引导总锁"按钮，在弹出的口令输入框中输入相应口令并按下确认按钮，"X 引导总锁"按钮由未按下状态进入已按下状态并保持，本咽喉中所有道岔将被锁闭，再办理引导进路。当引导总锁闭使用完毕，人工确认列车完全进入股道后，左键点击按下状态的"X 引导总锁"按钮，在弹出的口令输入框中输入相应口令并按下确认按钮，即可取消引导总锁闭状态，"X 引导总锁"按钮由已按下状态恢复至未按下状态并保持。

（2）坡道解锁

正常情况下，在列车头部进入股道 3min 后，下坡道接车延续进路才能解锁。根据需要，在列车完全进入股道，经人工确认列车停稳后，可采取坡道解锁的特殊操作不限时解锁。操作方法：左键点击常用功能按钮区的"坡道解锁"按钮，在弹出的口令输入框中输入相应口令并按下确认按钮，"坡道解锁"按钮由未按下状态进入已按下状态，然后左键点击延续进路始端按钮即可，若没有目标按钮按下，持续 15s 后"坡道解锁"按钮将自动恢复至未按下状态。

（3）总取消

当进路已办理但未接近锁闭时可以使用"总取消"命令取消已排列的进路。操作方法：左键点击常用功能按钮区的"总取消"按钮，"总取消"按钮由未按下状态进入已按下状态，然后左键点击进路始端按钮即可，若没有目标按钮按下，持续 15s 后"总取消"按钮将自动恢复至未按下状态。

（4）总人解

①始端总人解。操作方法：左键点击常用功能按钮区的"总人解"按钮，在弹出的口令输入框中输入相应口令并按下确认按钮，"总人解"按钮由未按下状态进入已按下状态，然后左键点击进路始端信号按钮（根据进路性质选择相应的列车或调车信号按钮）即可，若没有目标按钮按下，持续 15s 后"总人解"按钮将自动恢复至未按下状态。当信号关闭后，根据进路性质延时解锁。

②终端总人解。当进路上轨道电路故障导致列车走过后，从故障区段到进路终端的进路不能正常解锁时，需要使用"总人解"命令。操作方法：左键点击常用功能按钮区的"总人解"按钮，在弹出的口令输入框中输入相应口令并按下确认按钮，"总人解"按钮由未按下状态进入已按下状态，然后左键点击进路终端信号按钮（根据进路性质选择相应的列车或调车信号按钮，此信号机上应有黄色边框显示）即可，若没有目标按钮按下，持续 15s 后"总人解"按钮将自动恢复至未按下状态。终端总人解延时时间为 30s。

如果此进路中遗留有区段占用，当使用终端总人解时，需要此进路中的所有区段都曾被占用过，进路才会被允许解锁。

（5）区故解

区故解是人工方式解锁进路中漏解锁区段的一种手段。当进路的始端已经解锁，终端未解锁时，并且确认车已经不在进路上，可以由始端方向向终端方向顺序逐个办理未解锁区段的"区故解"；当进路的始端和终端均已解锁，可以对无车占用的未解锁区段办理"区故解"；当进路完好信号开放时，"区故解"只能关闭信号，区段不解锁，在信号开放的进路中，对始端信号机至终端信号机之间的任何一个轨道区段进行"区故解"，信号都会关闭（包括引导信号），利用"区故解"也是紧急关闭信号的一种办法。操作方法：左键点击常用功能按钮区的"区故解"按钮，在弹出的口令输入框中输入相应口令并按下确认按钮，"区故解"按钮由未按下状态进入已按下状态，然后左键点击相应的区段按钮即可，若没有目标按钮按下，持续15s后"区故解"按钮将自动恢复至未按下状态。按下一次"区故解"按钮，仅对一个区段的一次解锁有效。

（6）总定位、总反位

①单独操纵道岔至定位。操作方法：左键点击常用功能按钮区的"总定位"按钮，"总定位"按钮由未按下状态进入已按下状态，然后左键点击相应的道岔按钮即可，若没有目标按钮按下，持续15s后"总定位"按钮将自动恢复至未按下状态。

②单独操纵道岔至反位。操作方法：左键点击常用功能按钮区的"总反位"按钮，"总反位"按钮由未按下状态进入已按下状态，然后左键点击相应的道岔按钮即可，若没有目标按钮按下，持续15s后"总反位"按钮将自动恢复至未按下状态。

（7）清除

用于复原当前操作界面中所有已按下的自复式按钮。操作方法：左键点击常用功能按钮区"清除"按钮，当前操作界面中所有已按下的未构成完整操作的自复式按钮即可恢复至未按下状态。

（8）单锁、单解

①将道岔单独锁闭在当前位置，此时对该道岔单独操纵和进路操纵均无效，但可以排列道岔单锁位置的进路。操作方法：左键点击常用功能按钮区的"单锁"按钮，"单锁"按钮由未按下状态进入已按下状态，然后左键点击相应的道岔按钮即可，若没有目标按钮按下，持续15s后"单锁"按钮将自动恢复至未按下状态。

②将道岔进行单独解锁。操作方法：左键点击常用功能按钮区的"单解"按钮，"单解"按钮由未按下状态进入已按下状态，然后左键点击相应的道岔按钮即可，若没有目标按钮按下，持续15s后"单解"按钮将自动恢复至未按下状态。

（9）按钮封锁、按钮解封

为了防止误碰按钮，误取消某列车进路，对所有的信号均可设置封锁标记，信号封锁后不能通过此按钮办理进路。操作方法：左键点击常用功能按钮区的"按钮封锁"按钮，"按钮封锁"按钮由未按下状态进入已按下状态，然后左键点击相应的信号按钮即可，若没有目标按钮按下，持续15s后"按钮封锁"按钮将自动恢复至未按下状态。

当信号封锁后，必须解封才能对其办理作业。操作方法：左键点击常用功能按钮区的"按钮解封"按钮，"按钮解封"按钮由未按下状态进入已按下状态，然后左键点击相应的信号按钮即可，若没有目标按钮按下，持续15s后"按钮解封"按钮将自动恢复至未按下状态。

（10）道岔封锁、道岔解封

①对道岔进行封锁，封锁后不能排列通过该道岔的任何进路（包括列车进路、引导进路和调车进路），但可以对道岔单操，且在同一个区段中的任何道岔（虽然不在进路中）被封锁，经过此区段的进路都不能排出。操作方法：左键点击常用功能按钮区的"道岔封锁"按钮，"道岔封锁"按钮由未按下状态进入已按下状态，然后左键点击相应的道岔按钮即可，若没有目标按钮按下，持续15s后"道岔封锁"按钮将自动恢复至未按下状态。

②对道岔单独进行解封。操作方法：左键点击常用功能按钮区的"道岔解封"按钮，

"道岔解封"按钮由未按下状态进入已按下状态，然后左键点击相应的道岔按钮即可，若没有目标按钮按下，持续15s后"道岔解封"按钮将自动恢复至未按下状态。

（11）上电解锁

用于设备上电时全站/场解锁。计算机停电恢复后，车务人员必须确认站场内无进路存在方可使用上电解锁方式一次性解锁站场上的所有轨道区段，否则只可用区故解方式解锁不在进路上的区段。操作方法：左键点击常用功能按钮区的"上电解锁"按钮，在弹出的口令输入框中输入相应口令并按下确认按钮即可。

（12）点灯、灭灯

适用于仅开行动车组的客运专线。

（13）辅助菜单

用于扩展操作显示界面上联锁操作之外的其他辅助功能。左键点击常用功能按钮区的"辅助菜单"按钮，可弹出二级菜单，根据需要操作。

（14）分路不良

经人工确认轨道电路分路不良后，可以设置轨道电路分路不良标记。分路不良标记设置后，相应轨道区段的光带将变为带有粉红色边框的光带，以此来区分轨道电路分路不良，但它不影响行车作业办理，此操作需要电务人员操作。

（15）标记窗

当股道或进站口的无岔区段有特殊用途、停着特殊车辆或者有特殊情况时，在股道和进站口最外方区段上可以设置标记，以便值班员标记该股道或进站口无岔区段的情况。

5. 进路办理

（1）列车进路办理

①接车进路：车务操作时信号员按下进站信号列车按钮、变更按钮（若有变更）、相应股道反方向出站信号列车按钮即可。

②发车进路：车务操作时信号员按下股道出站信号列车按钮、变更按钮（若有变更）、同咽喉进站信号列车按钮即可。

③通过进路。

有通过按钮时：车务操作时信号员按下进站信号通过按钮、对方咽喉反方向进站信号列车按钮即可。两个按钮按下的间隔要求大于1s。

无通过按钮时：车务操作时信号员按下进站信号列车按钮、通过股道反方向出站信号列车按钮、通过股道同方向出站信号列车按钮、对方咽喉反方向进站信号列车按钮即可。

④带有坡道延续进路的接车进路：车务操作时信号员顺序按下进路的始端信号按钮、终端信号按钮和坡道延续进路终端信号按钮。发车进路已经建立时，顺序按下接车进路的始端信号按钮、终端信号按钮，可建立带有坡道延续进路的接车进路。

⑤引导进路：在进路上的道岔处于正确位置条件下，车务操作时信号员按下对应信号机的引导按钮，输入口令并按下确认按钮即可。

⑥列车进路转为引导进路：列车进路建立后，如果列车信号未能开放或因故关闭，在引导信号开放条件具备后，车务操作时信号员按下对应信号机的引导按钮，输入口令并按

下确认按钮即可。

（2）调车进路办理

①短调车进路：车务操作时信号员按下调车进路始端信号调车按钮、调车进路终端信号调车按钮即可。

②长调车进路：车务操作时信号员按下长调车进路始端信号调车按钮、长调车进路终端信号调车即可，但取消时需分段办理。

（3）取消进路办理

车务操作时信号员顺序按下"总取消"按钮和进路始端按钮即可。

通过进路和长调车进路按照其组成的各条进路逐条办理取消。

对于带有坡道延续进路的接车进路，则需顺序完成接车进路的取消和延续进路的取消，其中延续进路的取消是通过顺序按下"总取消"按钮和延续进路的始端信号按钮予以实现的。

对于引导进路，车务操作时信号员顺序按下"总人解"按钮、输入口令并按下确认按钮，再按下进路始端信号按钮即可。

单元4.4　联锁系统常见故障

联锁系统常见故障有联锁机启动不正常、采集信息不一致、跨联锁区进路不能办理。

一、联锁机启动不正常

1. 故障现象

联锁机启动不正常，表现为联锁设备上电后不能正常工作，人机界面不能正常显示站场信息。

2. 故障原因

联锁机启动不正常，可通过维护支持诊断机查看报警信息，分析故障原因，可能原因有电源不正常，CPU 板、电源板等故障。

3. 处理方法

①检查联锁机供电电源，测量电压是否正常。

②下载日志查看报警信息，判断故障原因。

③更换电源板。

④更换 CPU 板（通常要重新刷写联锁软件）。

二、采集信息不一致

1. 故障现象

主用与备用联锁机采集到的信息不一致，导致人机界面显示错误或不能正常显示。

2. 故障原因

采集模块故障、采集线路故障。

3. 处理方法

查看实际信息情况，将联锁机进行倒切测试，看主备机之间采集信息是否一致，如不一致，更换采集不正确机笼相应灯位的采集模块。检查采集模块对应的采集线路。

三、联锁机不断重启

1. 故障现象

联锁机多次出现重启，更换通信网线、CPU 板、热备板均未解决重启现象。

2. 故障原因

经过日志分析、现场测量和观察，造成重启的主要原因有以下几点：

①设备调试完成后，未对联锁机接线端子排查紧固。

②现场环境条件太差，设备内部灰尘过多。

③联锁机供电电压虽在要求范围，但是比正常值偏低。

④设备投入运营前期，未完全进入稳定期。

3. 处理方法

①针对个别接线端子松动，对所有接线端子进行排查加固。

②针对设备内部灰尘过多，对联锁机内部所有板卡、部件进行清灰除尘处理。

③怀疑板卡机笼在运输过程中有损，更换机笼。

④针对供电电压偏低于正常值，在电源屏输出侧调高供电电压到正常值。

实训任务

任务 4.1　城市轨道交通进路综合演练

任务描述

（1）对联锁有一个清晰的认识。查询并了解其他的国产联锁设备及其应用。

（2）准备教学资料。

（3）学生分组讨论学习计划。

（4）学生分组讨论学习联锁的相关概念、进路按钮的配置及操作方法、联锁关系、TYJL-Ⅱ型计算机联锁操作等知识。

（5）各组将学习成果进行交流并汇报。

（6）对学生的学习情况进行评价。

任务准备

（1）学生在多媒体教室或城市轨道交通通信与信号车间现场，学生人数根据场地和需要确定。

（2）教学用的 PPT、视频及相关教学引导资料。

（3）考评表。

任务考评

将考评结果填入表 4-1 中。

任务实施过程考评表

表 4-1

考评项目		配分	考评指标	学生自评	小组互评	教师评定
知识准备	基础知识回顾、制订学习计划	5	熟悉的程度			
任务组成	联锁道岔的有关概念	5	熟悉的程度			
	进路的有关概念	5	熟悉的程度			
	进路按钮的配置	10	熟悉的程度			
	进路的操作方法	10	熟悉的程度			
	进路与道岔之间的联锁	5	熟悉的程度			
	进路与进路之间的联锁	5	熟悉的程度			
	进路与信号机之间的联锁	5	熟悉的程度			
	进路与轨道区段之间的联锁	5	熟悉的程度			
	TYJL-Ⅲ联锁型计算机联锁操作	15	熟悉的程度			
	任务实施过程记录	5	详细性			
	所遇问题与解决记录	5	成功性			
讨论过程的表现		5	遵守上课纪律、态度认真			
协调合作，成果展示		15	小组成员的参与积极性、成果展示的效果			
成绩						
总成绩 （根据需要按照自评、互评和教师评价作百分比计算，以学生为主、教师为辅）						

达标练习题

一、填空题

1. 进路是_____。
2. 列车进路可分为_____进路、_____进路和_____进路。
3. 基本进路是指_____。
4. 变通进路是指_____。
5. 联锁设备是指_____。
6. 集中联锁包括_____和_____。

二、选择题

1. 下列哪些是敌对进路（　　　）。

    A. 同一到发线上对向的列车进路与列车进路

    B. 同一到发线上对向的列车进路与调车进路

    C. 同一咽喉区内对向重叠的列车进路或调车进路

    D. 同一咽喉区内对向重叠或顺向重叠的列车进路与调车进路

2. 关于联锁，下列叙述中错误的是（　　　）。

    A. 进路各区段空闲才能开放信号

    B. 带动道岔不在带动位置信号机不能开放

    C. 进路上有关道岔在规定位置且锁闭才能开放信号

    D. 敌对进路建立后，防护该进路的信号机不能开放

三、简答题

1. 简述联锁的基本技术条件。
2. 什么是联锁？开放信号时应检查的基本联锁条件是什么？
3. 什么叫进路？进路有哪些类型？各种进路的范围如何划分？
4. 什么是基本进路？什么是变通进路？
5. 确定道岔定位有哪些要求？
6. 什么是防护道岔？
7. 什么是带动道岔？
8. 什么是敌对进路？哪些进路属于敌对进路？
9. 简述 6502 型集中联锁的动作顺序。
10. 请叙述 TYJL-Ⅲ型计算机联锁系统的特点。

模块 5

区间闭塞

教学导入

ATC 系统是依靠控制列车运行速度的方式来保证列车按照空间间隔制运行的。 各个轨道区段即闭塞分区不设通过信号机，而由车载 ATP 系统予以显示。 闭塞作用由 ATP 系统完成，没有铁路那样专门的闭塞设备。 运行列车间必须保持的空间间隔首先应满足制动距离的需要，同时还要考虑适当的安全余量和确认信号时间内的运行距离。 列车间的追踪运行间隔越小，其运输能力就越大。 根据 ATC 系统采用的不同控制模式会产生不同的闭塞制式。

学习目标

知识目标

1. 了解列车定位技术的分类。
2. 掌握固定闭塞、准移动闭塞和移动闭塞的原理。
3. 掌握无线移动通信、查询应答器定位。
4. 掌握移动闭塞与固定闭塞的区别。

能力目标

1. 能清晰描述固定闭塞、准移动闭塞和移动闭塞的区别及应用。
2. 掌握移动闭塞列车行车间隔的分析。
3. 理解 CBTC 移动闭塞的技术特点及优势。

素养目标

1. 通过讲述提高知识的理解能力及语言表达能力。
2. 通过移动闭塞列车行车间隔的分析，提高系统分析能力。

案例导入

3月13日和3月22日，某市地铁10号线发生两起内外环全线列车降级，造成列车晚点。3月13日08:02，运营控制中心 ATS 显示10号线紫光带，全线内外环列车全部降级；调度员、列车司机和综控员共同确认列车位置及相关行车区间空闲后，由调度员指挥列车运行，发车间隔由2分调整为平均5~6分。3月22日07:45，10号线再次发生同类故障。按照网络故障应急预案，立即重启相关车站骨干网交换机与环网接入交换机，无线接入点恢复。08:01，故障修复，运营秩序逐步恢复正常。

经分析，两次信号故障的直接原因均为无线传输系统网络阻塞，导致信号系统通信中断，造成全线列车降级。具体原因为：当骨干网物理光纤链路衰耗大时，引起链路传输不稳定，极端情况下可能会产生局部网络风暴，再加上骨干网设备对网络风暴流量监控不足，进一步导致全网通信阻塞，引发全线网络瘫痪。

单元 5.1　闭塞技术的发展

所谓区间，是指两个车站之间的铁路线路。用信号或凭证，保证列车按照空间间隔制运行的技术方法称为行车闭塞法，简称闭塞。用以完成闭塞作用的设备称为闭塞设备。

行车闭塞制式大致经历了电话闭塞或电报闭塞 – 电气路签（牌）闭塞 – 半自动闭塞 – 自动闭塞的发展过程。

闭塞

1. 人工闭塞

（1）电话闭塞或电报闭塞

区间两端车站值班员用电话或电报办理行车联络手续，由发车站填制路票，发给司机作为列车占用区间的凭证，形成了电话闭塞法。目前，我国铁路只在基本闭塞设备停用或发生故障时，才将电话闭塞作为代用闭塞法使用。

（2）电气路签（牌）闭塞

电气路签（牌）闭塞只在单线区段早期使用，以路签或路牌作为列车占用区间的凭证，两端车站各装设同一型闭塞机各一台，它们之间有电气锁闭关系。当一台闭塞机中存放路签（牌）总数为偶数时，经车站双方协同操作，发车站值班员可取出一枚路签（牌），递交司机作为列车占用区间的凭证。列车在区间运行的过程中（路签、路牌未放入闭塞机以前），该台闭塞机中不能再取出第二枚路签（牌）。电气路签（牌）闭塞的缺点为：办理手续烦琐，签（牌）还有可能丢失和损坏，区间通过能力低。因此，我国铁路上电气路签（牌）闭塞已经被淘汰，这个发展阶段称为人工闭塞阶段。

2. 半自动闭塞

半自动闭塞是用人工来办理闭塞及开放出站信号机，而由出发列车自动关闭出站信号机并实现区间闭塞的一种闭塞方式。使用继电器控制电路完成两个车站间信息的传递、检查和验证，并与车站出站信号机构成制约关系。对于单线区段一般采用半自动闭塞，虽然半自动闭塞在安全和效率方面不如自动闭塞，但由于它有突出的技术经济效益，因此在一些运输不太繁忙的铁路线路（特别是单线铁路）上仍然大量使用半自动闭塞设备。

3. 自动闭塞

根据列车运行及有关闭塞分区状态，自动变换通过信号机的显示，而司机凭信号显示行车的闭塞方法称为自动闭塞。它是在列车运行过程中自动完成闭塞作用的。采用自动闭塞的区段，将站间区间划分为若干个小区间，称为闭塞分区。

自动闭塞不需要办理闭塞手续，并可开行追踪列车，既保证了行车安全，又提高了运输效率。和半自动闭塞相比，自动闭塞有以下优点：

①由于两站间的区间允许续行列车追踪运行，大幅度提高了行车密度，显著地提高了区间通过能力。

②由于不需要办理闭塞手续，简化了办理接、发列车的程序，因此既提高了通过能力，又大大减轻了车站值班人员的劳动强度。

③由于通过信号机的显示，能直接反映运行前方列车所在位置以及线路的状态，因而确保了列车在区间运行的安全。

④自动闭塞还能为列车运行超速防护提供连续的速度信息，构成更高层次的列车运行控制系统，保证列车高速运行的安全。

单元 5.2　列车定位技术

城市轨道交通列车运行密度高、车站间距近、安全性要求高，列车自动控制系统及列车本身需要实时了解列车在线路上的精确位置。分布于轨旁和列车上的列车自动控制系统，根据线路中列车的相对位置，实时动态地对每一列车进行监督、控制、调度及安全防护。在保证列车运行安全的前提下，最大限度地提高系统的效率，为乘客提供最佳的服务。

由于城市轨道交通中列车的运行路线比较固定，而且比较简单，基本上可以看作一维的，即只要测量出列车运行的距离就可以确定列车的位置。

城市轨道交通列车速度不是很高，一般不超过 80km/h。随着近几年的发展，部分城市也出现了快速城市轨道交通，一般为 110km/h。城市轨道交通中 CBTC 系统的应用和发展，移动自动闭塞的实现，使列车之间的追踪间隔越来越小，一般为 90s，未来可能会更小。因此测速定位的实时性和精度就显得更加重要。

城市轨道交通的路面情况没有铁路复杂，但也有很多的不确定因素，对雷达测速有一定的随机干扰（白色和有色噪声）。城市轨道交通与铁路一样存在轮对空转和滑行等情况，轮轴测速传感器测速也因此受到影响。加速度由于列车的振动等也会有测量误差，所以要进行多传感器信息融合，使各个传感器能互补缺点。

列车位置信息在列车自动控制技术中具有重要的地位，几乎每个子功能的实现，都需要列车的位置信息作为参数。所以说列车定位是列车控制系统中一个非常重要的环节，它的引入，使得基于调度指挥和行车控制一体化自动化系统成为可能，有效地提高了行车效率和安全度。随着工程技术的发展，人们提出了多种列车定位技术，目前常用的有以下几种。

1. 基于轨道电路的列车定位

基于轨道电路的列车定位是一种粗精度检测列车位置的方式。

2. 基于里程计累加测距的列车定位

列车上的里程计是根据记录车轮的累计转数，再乘以其周长而计算出列车行驶过的里程。所以，里程计可以用作列车的定位系统。而且，用里程作为列车定位系统时，没有数据冗余，不会增加数据处理及通信的额外负担。使用里程计定位时的误差主要来自计数误差（空转、滑行、蠕滑）和轮径磨耗两个方面。

3. 基于查询/应答器的列车定位

基于查询/应答器的列车定位是世界铁路上运用最为广泛的一种方式，一般由车载查询器、地面应答器和轨旁电子单元组成。应答器被以一定间隔距离设置在轨道沿线上，列车每经过一个地面应答器，车载查询器就会读取存储其上的数据信息，实现列车的点式定位。查询/应答器定位方式的优点是在地面应答器安装点的定位精度较高，在复线轨道上可以正确区分列车的行驶股道，维修费用低、使用寿命长且能在恶劣条件下稳定工作；缺点是只能给出点式定位信息，存在设置间距和投资规模的矛盾。目前一般采用混合定位法，即与里程计累加测距联合使用。

4. 基于测速的列车定位

由于轨道线路是一维的，只要检测出列车的行驶速度，经过计算得出行驶的里程，就可以确定列车在轨道线路上的具体位置。列车的行驶速度既可以采用加速度传感器（陀螺仪）测量列车在三维空间的加速度，然后通过积分计算获得；也可以通过多普勒雷达测速方式测量。基于测速的列车定位是一种典型的增量式相对定位，其缺点是存在累计误差，在定位精度要求较高的地点，可以通过加标志位（如查询应答器）的方法，不断校正其位置信息。

5. 基于卫星系统的列车定位

通过在列车上安装全球定位系统（GPS）接收机，接收太空中 4 颗以上卫星信号，根据这些信号及信号传输过程中的时间延迟或相位延迟，计算出三维空间中列车所处的绝对位置。利用 GPS 实现列车定位，优点是设备简单、接收机技术成熟、成本低、体积小、维护方便。这种方式也存在不少缺点，例如，目前运动定位精度远低于静止定位精度，在并行线路上易发生认错股道的现象。需要注意的是，接收器处应有开阔的天空，视场内阻碍物的高度的仰角应小于150°，以减弱对流层对卫星信号折射的影响。

总的来说，在城市轨道交通中，列车处在林立的高楼之间，因此卫星定位的精度会受到很大程度的影响，地铁更是在地面的遮蔽下，根本无法接收到卫星信号。无疑卫星定位技术在城市轨道交通特别是在地铁的列车定位系统中无法充当主要角色。

6. 基于无线通信的列车定位

在列车和铁路沿线上设置扩频无线电设备，利用先进的无线扩频通信、伪码测距和计算机信息处理技术，可以实现对列车的实时定位、跟踪。无线扩频列车定位的优点是定位比较精确，但需要在沿线设置专用扩频基站，投资成本较高。

7. 基于感应回线的列车定位

在轨道线路上铺设等距交叉的电缆，当列车经过每个电缆交叉点时，车载设备检测到回线内信号的极性变化，并对极性变化的次数进行计数，从而确定列车行驶过的距离，达到列车定位的目的。

交叉感应回线定位方式成本较低，实现也比较简单，但只能实现列车的相对定位，需要每隔一段距离就对列车的位置进行修正，而且定位精度受交叉区长度的限制，如果交叉区比较窄，位置脉冲漏计的可能性就会增大。

除上述常用的列车定位技术外，科技工作者在新型列车定位方法研究方面作出了不懈的努力，近年来提出了一些各具特色的定位方法，如利用接触网定位器辅助列车定位，以及通过电涡流传感器检测铁路线路沿线，由钢轨扣件和道岔产生的非均质特性随机信号进行列车的测速和定位。

单元 5.3　自动闭塞原理

一、自动闭塞的基本原理

自动闭塞通过轨道电路或计轴器等列车检测设备，自动地检查闭塞分区的占用情况，根据轨道电路的占用和空闲状态，通过信号机自动地变换其显示，以指示列车运行。

双线单方向自动闭塞如图 5-1 所示。它将一个区间划分为若干个闭塞分区，在每个闭塞分区的起点都装设通过信号机用以防护其后方的闭塞分区。每个闭塞分区内都装设轨道电路（或计轴器等列车检测设备），通过轨道电路将列车和通过信号机的显示联系起来，根据列车运行及有关闭塞分区的状态使通过信号机的显示自动变换。因为闭塞作用的完成不需要人工操纵，故称为自动闭塞。

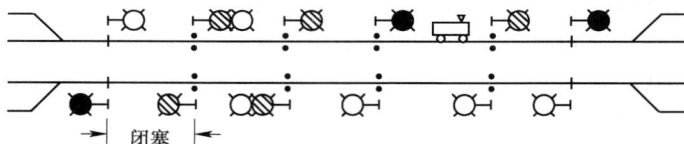

图 5-1　双线单向自动闭塞

二、自动闭塞的分类

自动闭塞一般根据运营上和技术上的特征进行分类。

①按行车组织方法可分为单向自动闭塞和双向自动闭塞。

②按通过信号机的显示制式可分为三显示自动闭塞和四显示自动闭塞。

③按设备放置方式可分为分散安装式自动闭塞和集中安装式自动闭塞。

④按传递信息的特征可分为交流计数电码自动闭塞、极频自动闭塞和移频自动闭塞等。

⑤按是否设置轨道绝缘分为有绝缘自动闭塞和无绝缘自动闭塞。

另外，还有采用计轴电路来检测列车占用和出清闭塞分区的计轴闭塞。

三、固定闭塞

列控系统采取分级速度控制模式时，采用固定闭塞方式。运行列车间的空间间隔是若干个闭塞分区，闭塞分区数依划分的速度级别而定。一般情况下，闭塞分区是用轨道电路或计轴装置来划分的，它具有列车定位和占用轨道的检查功能。固定闭塞的追踪目标点为前行列车所占用闭塞分区的始端，后行列车从最高速开始制动的计算点为要求开始减速的闭塞分区的始端，这两个点都是固定的，空间间隔的长度也是固定的，所以称为固定闭塞。

固定闭塞的特点如下：

①通过轨道电路判别闭塞分区占用情况，并传输信息码，需要大量的轨旁设备，维护工作量大，运营成本较高。

②轨道电路的工作稳定性易受环境影响，如道床漏泄阻抗变化、钢轨中的牵引电流干扰等。

③轨道电路传输信息量小，对应每个闭塞分区只能传送一个信息代码。由轨道电路向列车传输信息，传输的信息量受钢轨传输介质频带限制及电化牵引回流的干扰，难以实现大信息量的实时数据传输。

④利用轨道电路难以实现车对地的信息传输。

⑤闭塞分区的长度按最长列车、满负载、最高速、最不利制动率等最不利条件设计，分区较长，且一个分区只能被一列车占用，不利于缩短列车运行间隔。

⑥固定闭塞系统无法知道列车在分区内的具体位置，因此，必须在两列车间增加一个防护区段，这使得列车间的安全间隔较大，影响了线路使用率。

⑦制动的起点和终点总是某一闭塞分区的边界，其速度控制模式是阶梯式的。

由于固定闭塞无法满足提高系统能力、安全性、互用性的要求，因此已不适用于城市轨道交通的建设和发展。

四、准移动闭塞

准移动闭塞方式的列控系统采取目标距离控制模式（又称连续式一次速度控制）。目标距离控制模式根据目标距离、目标速度及列车本身的性能确定列车制动曲线，不设定每个闭塞分区速度等级，采用一次制动方式。准移动闭塞的追踪目标点是前行列车占用闭塞分区的始端，当然会留有一定的安全距离；而后行列车从最高速开始制动的计算点，根据目标距离、目标速度及列车本身的性能计算决定。目标点相对固定，在同一闭塞分区内不依前行列车的走行而变化。制动的起始点随线路参数和列车本身性能不同而变化。由于空间间隔的长度不固定，又要与移动闭塞相区别，所以称为准移动闭塞。显然其追踪运行间隔要比固定闭塞小一些。一般情况下，闭塞分区是用轨道电路或计轴装置划分，它具有列车定位和占用轨道的检查功能。

准移动闭塞的特点如下：

①线路被划分为固定位置、某一长度的闭塞分区，一个分区只能被一列车占用。

②列车间隔是按后续列车在当前速度下所需的制动距离，加上安全余量计算和控制的，确保不冒进前行列车占用的闭塞分区。

③制动的起点是动态的，终点是固定在某一分区的边界上（根据每个区段的坡道、曲线半径等参数，包含在报文中）。

④前行列车的定位沿用了固定闭塞方式，而后续列车的定位采用连续的或移动的定位方式。

五、移动闭塞方式

移动闭塞方式的列控系统也采取目标距离控制模式。目标距离控制模式根据目标距离、目标速度及列车本身的性能确定列车制动曲线，采用一次制动方式。移动闭塞的追踪目标点是前行列车的尾部，会留有一定的安全距离；后行列车从最高速开始制动的计算点，根据目标距离、目标速度及列车本身的性能计算决定。目标点是前行列车的尾部，与前行列车的走行和速度有关，随时变化，制动的起始点随线路参数和列车本身性能不同而变化。由于空间间隔的长度不固定，所以称为移动闭塞。其追踪运行间隔要比准移动闭塞更小一些。移动闭塞可采用无线通信和无线定位技术来实现，也可用有线方式来实现。

移动闭塞的特点如下：

①移动闭塞的速度曲线是连续的。

②线路没有固定划分的闭塞分区。

③列车间隔是按后续列车在当前速度下所需的制动距离，加上安全余量计算和控制的，确保不追尾。列车间隔是动态的，并随前一列车的移动而移动。

④制动的起点是动态的，终点是相对动态的，轨旁设备的数量与列车运行间隔关系不大。

移动闭塞与固定闭塞相比，列车的运行间隔相对减少；与准移动闭塞相比，则具有更大的运用灵活性和更小的行车间隔，也因此具备了更大的运行调整能力，并能最大限度地提高区间通过能力。

单元 5.4　移动闭塞技术

一、移动闭塞原理

移动闭塞是一种新型的闭塞制式，是实现 CBTC 的关键技术之一，CBTC 是这种闭塞制式的应用系统。移动闭塞是基于区间闭塞原理发展起来的一种新型闭塞技术。它与固定闭塞相比，具有诸多技术优点，最显著的特点是取消了以信号机分隔的固定闭塞区间。列车间的最小运行间隔距离由列车在线路上的实际运行位置和运行状态确定，所以闭塞区间随着列车的行驶，不断地向前移动和调整，故称为移动闭塞。CBTC 是未来城市轨道交通自动化控制发展的方向，而移动闭塞技术代表了未来闭塞制式的发展方向。

一个闭塞分区的长度能满足从规定速度到零的制动距离，可有两种计算方法（从两种方法中取较长者）：一是司机确认信号时间（包含设备动作时间）内列车走行距离，加上列车实施最大常用制动列车走行距离；二是列车信号设备接收停车信号到自动停车装置动作的时间内列车走行距离，加上列车实施紧急制动列车走行距离。

为了保证列车能在正常速度下运行，列车最小追踪间隔应该是 3 个闭塞分区，如图 5-2 所示。

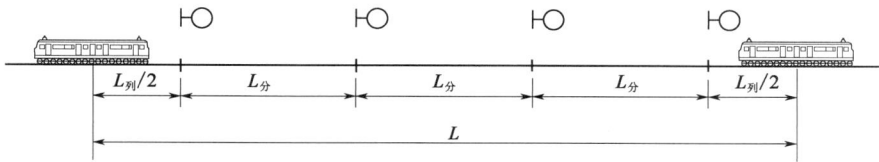

图 5-2 三显示自动闭塞列车追踪图

三显示自动闭塞列车最小追踪间隔 L 为：

$$L = 3L_分 + L_列$$

式中：$L_分$——闭塞分区长度；

　　　$L_列$——列车长度。

三显示自动闭塞列车最小追踪时间间隔 t 为：

$$t = 0.06L/v$$

其中，0.06 为换算成 min 的系数；v 是列车平均速度。

二、基于移动闭塞 ATC 系统的工作原理

通过车载设备和轨旁设备不间断地双向通信，控制中心可以根据列车实时的速度和位置动态，计算列车的最大制动距离，列车的长度加上这一最大制动距离并在列车后方加上一定的防护距离，组成了一个与列车同步移动的虚拟分区。由于保证了列车前后的安全距离，两个相邻的移动闭塞分区就能以较小的间隔同时前进，这使列车能以较高的速度和较小的间隔运行，从而提高运营效率，如图 5-3 所示。

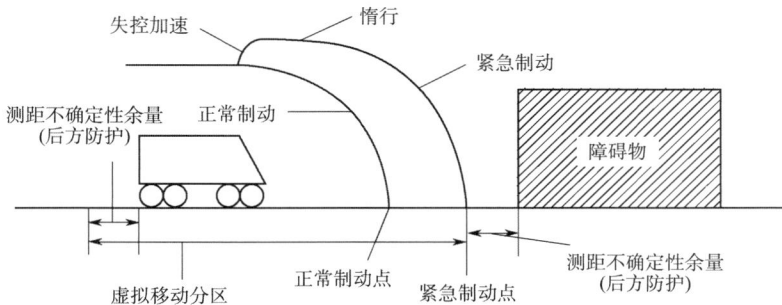

图 5-3 移动闭塞结构

移动闭塞线路取消了物理层次上的分区划分，将线路分成了若干个通过数据库预先定义的线路单元，每个单元长度在几米到十几米之间；移动闭塞分区由一定数量的单元组成，单元的数目可随着列车的速度和位置变化，分区的长度也动态变化。

移动闭塞系统中列车和轨旁设备必须保持连续的双向通信。列车不间断地向轨旁控制器传输其标识、位置、方向和速度，轨旁控制器根据来自列车的信息计算、确定列车的安全行车间隔，并将相关信息（如先行列车位置、移动授权等）传递给列车，控制列车运行。

而基于通信的 CBTC 移动闭塞，可以通过前后列车间的通信确定安全间隔等信息。其中列车定位、列车间距以及目标点是 CBTC 系统的移动闭塞技术中最重要的 3 个概念，是实现移动闭塞的关键技术。

三、移动闭塞的列车定位

列车定位是移动闭塞技术的基础。要实现闭塞区间的动态移动，首先必须实时、准确地掌握列车的位置信息，确定列车间的相对距离。系统不断地将该距离与所要求的运行间隔距离相比较，确定列车的安全运行速度。所以说，没有准确的列车定位，就没有移动闭塞。

列车定位由地面设备和车载设备共同完成。通常在列车的轮轴上安装有车轮转速计，确定列车的走行方向和距离。一旦列车运行的起始点确定后，根据车轮转速计所检测到的列车运行方向和走行距离，就可以确定列车在线路上的实际位置。

由于车载定位设备存在着测量误差，特别是列车经过长距离运行后，这个误差会不断地积累，直接影响列车定位的精度，所以，在线路上每隔一段固定距离就需要安装一个地面定位校准设备。当列车经过这些地面定位校准设备时，由车载传感设备检测到该定位点，获知列车的确切位置，从而消除车载定位设备所产生的累积定位误差。

四、移动闭塞的列车间隔

移动闭塞的列车间隔比固定闭塞的列车间隔小，因为它取消了以信号机分隔的固定闭塞区间，列车间的最小运行间隔距离由列车在线路上的实际运行位置和运行状态确定。如图 5-4 所示，列车间隔包括安全制动距离和安全距离。

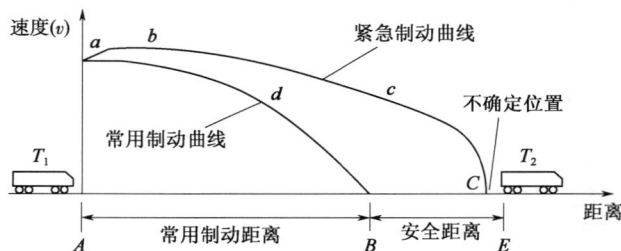

图 5-4　列车间隔的组成

1. 影响安全制动距离的因素

ATC 系统对影响列车运行安全的制动距离设置一般处理为：建立 ATC 系统列车运行安全制动距离（SBD）模型，在轨旁 ATC 系统编程实施车载曲线控制算法。

SBD 模型的建立需要以下 5 个基本要素：车载设备反应时间、全加速时间、切断电源/惰行时间、紧急制动建立和全减速。影响列车运行安全制动距离的 5 个因素是信号与列车进行接口联络时的主要依据。

（1）基本要素

①车载设备反应时间。列车在超速状态下，由于车载信号设备进行译码和确认产生

延迟。最不利的情形是通过轨道电路，再重新建立车载信号。此时还需考虑特殊情况，如紧急停车、ATP 故障、在 ATP 能采取限制动作之前，车载信号译码间隔中丢失的车载信号。

②全加速时间。列车全速前进由 ATP 超速检测时间和车载切断电源保证时间组成。

③切断电源/惰行时间。列车完全依靠坡度和曲线影响进行加速和减速。如果切断电源保证时间没有包括这一影响，它可能被切断电源时间覆盖，而且制动至少还没有建立到最小量。

④紧急制动建立。列车转换到全减速，假设产生一半的紧急制动率，由坡度和曲线来调节。

⑤全减速。列车由确定的制动率通过坡度和曲线参数的调节来完成减速。

（2）分析计算

建立 SBD 模型除以上 5 个因素外，还需计算 2 个值：一个是最大列车长度，另一个是最小列车长度。闭塞设计按这两种距离计算最长行走安全制动距离关系如图 5-5 所示。在计算 SBD 时，还要考虑一些与时间相关的参数（由车辆制造商来确定）。

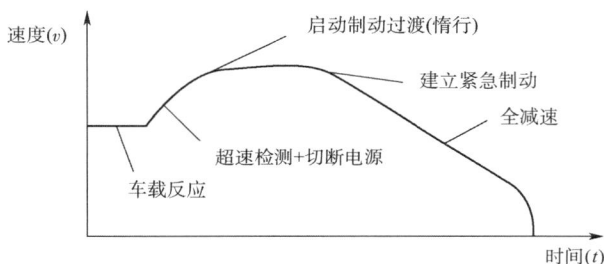

图 5-5　安全制动距离关系图

①超强加速度。列车牵引系统能达到的最大加速度。这个数据是假设无载客车辆时的加速度。

②全常用减速率。列车所能生成的最大全常用制动率。

③冲击率。牵引系统或制动系统造成的最不利的冲击率。次数通过计算加速度除以从全速到惰行的冲击率，以及最大全常用制动率除以从惰行到全速的冲击率确定。

④转换时间。牵引/制动系统从惰行到制动的转换时间的最不利情形。一般为 12～110s。

⑤切断电源时间。当紧急制动列车线断开时，从全加速到零加速转换的最不利情况。

⑥紧急制动建立的时间。紧急制动从零到 90% 全紧急制动率所需时间的最不利情形。如果使用车轮打滑/空转检测手段，这个最大检测时间也将包括在这部分的模型中。

⑦紧急制动率。车辆制造商所能保证的最小紧急制动率。这个数值永远小于全正常紧急制动率。

⑧车载信号速度命令逻辑。

⑨自动运行模式和自动调度逻辑。

2. 移动闭塞安全距离

安全距离是基于列车安全制动模型，计算得到的一个附加距离。它保证追踪列车在最不利条件下能够安全地停止在前行列车的后方，不发生冲撞。所以，安全距离是移动闭塞系统中的关键，是整个系统设计的理论基础和安全依据。

目标点是列车移动的凭证，列车只有获得了目标点，才能够向前移动。目标点通常设在列车前方一定距离的某个位置，目标点一旦设定，即表明列车可以安全运行至该点，但不能超过该点。移动闭塞系统正是通过不断前移列车的目标点，从而引导列车在线路上安全运行。

单元 5.5 移动闭塞的技术特点与优势

一、CBTC 移动闭塞的技术特点

CBTC 移动闭塞 ATC 系统通过车地之间双向、连续、高效的信息通信，使车载信号设备的信息能够和地面轨旁信号设备信息进行交换，从而有效地确定列车位置，并计算出前后列车间的相对距离。列车间隔是按后续列车在当前速度下所需的制动距离，加上设定的安全距离计算和控制的，最终确保前后列车的安全追踪间隔。

移动闭塞系统不需要预先设置固定的闭塞分区，而是根据实际运行速度、制动曲线以及列车的相对位置等信息，实时动态地计算出相邻列车之间的安全间隔距离。如前面所述，包括常用制动距离和安全距离的计算。因此，移动闭塞与固定闭塞相比，列车运行间隔能够大大减少；与准移动闭塞相比，则具有更大的运用灵活性和更小的行车间隔，并能最大限度地提高区间通过能力。基于通信的移动闭塞 ATC 系统的列车速度控制曲线如图 5-6 所示。

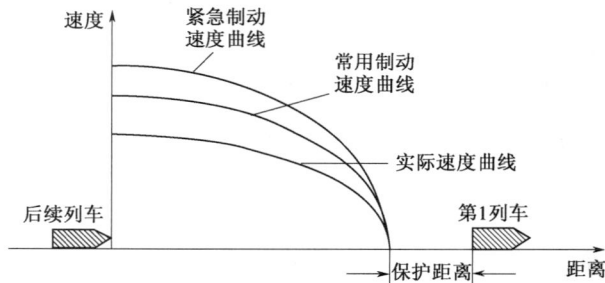

图 5-6 列车速度控制示意图

图 5-6 中移动闭塞系统的速度曲线是连续的，不是阶梯形的。因为系统信息传递不依靠轨道电路，线路不用被固定划分成闭塞分区，列车间的间隔是动态的，并随着前一列车的移动而移动，制动的起始点和终点是动态的，列车间隔可确保不追尾。

移动闭塞 ATC 系统一般采用交叉感应电缆环线，或者漏缆、裂缝波导管以及无线的方式实现车地双向数据传输，检测列车位置，使地面信号设备可以实时地得到每一列车的连续位置信息和其他有关信息，并据此计算出每一列车的运行权限、动态更新，并发送给列车。列车根据接收到的运行权限和自身运行状态计算出列车运行的速度曲线，车载设备保证列车在该速度曲线下运行，ATO 子系统在 ATP 保护下，控制列车的牵引、巡航及惰行、制动。追踪列车之间实时保持着一个安全的追踪距离。列车安全间隔距离信息是根据最大允许车速、当前停车点位置、线路等信息计算出来的。信息被循环更新，以保证列车不间断地收到即时信息。

二、CBTC 移动闭塞的优势

移动闭塞与传统的固定闭塞相比，具有如下优势：

①固定闭塞的轨道电路工作稳定性易受环境影响，如道砟阻抗变化、牵引回流干扰等。移动闭塞不受此影响。

②固定闭塞的轨道电路传输信息量小，要想增加信息量，只能通过提高信息传输的频率。但是传输频率过高，钢轨的集肤效应会导致信号的衰耗增大，从而导致传输距离缩短。而且利用轨道电路难以实现车对地面的信息传输。基于通信的移动闭塞在信息传输上采用现代通信技术，实现列车与轨旁设备实时双向通信且信息量大。

③固定闭塞的闭塞分区长度是按最长列车、满负载、最高速度、最不利制动率等不利条件设计的，分区较长，且一个分区只能被一列车占用，不利于缩短列车运行间隔。移动闭塞根据列车实际速度和相对距离等调整闭塞分区长度，尽可能缩小列车运行间隔，从而提高了行车密度，使得地铁运营公司有条件实现"小编组、高密度"的新型行车组织模式。

④从投资的角度看，初期投资移动闭塞核心技术采用软件来实现，使其在硬件设备数量方面大大低于传统的固定闭塞系统，选用移动闭塞能在建设初期以最大的性价比得到当今最先进的技术，综合造价低。由于移动闭塞在室外除了感应环线电缆外，没有任何室外硬件设备，日常维护费用及工作量都显著地减少。此外，由于系统多由软件构成，易于扩容，还能为以后的扩容、改造及设备升级节省大量资金。

⑤移动闭塞的节能主要是通过缩短列车间隔的性能实现的。移动闭塞使城市轨道交通系统的实际通过能力大大提高（通常可比固定闭塞高出 40%），无论在高峰期还是在非高峰期，系统可通过对列车速度曲线的调整和控制，达到最大限度地减少不必要的制动、平衡全线加速（或减速、停站时间等）实现节能。通常在运行高峰期，系统可通过利用增加的列车间隔余量，避免不必要的制动来节能；非高峰期则通过降低站间列车平均速度节能（在这种情况下，可根据需要减少停站时间以保证列车全线运行时间）。

⑥系统的可靠性高于其他制式的闭塞方式。CBTC 闭塞系统可靠性和安全性的要求更高，可以实现从车站或控制中心对列车的直接监控，从而极大地提高系统的可靠性和优化运营管理。

移动闭塞 ATC 系统，尤其是 CBTC 移动闭塞，将使城市轨道交通不同线路实现互联互通成为可能，其功能的先进性和实用性具有广阔的应用前景。

实训任务

任务 5.1 闭塞认知

任务描述

（1）对闭塞及其闭塞制式有一个清晰的认识。

（2）准备教学资料。

（3）学生分组讨论学习计划。

（4）学生分组讨论学习铁路闭塞、城市轨道交通闭塞的相关知识。

（5）各组将学习的成果进行交流并汇报。

（6）对学生的学习情况进行评价。

任务准备

（1）学生在多媒体教室或城市轨道交通通信与信号车间现场，学生人数根据场地和需要确定。

（2）教学用的 PPT、视频及相关教学引导资料。

（3）考评表。

任务考评

将考评结果填入表 5-1 中。

任务实施过程考评表 表 5-1

	考评项目	配分	考核指标	学生自评	小组互评	教师评定
知识准备	基础知识回顾、制订学习计划	5	熟悉的程度			
任务组成	闭塞的有关概念	15	熟悉的程度			
	闭塞制式的发展	10	熟悉的程度			
	城市轨道交通系统的闭塞制式	20	熟悉的程度			
	基于通信的移动闭塞 ATC 系统	20	熟悉的程度			
	任务实施过程记录	5	详细性			
	所遇问题与解决记录	5	成功性			

续上表

考评项目	配分	考核指标	学生自评	小组互评	教师评定
讨论过程的表现	5	遵守上课纪律、态度认真			
协调合作,成果展示	15	小组成员的参与积极性、成果展示的效果			
成绩					
总成绩 (根据需要按照自评、互评和教师评价作百分比计算,以学生为主、教师为辅)					

达标练习题

一、填空题

1. 区间是指_____。

2. 行车闭塞制式经历了_____、_____、_____和_____的发展过程。

3. 影响安全制动距离的基本因素有_____、_____、_____、_____、_____。

二、简答题

1. 请叙述查询/应答器的设备组成及基于查询/应答器的列车定位特点。

2. 简述移动闭塞中影响列车运行安全制动距离的主要因素。

3. 移动闭塞的优势有哪些?

模块 6

列车自动控制系统

列车自动控制（ATC）系统是城市轨道交通信号系统最重要的组成部分，它通过实现列车指挥和列车运行自动化，能最大限度地保证列车运行安全，提高运输效率，减轻运营人员的劳动强度，从而充分发挥城市轨道交通的通过能力。

列车自动控制（ATC）系统包括 3 个子系统：列车自动防护（ATP）、列车自动运行（ATO）、列车自动监控（ATS）。ATC 系统包括 5 个原理功能：ATS 功能、联锁功能、列车检测功能、ATC 功能和 PTI 功能。ATP 子系统是保证行车安全、防止列车进入前方列车占用区段和防止超速运行的设备。ATP 负责全部的列车运行保护，是列车安全运行的保障。ATO 子系统主要用以实现"地对车控制"，即用地面信息实现对列车驱动、制动的控制，包括列车自动折返，根据控制中心指令自动完成对列车的启动、牵引、惰行和制动，送出车门和站台门同步开关信号，使列车按最佳工况正点、安全、平稳地运行。ATS 子系统是基于现代数据通信网络的分布式实时计算机控制系统，通过与 ATC 系统中的 ATP、ATO 和联锁子系统的协调配合，完成对高密度城市轨道交通运输信号系统的自动化管理和全自动行车调度的指挥控制。

学习目标

知识目标

1. 掌握 ATC 系统的组成和功能。
2. 掌握 ATP 基本概念。
3. 掌握 ATP 设备的组成及功能。
4. 熟悉 ATP 系统基本工作原理。
5. 掌握 ATO、ATS 基本概念。
6. 熟悉 ATO 系统、ATS 系统的组成。
7. 了解 ATO 系统、ATS 系统的主要功能。
8. 掌握 ATO 系统、ATS 系统 的基本工作原理。

能力目标

1. 能清晰描述不同制式 ATC 系统的特点。

2.掌握城市轨道交通列车驾驶模式及其转换。

3.了解 ATO 与 ATP 的关系。

素养目标

1.通过讲述提高知识的理解能力及语言表达能力。

2.通过练习提高团队合作精神。

案例导入

案　例　一

因 121 车在下行线运行时两次 EB，18:27 下线回段。 19:08 回复原因为网络通信中断，重启 6 车端 CC 机柜后恢复，库内检查正常。

因 125 车在下行线运行时两次 EB，13:21 下线回段，热备 130 车替开 125 车。 14:58回复故障原因为 MR 与 ESE 板卡通信中断，回库重启 ESE 板卡后恢复。

案　例　二

某线路在运营中 17:07，115 车某站下行 ATO 模式过标 3m，于 17:36 下线回段。 22:00 恢复故障。 经分析，其原因为 115 车 1 车端 TI 主机功率过低，调整后恢复。

另一起故障报修为地铁公司 7:55 接到通知，103 车 1 车端查询/应答器故障，该车计划于 7:51 下线回段。 11:31 恢复故障，其故障原因为查询/应答器主机功率偏低，调整主机功率后恢复。

这些都是在地铁运营中 ATO 系统故障导致列车不能在线运营，只能返回车辆段进行检修。

单元 6.1　ATC 系统综述

一、ATC 系统的组成和功能

1. ATC 系统的组成

ATC 系统包括 3 个子系统：列车自动防护（ATP）、列车自动运行（ATO）、列车自动监控（ATS）（图 6-1）。ATP 是整个 ATC 系统的基础。ATO 和 ATS 子系统都依托于 ATP 子系统的工作。ATS 负责执行各种功能，如确认、跟踪和显示列车等，它有人工和自动进路设置功能，以及调整列车的运行以保证运行时间。

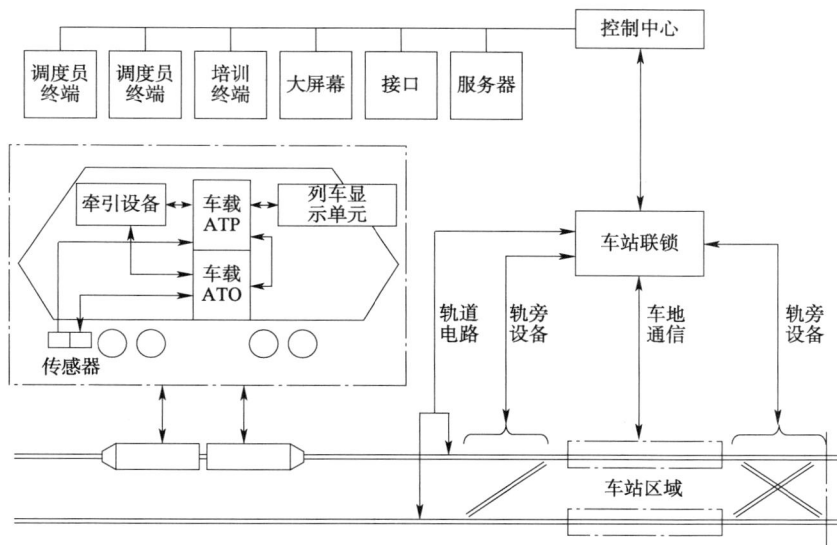

图 6-1　ATC 系统组成

2. ATC 系统的功能

ATC 系统包括 5 个功能：ATS 功能、联锁功能、列车检测功能、ATC 功能和 PTI（列车识别）功能。

①ATS 功能：可自动或由人工控制进路，进行行车调度指挥，并向行车调度员和外部系统提供信息。ATS 功能主要由位于 OCC（控制中心）内的设备实现。

②联锁功能：响应来自 ATS 功能的命令，在随时满足安全准则的前提下，管理进路、控制道岔和信号，将进路、轨道电路、道岔和信号的状态信息提供给 ATS 和 ATC 功能。联锁功能由分布在轨旁的设备来实现。

③列车检测功能：一般由轨道电路、计轴设备等完成。

④ATC 功能：在联锁功能的约束下，根据 ATS 的要求实现列车运行的控制。ATC 功能有 3 个子功能：ATP/ATO 轨旁功能、ATP/ATO 传输功能和 ATP/ATO 车载功能。ATP/

ATO 轨旁功能负责列车间隔和报文生成；ATP/ATO 传输功能负责发送感应信号，它包括报文和 ATC 车载设备所需的其他数据；ATP/ATO 车载功能负责列车的安全运营、列车自动驾驶，且给信号系统和司机提供接口。

⑤PTI 功能：通过多种渠道传输和接收各种数据，在特定的位置传给 ATS，向 ATS 报告列车的识别信息、目的号码和乘务组号、列车位置数据，以优化列车运行。

二、ATC 系统的水平等级

为确保行车安全和线路最大通过能力，根据国内外的运营经验，一般最大通过能力小于 30 对/h 的线路宜采用 ATS 和 ATP 系统，实现行车指挥自动化及列车的超速防护。在最大通过能力较低的线路，行车指挥可采用以调度员人工控制为主的 CTC（调度集中）系统。最大通过能力大于 30 对/h 的线路，应采用完整的 ATC 系统，实现行车指挥和列车运行自动化。

ATO 系统对节能、规范运行秩序、实现运行调整、提高运行效率等具有重要的作用，但不同的信号系统是否设 ATO 会使运营费用差异较大。不过即使是通过能力为 30 对/h 的线路，有条件时也可选用 ATO 系统。

根据运营需要，信号系统还应满足最大通过能力为 40 对/h 的总体要求。对于城市轨道交通，行车间隔的发挥往往受制于折返能力，而折返能力与线路条件、车辆状态、信号系统水平等因素有关。因此，通过能力要求较高时，折返能力需与之相适应，所以必须对上述因素进行综合研究、设计。

三、ATC 系统选用原则

①ATC 系统应采用安全、可靠、成熟、先进的技术装备，具有较高的性能价格比。
②城市轨道交通运营线路宜采用准移动闭塞式 ATC 系统或移动闭塞式 ATC 系统，也可以采用固定闭塞式 ATC 系统。
③ATC 系统构成水平的选择按前述原则执行。

四、不同闭塞制式的 ATC 系统

按闭塞制式，城市轨道交通 ATC 可分为固定闭塞式 ATC 系统、准移动闭塞式 ATC 系统和移动闭塞式 ATC 系统。

移动闭塞线路单元以数字地图的矢量来表示。图 6-2 为线路拓扑结构的示意图。

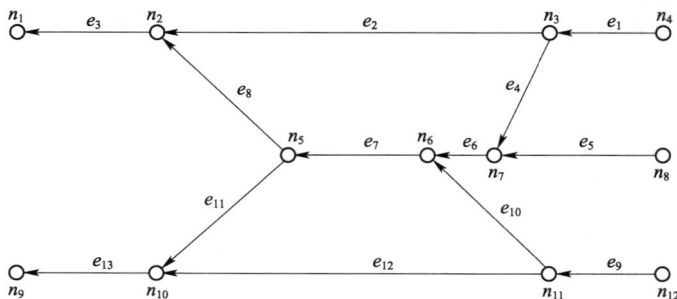

图 6-2　线路拓扑示意图

五、不同结构的 ATC 系统

1. 点式 ATC 系统

点式 ATC 系统因其主要功能是实现列车超速防护，所以在城市轨道交通中有所应用。它的主要优点是采用无源、高信息容量的地面应答器，结构简单，安装灵活，可靠性高，价格明显低于连续式 ATC 系统。但是点式 ATC 系统难以胜任列车密度大的情况。

（1）点式 ATC 系统的基本结构

点式 ATC 系统的基本结构如图 6-3 所示。由车载设备和地面设备两部分组成。地面设备主要包括地面应答器、轨旁电子单元（LEU，又称信号接口）。

① 地面应答器。

地面应答器通常设置在信号机旁或者设置在一段需要降速的缓行区间的始、终端。它接收车载设备发射的电磁能量，供内部电路回答发送用。

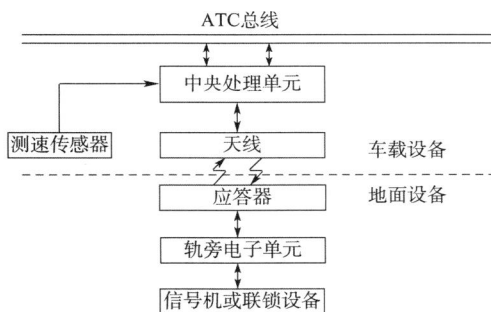

图 6-3 点式 ATC 系统的基本结构

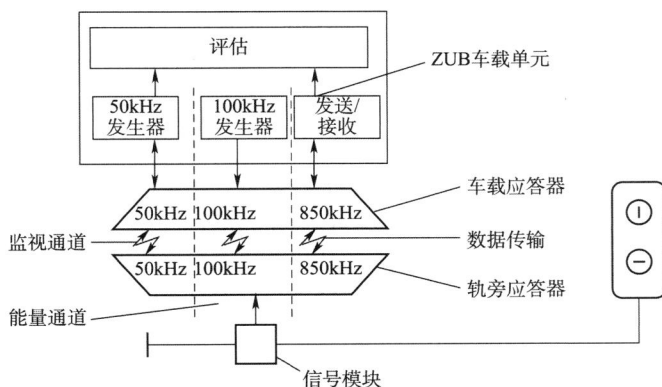

当列车驶过地面应答器，且车载应答器与地面应答器对准时，车载应答器首先以一定的频率，通过电磁感应方式将能量传递给地面应答器，地面应答器的内部电路在接收到来自车上的能量后即开始工作，将所存储的数据以某种调制方式（通常用 FSK 方式）仍通过电磁感应传送至车上，如图 6-4 所示。其中 100kHz 为能量通道，850kHz 为信息数据通道，50kHz 是为增大可靠性而设置的监视通道。

图 6-4 车载应答器与地面应答器之间的能量与数据传输

② 轨旁电子单元 LEU。

轨旁电子单元是地面应答器与信号机之间的电子接口设备，其任务是将不同的信号显示转换为约定的数码形式。LEU 是一块电子印制板，可根据不同类型的输入电流输出不同的数码。

③车载设备。

车载设备由车载应答器、测速传感器或雷达、中央处理单元、驾驶台上的显示、操作与记录装置等部分组成，如图 6-5 所示。

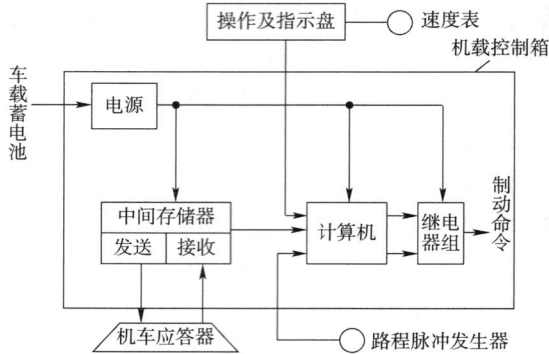

图 6-5　点式 ATC 车载设备

（2）点式 ATC 系统的基本原理

点式 ATC 系统的车载设备接收信号点或标志点的应答器信息，还接收列车速度和制动压力信息，输出控制命令并向司机显示。地面应答器向列车传送每一信号点的允许速度、目标速度、目标距离、线路坡度、信号机号码等信息。车载中央控制单元根据地面应答器传至车上的信息以及列车自身的制动率（负加速度），计算得出的两个信号机之间的速度监控曲线如图 6-6 所示。其中 v_0 表示所允许的最高列车速度。v_1 表示当列车车速达到此值时，车载中央控制单元给出音响报警，如果此时司机警惕降速，使车速低于 v_0，则一切趋于正常。v_2 表示当列车车速达到此值时，车载中央控制单元给出启动常用制动（通常为启动最大常用制动）信息，列车自动降速至 v_0 以下。若列车制动装置具有自动缓解功能，则在列车速度降至 v_0 以下时，制动装置即可自动缓解，列车行驶趋于正常；若列车制动装置不具备自动缓解功能，则常用制动使列车行驶一段路程后停下，列车由司机经过一定的手续后重新人工启动。v_3 表示当列车车速达到此值时，车载中央控制单元给出启动紧急制动的信息，确保列车在危险点的前方停住。

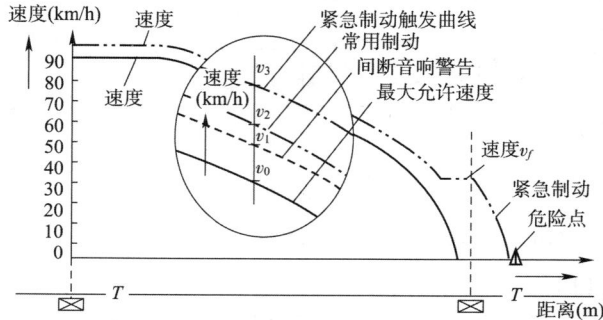

图 6-6　点式列车超速防护系统的速度监控曲线

（3）地-车之间的数据传递

地-车应答器之间的数据传递是一种按协议的串行数码传输方式，电码以频移键控方式传送，为了防止干扰，载频通常为 800kHz ～ 1MHz，数码速率一般为 50kbit/s。信息码一般包括以电码组合的方式来传递有关信息。

点式 ATC 系统的主要缺点是信息传递的不连续性，有时会对列车运行造成不利影响。

2. 连续式 ATC 系统

按地-车信息传输所用的媒体分类，连续式 ATC 系统可分为有线与无线两大类，前者又可分为利用轨间电缆与利用数字编码音频轨道电路两类。按自动闭塞的性质，连续式 ATC 系统可以分为移动闭塞、准移动闭塞和固定闭塞。按地-车之间传输信息的内容，连续式 ATC 系统可分为速度码系统与距离码系统。

（1）采用轨道电路的连续式 ATC 系统

该 ATC 系统有速度码系统和距离码系统两种。

①速度码系统（Speed Code System）。

速度码系统通常使用频分制方法，采用的是移频轨道电路，即用不同的频率来代表不同的允许速度。由控制中心通过信息传输媒体将列车最大允许速度直接传至车上，这类制式在信息传递与车上信息处理方面比较简单，速度分级是阶梯式的。

例如，上海地铁 1 号线采用的是从美国 GRS 公司引进的 ATC 系统，是一种典型的频分制速度码系统。在无列车经过时，轨道电路用于检测列车占用。速度码系统分级从地面传递给列车的允许速度（限速值），在轨道电路区段分界处的限速值呈跳跃式，这对于平稳驾驶、节能运行及提高行车效率都是非常不利的。因此，速度码系统已逐渐被能实时计算限速值的距离码系统所取代。

②距离码系统（Distance Code System）。

由于信息电码的多样性和复杂性，距离码系统使用时分制数字电码方式，按协议组成各种信息。距离码系统采用数字编码音频轨道电路，是目前使用最广泛的，我国大多数城市轨道交通的 ATC 都是采用这种系统。

距离码系统从地面传至车上的是前方目标点的距离等一系列基本数据，车载计算机根据地面传至车上的各种信息（包括区间的最大限速、目标点的距离、目标点的允许速度、区间线路的坡度等）以及储存在车载单元内的列车自身的固有数据（如：列车长度、常用制动及紧急制动的制动率、测速及测距信息等），实时计算出允许速度曲线，并按此曲线对列车的实际运行速度进行监控。

这类系统依赖列车进入轨道区段实现轨道电路表示码与信息码之间的转换，在"有车占用表示"延时给出情况下（当轮轨分路条件不理想时，列车第一轮对驶入轨道电路区段，并不马上给出"有车占用表示"，而在第二轮对，甚至更后的轮对相继驶入轨道电路区段后，才能给出"有车占用表示"），如不采取特殊的保护措施，有可能使列车闯入危险区，将会对安全造成极大威胁。为此，有的系统规定了轨道电路表示码与信息码之间的最大转换时间。当列车驶入轨道电路区段，在最大转换时间之内车载设备尚未接收到信息码，直接启用紧急制动，以保证列车不闯入危险区。

（2）采用轨间电缆的 ATC 系统

采用轨间电缆的 ATC 系统利用轨间铺设的电缆传输信息。控制中心储存线路的固定数据，区间线路坡度、弯道、缓行区段的位置及长度等。经联锁设备，将沿线的信号显示、道岔位置等信息传送至控制中心。列车将其数据，如载质量、列车长度、制动率、所在位置、实际速度等经电缆传给控制中心。控制中心的计算机根据这些数据计算出该时刻的列车允许速度。此速度值经电缆传送给运行在线路上的相应列车。列车获得此速度值对列车速度进行监控。以这种方式统一指挥全部列车运行，遇有发生行车晚点或其他障碍，可迅速地将行车命令传给列车。但一旦控制中心故障则全线瘫痪。因此，可采用另一种控制方式，即控制中心将有关信息（线路坡度、缓行区段位置、目标距离或目标速度等）通过电缆送至列车，由车载计算机计算其允许速度。

该类 ATC 系统主要由控制中心设备、轨间传输电缆及车载设备组成。

（3）无线 ATC 系统

无线 ATC 系统利用无线通信方式传输信息。地面编码器生成编码信息，通过天线向车上发送。信号显示控制接口负责检测要发送的信号显示，并从已编程的数据中选出有用数据送编码器，同时选出与限制速度、坡度、距离等有关的轨道数据。编码器用高安全度的代码将这些数据编码，经过载波调制，馈送至无线通道向列车发送。车上接收设备接收限制速度、坡度、距离数据后，由车载计算机计算出目标速度，对列车进行监控。

用无线通道实现地-车数据传输的 ATC，才是真正意义上的移动闭塞。目前，阿尔卡特、阿尔斯通、西门子、庞巴迪和西屋公司等均开发出了各自的移动闭塞技术并已广泛应用。无线通信有采用波导管、漏泄电缆和无线空间天线三种方式。

典型的移动闭塞线路中，线路被划分为若干个区域，每一个区域由一定数量的线路单元组成。区域的组成和划分预先定义，每一个区域均由本地控制器和通信系统控制。本地控制器和区域内的列车及联锁等子系统保持连续的双向通信，控制本区域内的列车运行。列车从一个控制区域进入下一个区域的移交，通过相邻区域控制器之间的无线通信实现。当列车到达区域边界，后方控制器将列车到达信息传递给前方控制器，同时命令列车调整其通话频率；前方控制器在接收并确认列车身份后发出公告，移交便告完成。

典型无线移动闭塞系统的系统以列车为中心，其主要子系统包括区域控制器、车载控制器、列车自动监控、数据通信系统和司机显示等。

六、ATC 系统控制模式

1. 模式类型

ATC 系统应包括下列控制等级：控制中心自动控制模式（A）、控制中心自动控制时的人工介入控制或利用 ATC 系统的人工控制模式（CM）、车站自动控制模式、车站人工控制模式。

以上控制等级遵循的原则是车站人工控制优先于控制中心人工控制，控制中心人工控制优先于控制中心的自动控制或车站自动控制。

（1）控制中心自动控制模式（CA）

在控制中心自动控制模式下，列车进路命令由 ATS 进路自动设定系统发出，其信息来源是时刻表及列车运行自动调整系统。控制中心调度员可以对列车运行自动调整系统进行人工干预，使列车运行按调度员意图进行。

（2）控制中心自动控制时的人工介入控制或利用 ATC 系统的人工控制模式（CM）

在控制中心自动控制时，控制中心调度员也可关闭某个联锁区或某个联锁区内部分信号机，或某一指定列车的自动进路设定，直接在控制中心的工作站上对列车进路进行控制。在关闭联锁区自动进路设定时，控制中心调度员可发出命令，利用联锁设备自动进路控制功能，随着前行列车的运行，自动排列一条后续列车的固定进路。在自动进路功能出现故障的情况下，调度员可以人工设置进路。

在 CM 模式中，车站的人工控制转到 ATS 系统。一旦车站工作于该模式，则由 ATS 系统启动控制而不由车站控制计算机启动控制，但车站控制计算机继续接收信息，更新显示和采集数据。

（3）车站自动控制模式

在控制中心设备故障或通信线路故障时，控制中心将无法对联锁车站的远程控制终端进行控制，此时将自动进入列车自动监控后备模式，由列车上的车次号发送系统发出带列车去向的车次信息，通过远程控制终端自动产生进路命令，由联锁设备的自动功能自动设定进路，即随着列车运行，自动排列一条固定进路。

（4）车站人工控制模式

当 ATS 因故不能设置进路（不论人工方式还是自动进路方式），或由于某种运营的需要而不能由控制中心控制时，可改为现地操纵模式。在现地操纵台上人工排列进路。

车站自动控制和车站人工控制也可合称为车站控制（LC）。当车站工作于 LC 模式时，不能由 ATS 系统启动控制。然而，ATS 系统将继续收到表示，更新显示和采集数据。对车站控制计算机而言，这是唯一可用的控制模式。

2. 控制模式间的转换

（1）转换至车站操作

只有当控制中心 ATS 已经发出相应的命令，才能转换到车站操作模式。因此，所有转换操作只能通过车站值班员才能有效实施。当转换模式时，不用考虑特别检查联锁条件，自动运行功能不受影响。

即使转换至车站操作，联锁显示还应该传输至控制中心 ATS，仅由车站现地工作站执行对显示和命令的记录。

（2）强制转换至车站操作

在没有收到控制中心 ATS 发出的命令时，也可以转换至车站操作。通过一个已经登记的转换操作可以转换至车站操作，并且联锁系统的所有转换操作仅能由车站操作员执行。

（3）转换至控制中心 ATS 操作

只有当车站操作已经发出释放的命令，才能转换到控制中心 ATS 操作，控制中心 ATS 确认转换操作，由控制中心操作员有效实施。当车站操作故障，没有车站操作释放命令的情况下，也可以转换至控制中心 ATS 操作。

七、驾驶模式及模式转换

1. 驾驶模式

城市轨道交通列车的主要驾驶模式包括列车自动运行驾驶模式（ATO 模式或 AM 模式）、列车自动防护驾驶模式（SM 模式或 CM 模式）、限制人工驾驶模式（RM 模式）、非限制人工驾驶模式（关断模式、URM 模式）。此外，还有自动折返驾驶模式（ATB 模式）。

（1）列车自动运行驾驶模式（ATO 模式或 AM 模式）

ATO 模式即 ATO 自动运行模式，此模式是正线上列车运行的正常模式，即用于正线上列车的正常运行。这种模式下，列车在车站之间的运行是自动的，不需司机驾驶，司机只负责监视 ATO 显示，监督车站发车和车门关闭，以及列车运行所要通过的轨道、道岔和信号的状态，并在必要时人工介入。

司机给出列车关门指令关闭车门后，通过按压启动按钮给出出发指令。车载 ATP 确认车门已关闭后，列车便可启动。如果车门未关闭 ATP 会不允许列车出发。列车出发后站间运行的速度调整、至下站的目标制动以及开车门都由 ATO 自动操作。ATP 确保列车各阶段自动运行的安全，在车站之间的运行将根据控制中心 ATS 的优化时刻表指令执行，确定其走行时间。

在 ATO 模式下，ATO 根据 ATP 编码和列车位置生成运行列车的行驶曲线，完全自动地驾驶列车；ATO 还能根据到停车点的距离计算出列车的到站停车曲线；ATO 速度曲线可以由 ATS 的调整命令修改；ATP 系统控制列车的紧急制动。

（2）列车自动防护驾驶模式（SM 模式或 CM 模式）

SM 模式即 ATP 监督人工驾驶模式，是一种受保护的人工驾驶模式。在这种模式下，司机根据驾驶室中的指示手动驾驶列车，并监督 ATP 显示，以及列车运行所要通过的轨道、道岔和信号的状态，可以在任何时候操作紧急制动。ATP 连续监督人工驾驶的列车运行，如果列车超过允许速度将产生紧急制动。ATO 故障时列车可用 SM 模式在 ATP 的保护下降级运行。

在 SM 模式下，列车由司机人工驾驶，列车的运行速度受 ATP 监控；ATO 此时对列车不进行控制，但会根据地图数据随时监督列车的位置；如果 ATO 能与 PAC 通信，则可控制车门开启；ATP 向司机提示安全速度和距离信息；在列车实际行驶速度达到最大安全速度之前，ATP 可实施常用制动，防止列车超速；由 ATP 系统来控制列车的紧急制动。

（3）限制人工驾驶模式（RM 模式）

RM 模式即 ATP 限制允许速度的人工驾驶模式，这是一种受约束的人工操作，必须谨慎运行。在这种模式下，列车由司机根据轨旁信号驾驶，ATP 仅监督允许的最大限速值。

该运行模式在下列情况下使用：①列车在车辆段范围内（非 ATC 控制区域）运行时；②正线运行中联锁设备或轨道电路或 ATP 轨旁设备或 ATP 列车天线或地对车通信发生故障时；③列车紧急制动以后。

此时，车载 ATP 将给出一个最高 25km/h 的限制速度。

在 RM 模式下，列车由司机人工驾驶，没有轨道编码的参与，不要求强制使用地面编码。此时 ATO 退出控制，由司机负责列车运行的安全，并监督列车所要通过的轨道、道岔和信号的状态，如有必要，对列车进行制动。列车行驶速度很低，例如不得超过 25km/h；一旦超出，ATP 系统就会实施紧急制动。

（4）非限制人工驾驶模式（关断模式、URM 模式）

关断模式是不受限制的人工驾驶（无 ATP 监督）模式，用于车载 ATP 设备故障以及车载设备测试情况下完全关断时的列车驾驶，列车由司机根据轨旁信号和调度员的口头指令驾驶，没有速度监督。ATP 的紧急制动输出被车辆控制系统切断，司机必须保证列车运行不超过限制速度（最高 25km/h），并监督列车所要通过的轨道、道岔和信号的状态，必要时采取措施，对列车进行制动。

在关断模式下，列车由司机登记，此时列车运行安全完全由司机负责，ATO 退出控制。

（5）自动折返驾驶模式（ATB 模式）

列车在站端（没有折返轨道的终端）调转行车方向或使用折返轨道进行折返操作，要求进入自动折返驾驶模式。

为使自动折返操作具有高度的灵活性，自动折返模式有下列几种：ATO 自动运行折返模式、ATO 无人自动折返模式、ATP 监督人工驾驶折返模式。

折返命令是由 ATS 中心根据需要生成并传输至列车，或由设计固定的 ATP 区域（如终端站）的轨旁单元发出。ATP 车载设备通过接收轨旁报文而自动启动 ATB 模式，并通过驾驶室显示设备指示给司机，司机必须按压"ATB"按钮确认折返作业。是否折返，使用折返轨道折返，由无人驾驶执行还是由司机执行，这些完全由司机决定。

采用无人折返或有司机折返取决于司机采取的不同折返模式。

若采用 ATO 自动运行折返模式，在司机按压"ATO"启动按钮后，列车自动驶入折返轨，并改变车头和轨道电路发送方向；在折返轨至发车站台的进路排列完成后，再次按压"ATO"启动按钮，列车自动驶入发车站台，并精确地停在发车站台。

若采用 ATO 无人自动折返模式，在司机下车后按压站台上的无人折返按钮，列车在无司机的情况下，自动完成启动列车驶入折返轨，改变车头和轨道电路发送方向，并在折返轨至发车站台的进路排列完成后，再自动启动列车驶入发车站台，并精确地停在发车站台。

若采用 ATP 监督人工驾驶折返模式，在人工驾驶过程中，ATP 将对列车速度、停车位置进行监督，并在列车驶入折返轨后自动改变车头和轨道电路发送方向。

除 URM 模式外，其他所有的模式都有一个 5m 的退车限制，如果超过这个限制，ATP 将实施紧急制动。

2. 列车驾驶模式转换

以上五种基本运行模式，在满足一定条件后可以相互转换。

（1）列车驾驶模式转换的规定

①ATC 系统控制区域与非 ATC 系统控制区域的分界处，应设驾驶模式转换区（或称

转换轨），转换区的信号设备应与正线信号设备一致。

②驾驶模式转换可采用人工方式或自动方式，并应予以记录。当采用人工方式时，其转换区域的长度宜大于一列车的长度；当采用自动方式时，应根据ATC系统的性能特点确定转换区域的设置方式。

③ATC系统宜具有防止列车在驾驶模式转换区域，未将驾驶模式转换至列车自动运行驾驶模式或列车自动防护驾驶模式，而错误进入ATC系统控制区域的能力。

④为保证行车安全，在ATC控制区域内，使用限制模式或非限制模式时应有破铅封、记录或特殊控制指令授权等技术措施。

（2）各种驾驶模式间的切换

①RM模式切换到SM模式。列车从非ATC系统控制区域进入ATC系统控制区域，就从RM模式切换到SM模式。但要满足如下条件：a. 列车经过至少两个轨道电路的分界；b. 报文传输无误；c. 未设置PERM码位；d. ATP轨旁设备没有发出紧急制动信号；e. ATP车载设备的限速监控不会在SM模式启动紧急制动。

②SM模式切换到ATO模式。满足以下条件，ATO开始指示灯就会亮，说明此时可以从SM模式切换到ATO模式：a. 当前轨道区段上没有停车点（安全/非安全）；b. 所有车门都已关闭；c. 驾驶/制动拉杆处于零位置；d. 主钥匙开关处于向前位置。

当司机按下"ATO"开始按钮后，ATP车载设备就从SM模式改变为ATO模式。

③ATO模式切换到SM模式。在下列情况下，ATP车载设备可以从ATO模式切换到SM模式：a. 如果司机把驾驶/制动拉杆拉离零位置，或把主钥匙开关调到非向前状态；b. ATO模式控制列车停靠车站的停车点，当列车在车站停稳后；c. 如果列车停在区间，司机用车门许可控制按钮打开车门。

④SM/ATO模式切换到RM模式。如果ATP车载设备启动了紧急制动，无须操作就自动地从SM/ATO模式切换到RM模式。如果司机还想继续前行，那么他就必须在列车停稳之后按"RM"按钮；如果列车已经停稳，司机按下"RM"按钮，就从SM/ATO模式切换到了RM模式。如果切换到SM模式的所有先决条件都已满足，那么就马上转回SM模式。在车辆段入口处，司机或ATO控制列车停靠在停车点上。如果满足以下条件：列车已停稳、已设置了结束点（END码位），驾驶室的显示屏上就会显示指示，司机就可以按"RM"按钮。按下"RM"按钮后，就从SM/ATO模式切换到了RM模式。

⑤SM模式切换到ATB模式。满足以下条件，就可以从SM模式切换到ATB模式：a. ATP车载设备从ATP轨旁设备接收DTRO状态的信息；b. ATP车载设备间的通信良好。

⑥ATB模式切换到SM模式。满足以下条件，ATP车载设备就可以从ATB模式切换到SM模式：ATP车载设备间的列车监控改变成功，司机打开驾驶室。

⑦ATB模式切换到RM模式。如果ATP车载设备启动了紧急制动，无须司机的另外操作，就会自动从ATB模式切换到RM模式。如果司机想继续前行，那么他必须在列车停稳后按"RM"按钮。如果列车停稳之后，司机按下"RM"按钮，就会从ATB模式切换到RM模式。如果切换到SM模式的前提条件都满足了，就会马上切换到SM模式。

⑧RM模式切换到关断模式。只有当ATP故障，才会降级至关断模式，列车会自动停

车。司机操作密封安全开关至关断模式。这种模式的转换将被车载计数器记录。这个转换程序同样适用于 ATO 模式、SM 模式至关断模式。此时列车的运行安全由司机承担全部责任。

八、ATC 系统的可用性

ATC 系统应满足本系统设备和通信、供电等相关系统设备故障的特殊条件下安全行车的需要。ATC 系统应能降级运用，实现故障弱化处理，满足故障复原的需要。

信号系统降级运用是指系统由自动控制降级为人工控制，由遥控变为局控，由实现全部功能至仅完成部分功能等；对于某些 ATC 系统，可能存在系统设备故障失去列车位置检测并可能波及较大运营范围。若系统无后备列车位置检测及后备模式，将不利于系统故障时的安全行车和故障后运营的恢复，因此类似的系统可考虑深层次的系统后退运行方式，包括投入后备系统的运行模式。后备模式及其具体要求，应根据用户需要及系统设备的可靠性、可用性和安全性等因素确定。

车载 ATC 系统的设计指标具有非常高的可靠性和实用性。如果 ATO 自动驾驶发生故障，ATP 系统仍能对列车进行保护，此时列车应在"受保护的人工驾驶模式"下行驶，即由司机来执行 ATO 功能，ATP 能进行全面保护。如果所有的子系统都发生故障（虽然这种概率极小），如 ATP 信息丢失、轨道电路故障或其他模式都失灵，可采用"受限人工驾驶模式"。此时，由司机在没有信号提示的情况下进行驾驶，但受速度的限制，一般在 15～20km/h。一旦超过这一限制，系统就会自动实施紧急制动，导致列车停车。在某些特定的情况下，有可能不用 ATP 系统，以"不受限人工驾驶模式"驾驶，不过此时司机对行车完全负责。

ATP 和 ATO 的主控器中有结构配置数据，能确定驾驶模式转换的条件。例如，在遵循一定速限的条件下，列车行驶时可以由"受保护的人工驾驶模式"切换到"受限人工驾驶模式"，但是不可以从"自动驾驶模式"切换到"受限人工驾驶模式"。

当列车处在自动驾驶模式下，车载 ATO 运用牵引和制动控制将列车从一个车站驶向另一个车站。

ATO 地面设备与 ATS 系统通信，ATS 系统更新与每个站间运行有关的信息，以满足时刻表的要求。

单元 6.2 ATP 子系统

一、ATP 系统的基本概念

ATP 系统是保证行车安全、防止列车进入前方列车占用区段和防止超速运行的设备。ATP 负责全部的列车运行保护，是列车安全运行的保障。ATP 系统执行以下安全功能：速度限制的接收和解码、超速防护、车门管理、自动和手动模式的运行、司机控制台接口、车辆方向保证、永久车辆标识。

ATP 系统对列车进行运行超速防护或列车运行速度监督。ATP 系统的功能是对列车运行进行超速防护，对与安全有关的设备实行监控，实现列车位置检测，保证列车间的安全间隔，保证列车在安全速度下运行，完成信号显示，故障报警，降级提示，列车参数和线路参数的输入，与 ATS、ATO 及车辆系统接口并进行信息交换。

ATP 系统不断将来自联锁设备和操作层面上的信息、线路信息、前方目标点的距离和允许速度信息等从地面通过轨道电路等传至车上，再由车载设备计算得到当前所允许的速度，或由行车控制中心计算出目标速度传至车上，由车载设备取得实际运行速度，以此来对列车速度实行监督，使之始终在安全速度下运行。当列车速度超过 ATP 装置所指示的速度时，ATP 的车上设备就发出制动命令，使列车自动地制动；当列车速度降至 ATP 所指示的速度以下时，可自动缓解。而运行操作仍由司机完成。这样，可缩短列车运行间隔，可靠地保证列车不超速、不冒进。ATP 是 ATC 的基本环节，是安全系统，必须符合故障-安全的原则。

二、ATP 系统的组成

列车自动防护系统所包含的设备分别安装于列车上的车载设备和安装于轨道旁的轨旁设备或是地面设备。

ATP 系统的构成

1. 车载设备主要组成

车载 ATP 设备主要包括车载主机、司机状态显示单元、速度传感器、列车地面信号接收器、列车接口电路、电源和辅助设备等。

车载 ATP 设备完成命令解码、速度探测、超速下的强制执行、特征显示、车门操作等任务，车载 ATP 设备包括两套 ATP 模块（信号处理器和速度处理器）、两个速度传感器和两个接收天线、车辆接口、驾驶室内的操作和显示单元（MMI）等。车载 ATP 设备根据地面传来的数据与预先储存的列车数据计算出列车实时最大允许速度。将此速度与来自速度传感器测得的列车实际运行速度相比较，超过允许速度时，报警后启动制动器。

借助 MMI，司机可以按照 ATP 系统的指示运行，MMI 包括司机显示功能、司机外部接口两个子功能。司机显示功能向司机显示实际速度、最大允许速度、目标距离、目标速度，ATP 设备的运行状态，以及列车运行时产生的重要故障信息，在某些情况下会伴有音响警报。司机外部接口包括允许按钮、车门释放按钮以及确认按钮。

2. 地面设备主要组成

ATP、ATO 轨旁设备包括应答器（信标）和接近盘。应答器分布式放置，保证列车进行沿线定位。接近盘用来保证列车在站台区域准确停车对位。

（1）应答器

应答器类型有如下两种。

一种应答器是被动应答器（无源），用于列车的定位。

另一种应答器是有源应答器，用于向 VOBC 传送信号机显示状态，以允许列车在点式 ATP 模式下运行。

应答器安装在轨旁，用于提供列车定位系统所需的信息。每个应答器被赋予一个唯一的身份标识（ID 号）。

（2）接近盘

接近盘（图 6-7）安装在车站停车点，接近传感器安装在列车下面，用以控制精确车站停车。

图 6-7　接近盘

三、ATP 系统的技术要求

1. ATP 系统的基本要求

①ATP 系统由列车自动防护的轨旁设备、车载设备和控制区域内的联锁设备组成；联锁设备属于安全系统并纳入 ATP 系统，为典型的系统分类方式。但在阐述系统时，可将联锁设备列为子系统独立论述。

②城市轨道交通必须配置 ATP 系统，其系统安全失效率指标应优于 10^{-9}/h（信号系统安全失效率指标通常定义为 10^{-11}/h 或 10^{-9}/h）。

③闭塞分区的划分或列车运行安全间隔，应通过列车运行模拟确定，并经列车实际运行校验。为保证行车安全，在安全防护地点运行方向的后方应设安全防护距离或防护区段，安全防护距离应通过计算确定。安全防护距离涉及信号系统控制方式及其技术指标、列车速度、车辆性能和线路状态等多种因素，主要决定于一定的速度条件下，设定的紧急制动距离和有保证的紧急制动距离之差。在列车跟踪运行的情况下，安全防护距离应增加列车尾车后部车轴可能未被检出的附加距离。

④城市轨道交通的 ATP 系统应采用连续式控制方式。连续式控制方式主要是指安全输入信息连续采集，并实现连续控制，宜采用速度-距离制动模式。列车位置检查可采用轨道电路、轨道环路等方式实现。

⑤城市轨道交通宜采用计算机联锁设备，也可采用继电联锁设备。

2. ATP 车载设备的技术要求

ATP 车载设备在满足 ATP 系统基本要求外，还应符合下列规定：

①ATP 系统导致列车停车为最高的安全准则。地-车连续通信中断、列车完整性电路断路、列车超速、列车的非预期移动、车载设备重要故障等均应导致安全性制动。

②ATP 车载设备的车内信号应是行车的主体信号。车内信号至少包括列车实际运行速度、列车运行前方的目标速度；在两端驾驶室内均应装设速度显示、报警装置和必要的切换装置。

③ATP 执行强迫停车控制时，应切断列车牵引，列车停车过程不得中途缓解；ATP 执行强迫停车控制，包括全常用制动或紧急制动控制等不同方式，但最终控制模式应为紧急制动控制。考虑到行车安全，要求停车过程不得中途缓解，并应在列车停车后，司机履行一定的操作手续，列车方能缓解。

④车载信号设备与车辆接口电路的布线，应与其主回路等环节的高压布线分开敷设并实施防护；与车辆电器的接口应有隔离措施。

3. ATP 地面设备的技术要求

ATP 地面设备除满足 ATP 系统基本要求外，还应符合下列规定：

①ATP 地面设备宜采用地面应答器设备。

②ATC 控制区域宜采用应答器，道岔区段、车辆段及停车场线路可采用轨道电路。道岔区段、车辆段及停车场轨道电路可采用单轨条回流方式。相邻轨道电路应加强干扰防护。轨道电路利用兼作牵引回流的走行轨时，装设的横向均流线应不影响轨道电路的正常工作。

③地面 ATP 设备向车载 ATP 设备传送的允许速度指令或线路状态、目标速度、目标距离等信息，应满足 ATP 车载设备控制方式和控制精度的需要。

四、ATP 系统的主要功能与原理

ATP 系统应具有下列主要功能：检测列车位置、停车点防护、超速防护、列车间隔控制（移动闭塞时）、临时限速、测速测距、车门控制、记录司机操作等。

1. 列车检测

实现列车定位的主要设备有车载控制器、信标读取系统、速度传感器和加速度计、地面信标等。

车载控制器首先通过初始化定位信标确定进入系统的位置，然后根据实时计算的列车速度计算列车走行的距离，并在每经过一个地面静态信标时，对列车的位置进行修正。

2. 列车自动限速

ATP 轨旁单元从联锁和轨道空闲检测系统获得驾驶指令，形成计划数据后传输至 ATP 车载设备。驾驶指令主要包括目标坐标（目标速度和目标距离）、最大允许线路速度和线路坡度。ATP 车载设备通过此数据计算现有位置的列车允许速度。驾驶列车所需的数据经由驾驶室显示器指示给司机。

实际的列车速度和驶过的距离由测速装置连续进行测量。

将 ATP 车载设备列车实际速度与列车允许速度进行比较发现：当列车速度超过列车允许速度时，ATP 的车载设备就发出制动命令，发出报警后控制列车进行常用全制动或实施紧急制动，使列车自动地制动；当列车速度降至 ATP 所指示的速度以下时，便自动缓解。而运行操作仍由司机完成。

ATP 不仅可用来保证列车之间的运行安全，还用于受曲线等线路条件，通过道岔、慢行区间等限制而需要限速的区段。因此限速等级是根据后续列车和先行列车之间的距离、线路条件等来决定的。ATP 可对列车运行速度进行分级或连续监督。

3. 目标速度和目标距离

ATP 轨旁设备向在其控制范围内的列车分配一个"目标距离"，再由轨道电路生成代码，通知列车前方有多少个未占用的区段；接着，车载 ATP 设备调用存储器里的信息，决定列车在任何时刻的运行速度和可以运行的最远距离，确保在抵达障碍物或限制区之前安全停车。目标距离原理如图 6-8 所示。

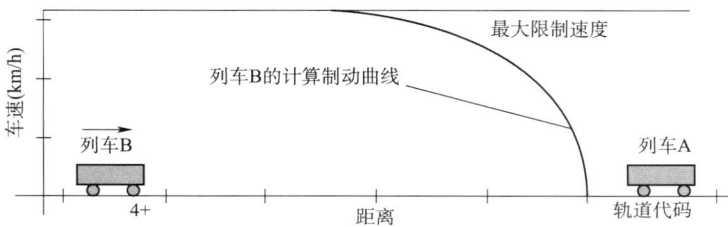

图 6-8　目标距离原理

列车 B 可获得其精确的位置，这一信息与保存在 ATP 和 ATO 设备存储器中的线路图数据相结合，可推算出列车的最大安全距离或目标距离。这样，列车 B 就能安全地进入列车 A 所占用的轨道区段后方的空闲轨道区段。列车的实际行驶速度不断与计算出来的最高速度进行比较，如果实际车速超过最高速度，则自动启用紧急制动。

列车除了必须遵循通过轨道传来的指示目标距离的编码外，在线路的某些区域，由于某种特殊情况或临时性原因，如轨道临时性作业等，还有一些速度限制要求。ATP 将充分考虑到各种限速条件，选择最严格的条件来执行。

4. 制动模式

列车制动控制模式分为分级制动模式和一级制动模式。

（1）分级制动

分级制动是以闭塞分区为单元，根据与前行列车的运行距离来调整列车速度，各闭塞分区采用不同的低频频率调制，指示不同的速度等级，在此基础上确定限速值。分级制动模式又分为阶梯式制动模式和曲线式制动模式。

阶梯式分级制动模式俗称大台阶式，它将一个列车全制动距离划分为 3 ~ 4 个闭塞分区，每一闭塞分区根据与前行列车的距离确定限速值。当列车速度高于检查值时，列车自动制动，其为滞后监督方式，即在闭塞分区出口才监督是否超速。为确保安全，必须设有"保护区段"。固定闭塞制式的 ATC 通常采用阶梯式分级制动模式。

阶梯式分级制动模式不能满足高密度行车的需要，于是改为速度-距离模式曲线制动模式。

　　模式曲线是根据该闭塞分区提供的允许速度值以及列车参数和线路常数由车载计算机计算出来的（或将各种制动模式曲线储存调用）。模式曲线式分级制动模式的速度曲线如图 6-9 所示。准移动闭塞制式的 ATC 通常采用曲线式分级制动模式。

　　（2）一级制动

　　一级制动是按目标距离制动的。根据距前行列车的距离或距运行前方停车站的距离，由控制中心根据目标距离、列车参数和线路参数计算出列车制动模式曲线，或由车载计算机予以计算，按制动模式曲线控制列车运行。信息传输有数字编码轨道电路传输和无线传输两种方式。无论何种方式，传输的信息必须包括线路允许速度、目标速度、目标距离。一级制动方式能合理地控制列车运行速度，是列车自动控制技术的发展方向。一级制动速度曲线如图 6-10 所示。移动闭塞制式的 ATC 通常采用一级制动模式。

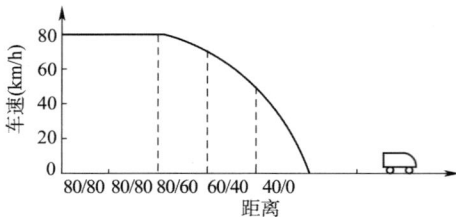

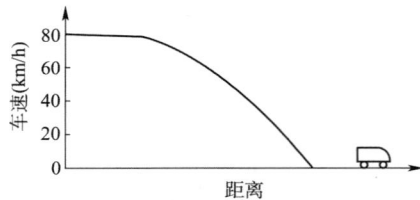

图 6-9　曲线式分级制动模式的速度曲线　　　　图 6-10　一级制动模式的速度曲线

注：图中"80/80"是区段"入口/出口"限制速度，其他类同。

5. 测速与测距

　　（1）测速

　　列车运行速度的测量非常重要，列车实际运行速度是速度控制的依据。该速度值的准确性和精度直接影响调速效果。

　　测速有车载设备自测和系统测量两种方法。测速常采用的设备有：①测速发电机；②路程脉冲发生器；③光电式传感器；④霍尔式脉冲转速传感器。目前城市轨道交通多用里程脉冲和雷达测速等方法。

　　（2）测距

　　在目标距离模式中，列车位置对于安全性至关重要。如果列车无法掌握其在线路中的准确位置，那么它就无法保证在抵达障碍物或限制区之前停下或减速。如何测量距停车点的精确距离是列车运行超速防护系统的重要任务。通过连续确定列车行驶距离，ATP 车载设备可以随时查找列车的精确位置。距离信息以音频轨道电路的分界来定位，当列车经过轨道电路的分界时，距离测量被同步。

　　测距是通过测速与轮径完成的，距离测量系统记录车轮旋转的次数，考虑运行方向和车轮直径，计算出列车走行的距离。距离测量系统利用两个速度传感器测得的数据，通过两个通道进行比较。如果结果不一致，为可靠起见，取其中的最大值。ATP 系统允许输入正确车轮直径，由此来确保正确测量速度和距离。

　　在跨越轨道电路时，如果已经接收到带有有效时间标记的新报文，则距离测量装置复位为零。

6. 速度限制

速度限制分为固定限速、临时限速、在道岔或道岔前方的限速、具有短安全轨道停车点的限速。下面重点介绍固定限速和临时限速。

（1）固定限速

固定限速是在设计阶段设置的。车载 ATP 和 ATO 设备都储存着整条线路上的固定限速区信息，其速度梯降级别为 1km/h。它决定了"目标距离"工作模式下可能给出的最优行车间隔。

（2）临时限速

限制速度在某些条件下（施工现场、临时危险点）可被降低。临时速度限制区段的范围总是限制在一个或多个轨道电路。在紧急情况下，通过特殊速度码，可将任何一段轨道电路上的速度设置为 25km/h。如果需要设置临时性限速区，可以在地面安装应答器。这些应答器允许以 5km/h 为一个阶梯，降到 25km/h。在带有允许临时速度限制的编码的轨道电路里，可通过设置信标来实施。ATP 通过设置区域限速或闭塞分区限速来设置速度限制。

7. 常用制动和紧急制动

ATP 车载设备具有常用制动和紧急制动两级防护控制的能力。

常用制动是直接控制列车主管压力使列车制动与缓解，不影响原有列车制动系统的功能。它缩短了制动空走时间，大大减小了制动时的纵向冲击加速度，使列车运行更安全、舒适。

紧急制动是将压缩空气全部排入大气，使副风缸内压缩空气很快推动活塞，施行制动，使列车很快停下来。紧急制动时，列车冲击大，中途不能缓解，充风时间长，不能使列车安全平稳地运行。ATP 车载设备收到紧急停车命令后，将发送给影响区域内的列车的数据信息中的"线路速度""目标速度"设置为零。而且一旦发出紧急制动指令时，中途不得缓解，直到停车。紧急制动的实施可通过下列三种基本方式的任何一种来实现：

①在列车超速、后退、移动时车门打开等的情况下，直接由 ATP 功能提供防护；

②在故障情况下（例如在需要报文时，不能接收到报文），直接由 ATP 功能作为安全防护；

③由司机或由牵引控制设备执行，不依靠 ATP 功能。

如果由 ATP 功能直接启动，但不能被缓解的紧急制动，这说明 ATP 车载设备出现了完全的故障。在这种情况下，必须通过使用故障开关来隔离故障设备。

8. 停站

停站包括车站程序停车和车站定位停车。

9. 车门控制

通常情况下，在车辆没有停稳靠在站台或在车辆段转换轨上时，ATP 不允许车门开启。当列车在在站的预定停车区域内停稳且停车点的误差在允许范围内时，地面定位天线会收到车载定位天线发送的停稳信号，列车从 ATP 轨旁设备收到车门开启命令，ATP 才会允许车门操作，车载对位天线和地面对位天线才能很好地感应耦合并进行车门开关操作。这需要地面和车载 ATC 设备以及车辆门控电路共同配合。有了车门开启命令后，使 ATP 轨旁设备改发打开站台门信号，当站台定位接收器收到此信号，便打开与列车车门相对的站台门。

左右车门选择由车门开启命令来执行，此命令通过轨旁 ATP 系统取得。地面 ATP 设备还将列车停准、停稳信息送至控制中心作为列车到站的依据。车门关闭后，车载 ATP 才具备安全发车条件。车站在检查了站台门已关闭好后，才允许 ATP 子系统向列车发送运行速度命令信息，列车收到速度命令，同时检查了车门已关闭后，可按车载 ATP 收到的速度命令出发。

五、ATP 的运行

1. 危险点和保护区段

危险点是不能越过的轨道区段的始端或已占用的轨道区段的始端。列车无论如何不能越过危险点，否则将导致危险情况的发生。因此，ATP 保护区段必须在危险点处终止。ATP 保护区段长度以运营条件为基础，例如轨道区段的速度限制、减速度、坡度、在距离测量中出现的误差等。它确保常用制动或紧急制动的列车最迟在 ATP 保护区段末端（危险点前方）停稳。

2. 安全停车点和运营停车点

安全停车点是在危险点的基础上定义的。运营停车点对列车应停车的车站设置。运营停车点位置的设计根据运行方向决定。运营停车点无安全显示。

3. 输入数据

生成报文所需的数据由联锁设备、轨道空闲检测设备、相邻轨旁 ATP 单元和紧急关闭按钮提供。需要输入下列数据：线路上轨道区段的连接和道岔布置、设计的最大安全速度（它们被固化在 ATP 轨旁单元内）、临时限速区段、设计的安全区段、道岔设定和道岔区段的侧向限速、进路的入口、轨道空闲检测、紧急停车。

4. 列车方向保证

列车方向由司机控制台上的方向开关状态控制。ATP 根据两个速度传感器接收到的速度脉冲，安全地确定列车的方向。ATP 执行交叉检查，以确认探测到的运行方向与方向开关所选择方向一致。

5. 出入车辆段的运行

（1）进入车辆段

正常情况下，列车从正线运行至车辆段内，以 ATO 模式或 SM 模式接近车辆段，且要求列车停在车辆段转换轨。然后，当列车到达合适位置，且列车速度不高于 RM 速度，系统将提示司机选定 RM 模式。

（2）车辆段内的正常驾驶

在车辆段内，没有提供 ATC 功能的轨旁设备，不可能采用 ATO 模式或 SM 模式，只能使用 RM 模式。列车运行速度监督在预定低速值（例如 25km/h）时称为 RM 速度。ATP 功能不监督驾驶方向，列车可以自由地以"前行"或"反向"方向移动。

（3）从车辆段发车

在激活的驾驶室用总钥匙打开 ATP 和 ATO 车载单元。ATP 执行自检测，并在成功地完成自检测之后启动 ATO 车载单元。只要未接收到报文，ATP 就认为列车在车辆段内，并保持在 RM 模式中。当从车辆段向正线行驶时，要求使用 RM 模式，这由车辆段的出段信号机来控制。当列车进入正线前的转换轨，就会接收到从轨道电路发来的报文，ATP 车载单元将自动转换至 SM 模式。如满足转换到 ATO 模式的全部条件，ATO 启动按钮就会亮，司机按下 ATO 启动按钮时，ATP 车载单元将会转换到 ATO 模式。

单元 6.3　ATO 子系统

一、ATO 系统基本概念

ATO 子系统主要用以实现"地对车控制"，即用地面信息实现对列车驱动、制动的控制，包括列车自动折返，根据 OCC 指令自动完成对列车的启动、牵引、惰行和制动，送出车门和站台门同步开关信号，使列车按最佳工况正点、安全、平稳地运行。

ATO 为非故障-安全系统，其控制列车自动运行，主要目的是模拟最佳司机的驾驶，实现正常情况下高质量的自动驾驶，提高列车运行效率，提高列车运行的舒适度，节省能源。ATP 系统是城市轨道交通列车运行时必不可少的安全保障，ATO 系统则是提高城市轨道交通列车运行水平（准点、平稳、节能）的技术措施。

ATO 系统采用的基本功能模块与 ATP 系统相同。ATO 也载有有关轨道布置和坡度的所有资料，以便优化列车控制指令。ATO 还装有一个双向的通信系统，使列车能够直接与车站内的 ATS 系统接口，保证实现最佳的运行图控制。当列车处在自动驾驶模式下，车载 ATO 运用牵引和制动控制，实现列车的自动运行。

二、ATO 系统组成

虽然各公司的 ATO 系统结构不尽相同，但 ATO 系统的基本组成相同，即都由轨旁设备和车载设备组成。ATO 轨旁设备通常兼用 ATP 轨旁设备，接收与列车自动运行有关的信息。

ATO 车载设备由设在列车每一端驾驶室内的 ATO 控制器（包括司机控制台）及安装在列车每一端驾驶室车体下的应答器天线组成，此外还包括 ATO 附件，这些附件用于速度测量、定位和司机接口。ATO 车载设备通常和 ATP 车载设备安装在一个机架内。

ATO 具有一个双向通信系统，通过车载 ATO 天线和地面 ATO 环线允许列车直接与车站内的 ATS 连接，可以实现最佳的运营控制，完成下列 ATO 功能：程序停车、运行图和时刻表调整、轨旁/列车数据交换、目的地和进路控制。

ATO 还具有定位停车系统，为列车提供精确的位置信息，包括车底部的标志线圈和对位天线，以及每个车站 ATC 设备室内的车站停车模块和沿每个站台设置的一组地面标志线圈。

ATO 的功能不考虑故障-安全，ATO 车载单元是非故障-安全的一取一配置。ATC 显示单元不要求故障-安全，因而 ATC 显示单元采用商用计算机硬件。

ATO 向列车广播设备及车厢信息显示牌提供报站信息（即目的地号、下一车站号）。

ATO 车载通信系统在所有模式中处于活动状态，向轨旁设备传输信息。

ATO 车辆报告系统在自动模式中处于活动状态，提供车站标识和车站停车状态信息。

三、ATO 系统基本要求

在城市轨道交通列车自动驾驶运行过程中，ATO 系统的基本要求如下：

①根据线路条件、道岔状态、前方列车位置等，实现列车速度自动控制。列车在区间停车应尽量接近前方目的地。区间停车后，在允许信号的条件下列车自动启动。车站发车时，列车启动由司机控制。

②ATO 应能提供多种区间运行模式，满足不同行车间隔的运行要求，适应列车运行调整的需要。司机手动驾驶和由 ATO 系统驾驶之间可在任何时候转换；手动驾驶时由 ATP 系统负责安全速度监督，自动驾驶时由 ATO 系统给出对驱动、控制设备的命令，ATP 系统仍然负责速度监督。

③ATO 定点停车精度应根据站台计算长度、列车性能和站台门的设置等因素选定。站台定点停车精度宜在 ±0.25 ~ ±0.50m 范围内选择。

④ATO 控制过程应满足舒适度和快捷性的要求。舒适度的要求主要是指牵引、惰行和制动控制以及各种工况之间的转换控制过程的加、减速度的变化率。快捷性主要是指控制过程的时间宜短，以减少站间运行时分的影响和提高运行质量。ATO 应能控制列车实现车站通过作业。

⑤自动记录运行状态、自诊断及故障报警。

四、ATO 系统主要功能与原理

1. 列车自动驾驶

和 ATP 系统一样，ATO 也存储了轨道布局和坡度信息，能够优化列车控制命令。ATO 中有一套最大安全速度数据，与 ATP 的最大安全速度数据互相独立。这样，为了保证乘坐的舒适性，ATO 可按照最大速度行驶，不过这一速度要小于 ATP 的最大安全速度。ATO 的最大速度可以任意设置，递进精度为 1km/h。

ATO 利用通过地面 ATP 设备传来的编码得知前方未被占用的轨道电路数目或者前行列车的位置，知道当前本次列车的位置，列车就可以在到达安全停车点之前，综合考虑安全因素，尽量以全速行驶。

ATO 系统的自动驾驶功能通过 ATO 车载设备控制列车牵引和制动系统而实现。为此，ATO 需要 ATP 的数据，包括从 ATP 轨旁单元接收到全部 ATP 运行命令、测速单元提供的当前列车位置和实际速度信息、位置识别和定位系统的信息、列车长度、ATS 通过向 ATP 轨旁单元发送的出站命令和到下一站的计划时间等。

如果 ATO 自检测成功完成，且 ATP 设备释放了自动驾驶，信号显示"ATO 启动"，就可以实施 ATO 驾驶。

由 ATO 系统执行的自动驾驶过程是一个闭环反馈控制过程，其基本关系框图如图 6-11 所示。测速单元通过 ATP 向 ATO 发送列车的实际位置信息。反馈环路的基准输入是从 ATP 数据和运营控制数据中得出的。ATO 向牵引和制动控制设备提供数据输出。

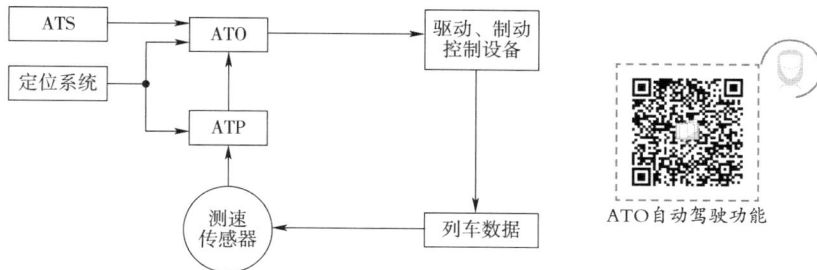

图 6-11 自动驾驶的闭环控制框图

ATO 模式在以下条件下被激活：①ATP 在 SM 模式中；②已过了车站停车时间；③联锁系统排列了进路；④车门关闭；⑤驾驶手柄处于零位。

司机通过按压启动按钮开始 ATO 模式，列车加速达到计算的速度曲线。假如其中一项条件不能满足，则启动无效，ATP 关闭 ATO 至牵引的控制信号。

在达到计算速度时，系统根据速度曲线控制列车运行。当接近制动启动点时，ATO 设备将自动控制常用制动，使列车运行跟随制动曲线。

2. 车站程序停车

线路上的车站都有预先确定的停站时间间隔。控制中心 ATS 监督列车时刻表，计算需要的停站时间以保证列车正点到达下一个车站。集中站 ATS 通过 ATO 环线传送给 ATO 车载设备。控制中心通过集中站 ATS 缩短或延长车站停站时间。如果控制中心离线，集中站 ATS 预置一个缺省的停站时间，该时间可编程实现。在控制中心要求下，列车可跳过某车站。这一跳停命令由控制中心通过集中站 ATS 传给列车。

3. 车站定位停车

车站精确停车通过车站区域的轨道电路标识、分界过渡和 ATO 环线变换进行。轨道电路标识被用来确定停车特征的合适起始点。轨道电路分界过渡和轨旁 ATO 环线变换提供了距离分界。该距离分界用于达到要求的位置精度。

当停车特征启动后，ATO 基于列车速度、预先确定的制动率和距停止点的距离计算制动特征。ATO 遵循此特征，根据要求改变牵引和制动需求。制动率调整值通过 ATO 环线轨旁 ATO 取得。根据异常线路情况作出动态的调整，并可从 OCC 或 SCR（车站控制室）中进行选择。一旦列车停车，ATO 会保持制动，避免列车运动。ATO 可以与站台门（PSD）的控制系统全面接口，保证列车的精确和可靠地到站停车。

4. 车门控制

ATO 只有在自动模式下才执行车门开启。在手动模式下，由司机进行车门操作（ATP 仍会提供一种安全的车门使用功能）。

当列车驶抵定位停车点，列车的定位天线（它接至车辆定位发送器和接收器）位于站台定位环线上方，环线置于线路中央，它连向站台定位发送器和接收器；只有当列车停于定位停车的允许精度范围内，车辆定位接收器收到站台定位发送器送来的列车停站信号，ATO 系统确认列车已到达确定的定位区域，这时 ATO 系统发出"列车停站"信号给 ATP 系统，以保证列车制动；ATP 系统检测到零速度，通过列车定位发送器发送 ATP 列车停车信号给地面站台定位接收器，站台接收器检测到此信号，将其译码，使地面"列车停站"继电器工作；此时车站轨道电路 ATP 发送器发送允许打开左车门（或右门）的调制频率信号；车辆收到允许打开车门信号，使相应的门控继电器工作，并提供相应的广播和允许开门的信号显示，这时司机按压与此信号显示相一致的门控按钮，才可以打开规定的车门。

有了车门打开信号以后，车辆定位发送器改发打开站台门信号，当站台定位接收器收到此信号，使打开站台门继电器吸起，打开与列车车门相对的站台门（包括站台门的数量及位置）。

列车停站时间结束（或人工终止），地面停站控制单元启动车站 ATP 模块，轨道电路停发开门信号，车辆收不到开门信号，使门控继电器落下。司机按压关门按钮，关闭车门；与此同时，车辆停发打开站台门信号，车站打开站台门继电器落下；车站在检查站台门已关闭及锁闭好后，才允许 ATP 系统向轨道电路发送运行速度命令信息，车辆收到速度命令信息的同时，检查车门已关闭和锁闭、ATO 发车表示灯点亮后，列车可按车载 ATP 收到的速度命令进行出发控制。

车门控制系统在发出车门关闭请求后，如果发生车门关闭被阻止时，车门将会循环关闭。如果车辆在"x"秒后还探测不到车门关闭，将告知车辆报告系统（VAS），同时产生一条关于关闭车门被阻止的报告。然后，车门在"y"秒的延迟后请求关闭。在"z"秒后，如果车门还是被检出未关闭，车门将会打开，一条关门受阻的报警就送到轨旁设备。"x""y""z"的时间从 1s 到 15s 可改变。

5. 轨旁/列车数据交换

列车与轨旁的通信是非安全的。任何情况下，控制中心需要与列车通信时，轨旁设备都作为数据交换的接口。

列车发到轨旁的数据包括分配列车号、目的地、车门状态、车轮磨损表示（从 ATP 到控制中心）、在接近车站时制动所产生的过量车轮滑动、紧急情况或异常情况（比如不正确地开门）。轨旁发到列车的数据包括车辆车门开启命令、列车号的确认、列车长度、性能修改数据、出发测试指令、车门循环测试、主时钟参考信号、跳停指令、搁置命令、申请车载系统和报警状态。

6. 性能等级

性能等级是列车标识的一部分，可被中央 ATC 修改。列车从轨旁接收到由中央 ATC

所确定的性能等级。性能等级由速度限制、命令的加速、预定的减速构成。为了减少数据的传输量，一张 6 个性能等级的表存放在列车上。为了修改当前性能等级，中央 ATC 发送单数字命令。

7. 滑行模式

滑行模式是一种额外的性能等级，其要求是级别 1 到 5 处于有效状态，并且当申请滑行时，目标速度大于 40km/h。滑行模式会使列车在上电的间隙进行滑行，并且允许列车的实际速度在重新上电之前下降 11km/h。

五、ATO 系统运行

如果在"距离码 ATP 系统"的基础上安装了 ATO 系统，列车就可采用手动方式或自动方式进行驾驶。在选择自动驾驶方式时，ATO 系统代替司机操纵，如列车启动加速、匀速惰行、制动等基本驾驶功能均能自动进行。然而，不论是由司机手动驾驶还是由 ATO 系统自动驾驶，ATP 系统始终是执行其速度监督和超速防护功能。可以这样认为：手动驾驶 = 司机人工驾驶 + ATP 系统；自动驾驶 = ATO 系统自动驾驶 + ATP 系统。

三种制动曲线如图 6-12 所示。曲线①表示列车的紧急制动曲线，由 ATP 系统计算及监督。列车速度一旦触及该制动曲线，立即启动紧急制动，以保证列车停在停车点。曲线①对应于列车的最大减速度，一旦启用紧急制动，列车务必停稳后经过若干时间才能重新启动。因此，这是一种非正常运行状态，应尽量避免发生。曲线②表示由 ATP 系统计算的制动曲线，在驾驶室内显示出最大允许速度，它略低于紧急制动曲线（之间的差值通常为 3～5km/h）。当列车速度达到该曲线值时，应给出告警，但不启用紧急制动。显然，曲线②对应的列车减速度小于曲线①的减速度，一般取与最大常用制动对应的减速度。曲线③则是由 ATO 系统动态计算的制动曲线，也即正常运行情况下的停车制动曲线。通常将与此曲线对应的减速度设计为可以达到平稳地减速和停车的目的。

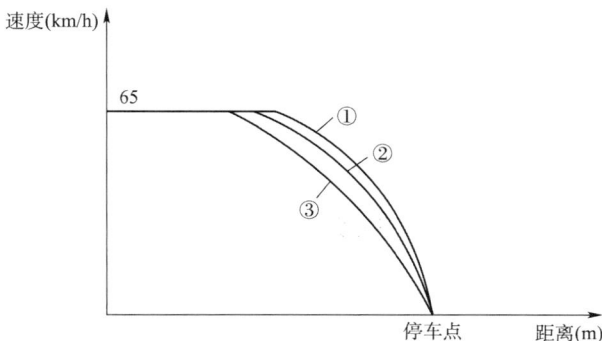

图 6-12　三种制动曲线

从这三条停车制动曲线可以明显地看出：ATP 系统主要负责"超速防护"，起保证安全的作用；ATO 系统主要负责正常情况下列车高质量地运行。

因此，ATP 是 ATO 的基础，ATO 不能脱离 ATP 单独工作，必须从 ATP 系统获得基础信息。而且，只有在 ATP 的基础上才能实现 ATO，列车安全运行才有保证。ATO 是 ATP 的发展和技术延伸，ATO 在 ATP 的基础上实现自动驾驶，而不仅仅停留在超速防护的水准上。

单元 6.4 ATS 子系统

一、ATS 系统基本认知

ATS 系统主要实现对列车运行的监督和控制，包括列车运行情况的集中监视、自动排列进路、自动列车运行调整、自动生成时刻表、自动记录列车运行实迹、自动进行运行数据统计及自动生成报表、自动监测设备运行状态等，辅助调度人员对全线列车进行管理。

ATS 系统为行车调度人员显示全线列车的运行状态，监督和记录运行图的执行情况；在列车因故偏离运行图时及时做出调整，辅助行车调度人员，完成对全线列车运行的管理。

ATS 在 ATP 和 ATO 系统的支持下，根据运行时刻表完成对全线列车运行的自动监控，可自动或由人工监督和控制正线（车辆段、停车场、试车线除外）列车进路，并向行车调度员和外部系统提供信息。ATS 功能由位于控制中心内的设备实现。

ATS 系统功能主要包括时刻表编辑、列车运行监视、列车自动调整、自动排列进路等。

ATS 工作方式为集中管理，分散控制。

ATS 系统能与 ATP 系统、计算机联锁设备或继电联锁设备配套使用，并有与时钟系统、旅客向导系统和综合监控系统的接口。

ATS 系统负责监控列车的运行，是非安全系统。

二、ATS 系统组成

ATS 系统由控制中心设备、车站设备、车辆段设备、列车识别系统及列车发车计时器等组成。

1. 控制中心设备

控制中心设备是 ATS 的核心。用于状态表示、运行控制、运行调整、车次追踪、时刻表编制及运行图绘制、运行报告、调度员培训、与其他系统的接口。

控制中心 ATS 设备主要包括中心计算机系统、综合显示屏、调度员及调度长工作站、运行图工作站、培训/模拟工作站、绘图仪和打印机、维修工作站、UPS 及蓄电池。其中，综合显示屏、调度员及调度长工作站设于主控制室；控制主机、通信处理器、数据库服务器、维修工作站设于设备室；运行图工作站设于运行图室；绘图仪和打印机设于打印室；培训/模拟工作站设于培训室；UPS 设于电源室，蓄电池设于蓄电池室。

2. 车站设备

车站分集中联锁站和非集中联锁站，其设备有所不同。

（1）集中联锁站设备

集中联锁站设有 ATS 分机，是 ATS 与 ATP 地面设备和 ATO 地面设备接口，用于连接联锁设备和其他外围系统，采集车站设备的信息，传送控制命令，使车站联锁设备能接收 ATS 系统的控制，以实现车站进路的自动控制。为从联锁设备取得所需数据，配备了采用可编程控制器的远程终端单元。它还控制站台上 PIIS 的列车目的显示器、列车到发时间显示器和发车计时器 DTI。

车站 ATS 设备的功能：①接收、存储其管辖范围内当日的列车计划时刻表；②根据计划时刻表及列车运行情况，自动控制及办理管辖范围内的列车进路，包括进、出正线，终端站折返进路等；③特殊情况下，可以按控制中心设定的运行间隔控制列车运行；④根据计划时刻表自动控制列车到站及出发时刻；⑤采集管辖范围内的所有车站的列车运行信息、设备工作状态，并将这些信息送至控制中心 ATS；⑥实现本管辖范围内的列车车次追踪；⑦控制无道岔车站的 RTU 设备，并向相邻的 ATS 设备传送有关信息；⑧控制 ATO 地面设备，向列车传送运行控制信息。

（2）非集中联锁站设备

非集中联锁站不设 ATS 分机。非集中联锁站的 PTI、PIIS 和 DTI 均通过集中联锁站的 ATS 分机与 ATS 系统联系。有岔非集中联锁站的道岔和信号机由集中联锁站的计算机控制，通过集中联锁站的 ATS 分机接收 ATS 系统的控制命令。

3. 车辆段设备

车辆段设备主要是 ATS 分机和车辆段终端，包括派班工作站、监视工作站、大屏接口工作站、现地工作站。

派班工作站：用于为当前时刻表运营所需要的列车列表中的每辆列车匹配 PVID 和司机 ID，该数据被临时存储在系统中，便于其他用户查看。

监视工作站：为车辆段/停车场行车值班员依据 ATS 列车时刻表，安排车辆段/停车场的列车进路提供支持信息。

大屏接口工作站：为用户提供的大屏幕显示系统提供视频信号。

现地工作站：是正线车站/车辆段、停车场信号楼、ATS 子系统、CI 子系统的人机接口设备。它向车站/车辆段、停车场值班员显示所辖站场范围内的信号设备状态显示、列车运行信息显示、信号操作、列车管理、在线行车计划管理、列车运行调整管理、告警/事件处理等。值班员可以在现地工作站上操作，控制现场信号设备和电客车运行。同时，当信号设备发生故障时，现地工作站上会有相应的报警提示。

4. 列车识别系统（PTI）

PTI 设备是 ATS 车次识别及车辆管理的辅助设备，由地面查询器环路和车载应答器组成。地面查询器环路设于各站。

PTI 设备用于校核列车车次号。当列车经过地面查询器时，地面查询器可采集到车载应答器中设定的列车车次号，并经过车站 ATS 设备送至控制中心，校核是否与 ATS 系统中列车计划中的车次号一致，如不相同需要报警并进行修正。

5. 列车发车计时器（TDT）

TDT 设于各车站，为列车运行提供车站发车时机，列车到站晚点情况的时间指示，提示列车按计划时刻表运行。正常情况下，在列车整列进入站台后，按系统给定停站时间倒计时显示距计划时刻表的发车时间，为零时指示列车发车；若列车晚点发车，则 TDT 增加停站时间的计时。在特殊情况下，若实施了站台扣车控制，TDT 给出"H"显示；如有提前发车命令，TDT 立即显示零；列车通过车站时则 TDT 显示"＝"。

三、ATS 系统基本要求

ATS 系统的基本要求如下：

①一个 ATS 系统可监控一条或多条运营线路，多条运营线路共用，可实现相关线路的统一指挥，并且也有利于实现资源的共享。监控多条运营线路时，应保证各条线路具有独立运营或混合运营的能力。

②ATS 的计算机及网络系统应采用冗余技术，设调度员工作站、调度长工作站、时刻表编辑工作站、工程师工作站，以及其他必要的设备。调度员工作站的数量，根据在线列车对数、线路长度和车站数量等因素合理配置。

③运营线路上的车站应纳入 ATS 系统监控范围，涉及行车安全的应急直接控制，由车站办理。车辆段、停车场全部列入系统监控范围。

④ATS 系统应满足列车运行交路的需要，凡有道岔的车站均应按具有折返作业处理。

⑤出入车辆段、停车场的列车不应影响正线列车的运行。

⑥系统故障或车站作业需要时，经控制中心调度员与车站值班员办理必要的手续后，可实现站控与遥控转换，车站值班员也可强行办理站控作业。站控与遥控转换过程中，不应影响列车运行。

⑦列车进路控制应以联锁表为依据，根据运行时刻表和列车识别号等条件实现控制。

⑧ATS 系统应具有良好的实时控制性能。系统处理能力、设备空间等应留有余量。信息采集周期宜小于 2.0s。

⑨ATS 系统可与计算机联锁或继电联锁设备接口；ATS 系统的进路控制方式应与联锁设备的进路控制方式相适应；ATS 系统控制命令的输出持续时间应保证继电联锁设备的可靠动作，其与安全相关的接口应有可靠的隔离措施。

⑩ATS 系统宜从时钟系统获取标准时钟信号。

四、ATS 系统主要功能与原理

1. 自动列车跟踪

列车追踪系统监视受控区域内列车的移动。不论是自动还是人工方式，每列列车均与一个列车车次号相关联。当列车由车辆段进入正线运行时，ATS 系统根据计划时刻表自动给该列车加入车次识别号。根据来自联锁设备的信息的推断，随着列车前进，列车车次号在列车追踪系统中从一个轨道区段单元向下一个轨道区段单元移动。列车移动在调度员工作站的车次号窗内以列车识别号显示。车次号按先到先服务原则显示。

（1）列车识别号报告

每次列车准备进入运营时，将自动地被分配一个列车标识，根据预先存储的列车时刻表，命名进入系统的列车，根据列车跟踪，显示列车标识并能在显示器上移动列车标识。

列车识别号包括目的地号、序列号、乘务组号和车组号。目的地号规定列车行程终到地点。序列号按每次行程自动累增。乘务组号和车组号将显示在特定的对话框中。

如果某一列车出现在列车追踪系统所监视区域，该列车识别号必须报告给列车追踪系统。列车识别号报告给列车追踪系统的方法有手动输入、用读点（PTI）读入、从列车时刻表中导出、在步进检测中产生。

当无法自动导出列车识别号时，必须手动输入。调度员在其监视区的第一个区段输入列车识别号。如果该区段已被某一列车识别号占用，则不能输入列车识别号。

在系统的边界点，例如车站，可安装检测接近列车的PTI。当多次读入的车次号被传输时，列车自动追踪系统可以识别出这些读数属于这一列车。

列车运营由时刻表决定，时刻表系统建议列车的识别号。将车次号输入到相应进入的区段，按它们的出现顺序调用。

步进是列车号从一个显示区段移动到下一个与列车移动相应的显示区段的前进。当轨道区段发生从空闲到占用的状态变化，或轨道区段发生从占用到空闲的状态变化，或来自PTI的有效列车数据的输入，或来自OCC MMI功能的人工步进命令的输入时，都会产生步进。如果由于故障不能自动步进，也可手动步进。

（2）列车识别号跟踪

自动列车跟踪要完成列车号定位、列车号删除、车次号处理等任务。

①列车号定位。列车号向轨道区段的分配由下列任一情况所启动：①在列车离开车辆段时，一个向正线方向的列车移动被识别，列车号从时刻表数据库取出；②来自PTI的有效列车数据输入；③来自OCC MMI的一个列车号插入或修改的输入，或在没有列车号能被步进到的位置识别到一个列车移动时，依照时刻表产生一个列车号。

②列车号删除。当步进超出自动列车跟踪功能的监控范围，或从OCC MMI功能输入一个人工删除命令时列车号被删除。

③车次号处理。车次号处理包括从OCC的MMI功能输入一个新的列车号、输入列车识别号、更改列车识别号、删除列车识别、人工步进列车识别号、查询列车识别号等。

2. 自动排列进路

列车进路系统，实现了进路的自动排列，可减少调度员大量的操作工作量，其功能是将进路排列指令及时地输出到联锁设备中。

调度员可在任何时候都绕过列车进路系统，用手动方式办理进路。列车进路系统则在可用性检查中检测这一行动。列车进路系统

ATS进路办理

可由调度员关闭，这一点是必要的。当调度员人工办理进路时，要避免列车进路系统发出命令的危险。列车进路系统可以为某些信号机、某些列车和某些联锁而关闭。

只有正常方向才考虑自动选路，反方向要受到 OCC MMI 的干预。

3. 时刻表系统

时刻表系统要完成以下工作：①时刻表数据管理；②向其他功能模块提供时刻表数据；③向外部系统提供时刻表数据；④为停站时间时刻表的在线装载设置界面；⑤为时刻表的离线修改设置界面；⑥为使用中的时刻表增加或删除一个列车行程设置界面；⑦按自动列车追踪请求安排列车识别号。

ATS 设备包括时刻表数据库，该时刻表数据库里存储有 ATS 功能要求的所有时刻表信息。时刻表数据库里的信息是由时刻表计算机提供的。

（1）时刻表编辑

时刻表的编制和修改是指在离线模式下，用给定的数据在时刻表编辑器中编辑。基本数据代表一列列车在某段线路上的运行。基本数据包括站间旅行时间、车站与折返线之间的旅行时间、折返线上的停留时间。时刻表包括到站和离站时间。为了编制时刻表，调度员必须通过时刻表编辑界面输入以下数据：运行始发时间、运行始发地点、运行终到站、每一运行间隔阶段的开始时间和终止时间、每一运行间隔阶段（一个时间段，当日对所有列车有效）的运行间隔。调度员通过时刻表编辑界面输入必要的信息后，时刻表编译器/模拟器从该信息中综合出所需时刻表。如果新的时刻表存在冲突就会被显示。调度员可以调整时刻表的结果。如果调度员存储时刻表，时刻表就被确定。

（2）时刻表系统处理程序

手动选择当天运行的时刻表，这样的时刻表当天运行有效。通过时刻表系统查询，可得到列车的计划到达或出发时间及到达下一站的时间。列车自动调整从时刻表系统得到用于列车调整的时刻表数据。如果列车识别号在列车自动追踪时丢失，则向时刻表系统询问列车识别号，时刻表系统能给出一个列车识别号建议。对此，确定的列车识别号是（按当天时刻表）预定的地点和时间最适当的车次。

（3）时刻表比较

时刻表比较器比较时刻表上预定的到达或出发时间和当前列车的到达和出发时间，为列车运行图表示器和自动列车跟踪提供列车与当前时刻表的偏差，启动列车自动调整。若时刻表偏差超过这一规定值，时刻表偏差通过 MMI 予以显示，时刻表比较器进而给列车自动调整指令，以调整列车的运行，其目标是补偿列车的实际偏差。此时，更新乘客信息显示盘上的列车到达时间。

4. 列车自动调整

由于许多随机因素的干扰，列车运行难免会偏离基本运行图，尤其是在列车运行密度高的城市。一列列车晚点往往会波及许多其他列车。当出现车辆故障或其他情况时，列车运行紊乱程度更加严重。这时就需要从整体上大范围地调整已紊乱的运行秩序，使其尽快恢复运行。然而人工调整很难尽善尽美，所以采用自动调整方法，可以充分发挥计算机的优势，能比较及时并全面地选出优化的调整方案，使列车运行调整措施更智能化，避免了人工调整的随意性。同时，调度员也可以积极发挥主观能动性，尽一切可能主动干预列车运行调整。

5. 记录功能

记录功能包括：

①按顺序和类别存档从其他 ATS 功能得到的信息，例如操作信息和错误信息；能够通过 MMI 功能检查记录；记录序列存放在 MMI 工作站上，必要时能够回放。

②收到操作错误信息时，按事件和起因（联锁功能、ATS 功能、操作系统或联锁命令）分类。每个信息的文本和类别按时间顺序储存在操作记录上。

③ATS 系统的记录和回放功能，允许 MMI 工作站记录显示在监视器上的事件。记录和回放功能只在控制中心的 3 个调度员工作站上有效，并将在这些工作站记录 MMI 监视器显示的画面。

6. 列车运行图显示

列车运行图在线路-时间坐标上显示。横坐标是线路轴，纵坐标是时间轴。线路上的车站按次序描绘在线路轴上。

在计划运行图中显示预定的到站和离站时间。在实迹运行图中显示当天计划运行图，以及与时刻表的偏差。实迹运行图与相应计划运行图用不同的颜色对比显示。

各种运行图的每一运行线，都标示了线路标志和列车行程号。时刻表偏差显示在相应该列车的运行线边，该偏差表示相应列车通过该车站的发车时间偏差。

通过列车运行图显示功能可执行下列操作：①设置运行图颜色；②放大部分运行图；③调出时刻表；④调出当前运行图。

7. 培训/演示

培训/演示系统能完整测试 ATC 系统全线的列车运行调整和列车跟踪功能的有效性。此外，模拟应能验证特定时刻表的有效性。模拟功能是交互式，允许调度员输入。培训/演示系统具有两种供学员选择的模式：一是列车运行模式，在该模式下学员可以通过选择某一联锁管辖区，由显示器观察该区的工作情况，作为系统的初步培训；另一模式为指令模式，在该模式下，学员可进行各种命令输入，并能通过显示器动态地给出命令响应，如果命令错误，自动给出提示报警。由此可对学员进行实际操作的培训。

五、ATS 系统运行

1. ATS 正常运行

ATS 系统的正常运行，在大部分情况下是自动进行的，无须调度员干预。由于车站 ATS 分机可存储管辖范围内的当日运行时刻表，中心一般仅负责监视，而由 ATS 分机进行列车运行的自动控制。

车站的 ATS 处理器通过信号系统收到轨道电路占用信息，监视列车运行情况，据此为列车办理进路。办理哪条进路以及何时办理进路的依据是时刻表，或者根据调度员为该列车提前指派的目的地信息办理。

ATS 分机可以对列车驾驶曲线作细微的调整，以遵守时间表规定的出发时间。停站时间可以调整，ATO 滑行开关控制参数可以修改。

调度员工作站对时刻表所作的其他修改内容也将传达给 ATS 分机，并用来确定新的出发时间。

当列车接近某个 ATS 分机的控制区边界时，该 ATS 分机就将列车资料传给同一条线上的下一个 ATS 分机，这样收取这些资料的下一个 ATS 分机，可以为列车办理所需的进路。

ATS 分机将有关其控制区内的列车和信号设备（如轨道、道岔、信号机等）的信息传给 OCC 中的 ATS 设备，这些信息在工作站的屏幕上显示，供调度员监控，并在显示盘上显示整个线路的情况。当正常的自动运行发生故障（例如要求的进路无法设定）时，ATS 分机向 OCC 发出报警信号，要求调度员人为干预。调度员也可以根据需要，脱离系统的自动运行，而 ATS 能提供对列车分配、进路办理和道岔转换的全面人工控制。

2. 行车调度

ATS 系统用列车时刻表自动地和人工地调度列车。在培训/演示计算机上生成时刻表并下载到 ATC 主机服务器上。由系统维护 4 类时刻表：日常、周末、假日和特殊时刻表。在同一时间只使用一种时刻表。在每晚的预定时间，系统将设定次日的时刻表。在设定之前，调度员有权选择为次日建立的时刻表类型。如果没有选择，系统将自动地选择相应的符合本周本日的时刻表类型。

列车调度数据包括列车标识号、转换区和终端区的出发时间、车站到达和出发时间、每列车的起始站和终点站等。

调度员接口具有用鼠标/键盘插入、移动、交换、撤除列车跟踪标识号功能。"插入列车"功能将引入一列计划或非计划列车进入系统，并在指定的轨道区段上方显示列车的标识号。"移动列车"功能是将一列计划或非计划列车的标识号从一个显示位置移到另一个位置。"交换列车"功能是交换两个列车标识号的位置，还包括调度员编辑列车出发数据、到达时间和目的地标识号。"撤除列车"功能是从系统中撤销早先进入的列车标识号，并取消显示。

ATS 系统从转换区和终端区以及车站之间的正线调度和跟踪列车。基于当前预存时刻表，给被检出的列车配上一个标识号。在计划出发后的规定时间内，若一列车没有出清联锁区，则向调度员发出报警。在每个车站转换线，随后的 3 列计划列车，将在值班员的 CRT 上显示，系统调度和跟踪进出车辆段的列车。ATS 系统将实际的标识号与时刻表中的列车标识号相比较。如果标识号相同，系统将为列车设定一条进路进入下一车站；如果标识号不同，系统将产生一条报警。

在列车计划出发前的一个指定时间内，列车没有到达转换区或终端区，将引发值班员控制台处的一条报警。

列车要出发时，ATS 系统通过列车出发指示器发送一个指示给司机。

3. 列车控制

ATS系统以自动控制或人工控制模式来控制和调整列车。系统将根据从本地接收到的轨道表示信息连续地跟踪列车，并在工作站显示器和显示盘的轨道图上显示每列车的位置。在与每条轨道相关的地方显示列车标识号。列车标识号将自动跟随轨道表示而变化。利用这种方式，在整个范围内可监督列车的运行。在运营中系统维持每一列车的跟踪记录，记录包括列车在每个车站的到达和出发，记录实际走行时间、计划走行时间和实际与计划走行时间的差值。通过列车进入跟踪时所派给它的列车识别号，可以找出列车记录。

系统提供一组控制功能，用这些功能调度员能人工指挥通过其控制区域的列车。这些功能包括设置进路、启动道岔、取消进路和关闭信号。"设置进路"功能将发送控制命令给车站，排列和开通一条进站或出站进路。如果在联锁区有一条以上的进路可以使用时，将从优先表中选择进路。如果优先进路不能使用，则选择顺序中的下一条进路。"启动道岔"功能发送控制命令给车站以转动道岔。"取消进路和关闭信号"功能发送控制命令给车站，停止建立进路并取消已开放的信号。

4. 运行图/时刻表调整

在每个车站，集中站ATS与控制中心ATS相连，将运行图和时刻表的调整信息传给列车。

运行图调整由控制中心确定，控制中心计算保证列车正点到达下一个车站所需要的运行图。有6个运行等级加上滑行模式可供选择。典型的调整是改变运行等级，包括设置最大速度和加速度。启动滑行模式也可影响运行时间。控制中心将运行图调整信息传到轨旁ATS再传到列车。

时刻表储存在集中站ATS中，必要时也可从控制中心获得。需要注意的是，只能选择一个时刻表。

发生控制中心离线时，指定的集中站（如终点站）使用缺省的调度时刻表，进行列车调度。缺省的调度时刻表基于每天、每周的运行建立，可由本地编程或由控制中心控制。

5. 目的地/进路控制

列车进路在正常情况下，通过车-地通信系统的进路申请建立，该申请受控制中心的监督。如果控制中心同意进路申请，进路可执行。控制中心的操作员只在异常条件下才会干涉。控制中心能拒绝任何进路申请。在异常情况下或者存在不同的进路要求时，控制中心将干涉。如果申请的进路不能满足控制中心的要求，控制中心将发出报警并将进路置为手动。

轨旁设备可从控制中心、车站ATS、接近轨道电路接收进路申请。

在有车-地通信环线的任何集中站，车站ATS都能通过轨旁车-地通信模块询问列车的目的地编号。车站ATS在时刻表中查找列车车次号，向联锁设备发送进路申请，由联锁设备选择需要的道岔和信号机以建立进路。车站ATS也向控制中心传送进路信息。如果控制中心同意进路申请，列车就可以在完成停站时间后离开车站；如果控制中心离线并且车-地通信申请的进路有效，则进路不需批准即可执行；如果控制中心离线而车-地通信申请的进路无效，则进路不会执行；如果车站ATS失效，则通过接近出清自动地排进路。

6. 自动排列进路

在中央自动模式（CA）中，系统根据当前时刻表，自动地请求排列进路。通过使用时刻表和由系统采集的实际列车数据（实际到达/出发时间和实际到达/出发进路），计算机将检测冲突，提议解决的方法，以有效和及时的方式自动设置进路。

只有当列车和车站的控制模式都设在CA模式时，才能自动为列车排列进站进路。系统提供修改列车和车站控制级别的功能。"设定车站控制级别"功能请求设定本地、人工或自动控制等级。"设定列车控制级别"功能将一单独的计划列车的控制等级设为自动或人工。在CA模式时，系统基于自动排列进路规则，设置列车前方的最佳进路号码。如果所要求的进路因故没有开通，或一列列车在预定的时间因故未离开车站，则向调度员发出一条报警信息。

如果调度员人工排列一条不同于计划进路的列车进路进站，则自动排列进路功能认为调度员改变到达进路，将不为该列车排列出站进路。当列车到达站台时，系统试图在列车出发前1min设置出站进路。若列车晚点，系统将在停站时间结束前1min设置出站进路。用设定最小停站时间功能，可以人工调整停站时间。

"自动提议"功能能确定列车冲突，然后提出可能解决的办法。当停站列车离站时，"自动提议"功能可被人工或自动触发，所提议的解决办法由调度员确认。应当说明的是，所有解决办法均需调度员确认，也就是说调度员确认列车不可以偏离其时刻表。

7. 历史数据记录

系统采集所有列车、车站信息和出现的报警，这样做是为了编辑一份完整的系统运行历史。数据写入磁盘供以后分析用，并可将其归档供长期储存。所记录的列车数据包括计划和实际到达时间、计划和实际出发时间、计算的计划偏差。

可以联机检查数据，或在网络打印机中的一台打印出来。显示的格式是易读的，并且按列车或车站组织。根据接收到的轨道表示，确定联锁区之间的列车实际走行时间，计算列车计划走行时间与实际走行时间的偏差并记录下来。通过使用"列车的计划时间"或"车站的计划时间"功能，检查所记录的运行图偏差。"列车的计划时间"功能将显示列车通过全部车站计划的、实际的和偏差的时间。"车站的计划时间"功能将显示所有的列车通过指定车站的计划的、实际的和偏差的时间。如果列车超出了晚点阈值，则认为列车晚点到达车站。由调度员或系统管理员调整晚点的阈值。

系统记录所有动作，诸如轨道电路占用、信号机和道岔的状态、进路设定和解锁数据以及列车运行等。所有采集到的信息都可以用文字或图形格式在线查看。

如果指定文字格式，则数据可送到打印机打印或在屏幕上显示。这类格式化的数据展示了所记录的控制和表示的顺序，以详细检查特定车站内所发生的事件。一个调度员或所有调度员都可以请求数据，并可按指定的时间或时间范围请求数据。

如果指定图形格式，必须由指定的调度员按指定时间请求数据。在工作站上显示的信息与事件发生时的一样，用连续更新时间显示，描述每个事件实际出现的时间。系统还能加速、慢速或暂停重放图形显示。

由系统采集来的全部数据，被储存在磁盘上最少 72h（这个缺省值可由调度员或系统管理员联机调整）。数据从系统删除之前，可自动进入磁盘备用。系统不能自动地从磁盘中再次调用数据。由于系统只能使用驻留在磁盘上的文件，因而为了分析 72h 以前的数据，系统管理员需要先恢复已存入磁盘的备用数据文件。这类处理过程能通过使用系统文本和可能提供的命令程序来简化。

8. 其他支持功能

（1）模拟

模拟功能能模拟响应调度员控制和系统发生事件时中央 ATC 系统的表示。列车运行、轨旁表示和 TWC 表示都被精确地模拟，以便能对列车时刻表和算法进行测试。所有模拟对控制中心控制命令的轨旁回应时间都通过一个文本数据库来进行配置。对于每一轨道运行时间也通过一个文本数据库来进行配置。

（2）调试

调试功能为用户提供软件系统内部作业的接口，允许输入和扫描内部信息。调试功能是一个软件开发和故障查找的诊断实用程序，并且供熟悉控制中心 ATC 系统软件的维修人员使用。调试功能可用于诊断由中央启动控制所遇到的问题。通过参照编码和功能分配表，维修人员可以扫描输出控制和进入现场点，以便确定问题的来源。

如果看到预期的控制而未看到预期的表示，则问题来源可以缩小，排除了控制中心 ATC 系统的软件问题。

调试功能还可以与培训的模拟器一起使用。因为模拟器功能生成响应调度员控制的所有预期现场表示，调试功能可以用来促成一个非预期的表示或生成一个模拟报警条件。以此方式，调度员可在系统运营之前熟悉处理过程。

（3）重放

重放功能提供用户接口，允许请求、检查和控制一段重放时间。在输入有效重放请求时，重放功能恢复存储的数据并处理数据文件，然后用户能检查所要求数据的重放。

重放功能基于存储数据，给用户提供了图形化的系统状态再现和影响系统状态的作业。重放允许用户交互使用，重放功能启动和初始化图形，并执行重放允许用户控制的时间段。当用户输入有效时间时，重放尝试从硬盘驱动器或依附于控制中心 ATC 主机服务器处理器的磁盘，恢复已经存储的配置文件。如果文件没有找到，重放将发送一条信息给用户。

（4）构成常备时刻表

构成常备时刻表功能给用户提供了生成新时刻表、编辑已有时刻表和修改日历数据的接口，控制中心 ATC 系统用日历数据自动选择时刻表。在生成新时刻表时，系统提供了减少由用户输入所需数据量的特性。该功能是一个独立可执行的功能，培训/演示工作站约定管理器窗口内的应用程序菜单启动，为用户提供输入和修改列车时刻表以及日历信息的能力。该功能只能由某一个用户在培训/演示工作站上使用。由于构成常备时刻表功能在培训/演示工作站上使用，并且被设计成单用户操作，所以不用文件锁闭机制来阻止多用户修改同一时刻表。

该功能只与脱机时刻表数据一起使用，时刻表数据库的访问受限制，并由用户来控制。

直到新时刻表被编入控制中心 ATC 主机服务器，任何脱机时刻表的变化均不会影响联机系统。不存在对这些时刻表和日历文件的自动版本管理。用户在对文件做修改前，可以复制一个时刻表或日历文件到不同文件名中，这样修改之前的时刻表或日历文件就可以重新恢复。

9. 故障模式运行

（1）控制中心工作服务器故障

工作服务器若发生故障，自动开关就会探测到，然后把控制权转交给备用服务器，备用服务器即成为工作服务器。

为了响应控制中心发出的信息要求，每个车站 ATS 将其控制区内的信号设备和列车的完整信息发送给控制中心。控制中心要求车站 ATS 信息的发送速度受到控制，以避免通信网络或中央服务器超载。当所有信息收集齐全后，恢复全部的控制设施，供调度员使用。

从工作服务器失灵，到自动开关测出失灵状态、转交控制权，再到信息传送完毕，整个过程用时不到 1min。除了向控制中心传送信息外，车站 ATS 还继续执行所有正常的列车跟踪和路线设定功能，线路继续运营，但路线设定功能降级。

（2）控制中心设备全面失灵

如果控制中心设备全面失灵，系统在车站 ATS 指挥下继续运行，基本上就是这种能力的延伸。车站 ATS 在硬盘存储 7 天的时刻表信息，每个车站 ATS 将继续按照当前的时刻表，自动设定路线。

车辆段控制器可以独立于控制中心，将出站列车信息传给相邻的车站 ATS，因此可指定一列列车投入运行，由车站 ATS 指挥其在正线上行驶，直到返回车辆段。当控制中心系统恢复后，每个车站 ATS 将把其当前状态信息发送给控制中心，恢复监视、控制整个系统的能力，调度员能够上载存储在本车站 ATS 和车辆段控制器中的记录信息。

（3）车站 ATS 服务器失灵

车站 ATS 的工作服务器失灵后，被自动开关探测到，就会把控制权转交给备用服务器。

由于 ATS 服务器是热备式，备用服务器掌握有关控制区内联锁和列车当前状态的全部信息，因此能够立即投入，为列车安排进路，并向控制中心汇报状态信息。一个车站 ATS 中的两个服务器都有一个专用的联锁接口连通本地信号系统。当失灵的服务器重新启动后，它可以获得该区所有的信号信息，包括已占用轨道电路。在工作服务器和备用服务器之间没有更新机制，但在运行的前几分钟内，备用服务器自动与工作服务器同步。

实训任务

任务 6.1　ATC、ATP 基本认知

任务描述

（1）对城市轨道交通 ATC 系统及 ATP 子系统有清晰的认识。
（2）准备教学资料。

（3）学生分组讨论学习计划。

（4）学生分组讨论学习城市轨道交通 ATC 系统及 ATP 子系统功能、基本原理、结构组成、设备等相关知识。

（5）各组将学习的成果进行交流并汇报。

（6）对学生的学习情况进行评价。

任务准备

（1）在多媒体教室或城市轨道交通通信与信号车间现场，根据场地和需要确定学生人数。

（2）教学用的 PPT、视频及相关教学引导资料。

（3）考评表。

任务考评

将考评结果填入表 6-1 中。

任务实施过程考评表 表 6-1

考评项目		配分	考评指标	学生自评	小组互评	教师评定
知识准备	基础知识回顾、制订学习计划	10	熟悉的程度			
任务组成	城市轨道交通 ATC 系统的组成	5	熟悉的程度			
	ATC 系统的分类	15	熟悉的程度			
	ATC 系统的功能	5	熟悉的程度			
	ATC 系统的控制模式	5	熟悉的程度			
	城市轨道交通列车驾驶模式及其转换	10	熟悉的程度			
	ATP 子系统的组成	5	熟悉的程度			
	ATP 子系统的功能	5	熟悉的程度			
	ATP 子系统的技术要求	5	熟悉的程度			
	ATP 子系统的基本工作原理	10	熟悉的程度			
	ATP 子系统的运行特性	5	熟悉的程度			
	任务实施过程记录	5	详细性			
	所遇问题与解决记录	5	成功性			
讨论过程的表现		5	遵守上课纪律、态度认真			
协调合作，成果展示		5	小组成员的参与积极性、成果展示的效果			
成绩						
总成绩 （根据需要按照自评、互评和教师评价作百分比计算，以学生为主、教师为辅）						

任务 6.2 ATO、ATS 基本认知

任务描述

（1）对城市轨道交通 ATO 与 ATS 子系统有清晰的认识。

（2）准备教学资料。

（3）学生分组讨论学习计划。

（4）学生分组讨论学习城市轨道交通 ATO 与 ATS 子系统的功能、设备结构、工作原理、技术要求等相关知识。

（5）各组将学习的成果进行交流并汇报。

（6）对学生的学习情况进行评价。

任务准备

（1）在多媒体教室或城市轨道交通通信与信号车间现场，根据场地和需要确定学生人数。

（2）教学用的 PPT、视频及相关教学引导资料。

（3）考评表。

任务考评

将考评结果填入表 6-2 中。

任务实施过程考评表   表 6-2

	考评项目	配分	考评指标	学生自评	小组互评	教师评定
知识准备	基础知识回顾、制订学习计划	5	熟悉的程度			
任务组成	城市轨道交通 ATO 子系统的组成	5	熟悉的程度			
	城市轨道交通 ATO 子系统的主要功能	10	熟悉的程度			
	城市轨道交通 ATO 子系统的基本原理	15	熟悉的程度			
	城市轨道交通 ATS 子系统的组成	5	熟悉的程度			
	城市轨道交通 ATS 子系统的主要功能	10	熟悉的程度			
	城市轨道交通 ATS 子系统的基本原理	15	熟悉的程度			

考评项目		配分	考评指标	学生自评	小组互评	教师评定
任务组成	城市轨道交通 ATS 子系统的运行	15	熟悉的程度			
	任务实施过程记录	5	详细性			
	所遇问题与解决记录	5	成功性			
讨论过程的表现		5	遵守上课纪律、态度认真			
协调合作，成果展示		5	小组成员的参与积极性、成果展示的效果			
成绩						
总成绩 （根据需要按照自评、互评和教师评价作百分比计算，以学生为主、教师为辅）						

达标练习题

一、填空题

1. 点式 ATC 系统由车载设备和地面设备组成，主要包括 _____、_____和_____。

2. 连续式 ATC 系统可分为_____和_____两大类。

3. ATC 系统应包括的控制模式有_____、_____、_____和_____。

4. ATS 系统功能主要包括：_____、_____、_____和自动排列进路等。

5. ATS 系统主要是实现对列车运行的_____和_____。

二、简答题

1. 简述 ATC 系统组成及其主要功能。

2. 简述 ATC 系统的驾驶模式。

3. 简述列车制动模式的主要内容。

4. 简述 ATP 系统的主要功能。

5. 请叙述 ATO 系统自动控制车门开闭的原理。

6. 简述 ATS 子系统主要实现的功能。

7. 请列举 ATO 轨旁/列车交换的主要数据。

8. 简述 ATO 子系统中的车载设备。

模块 7

城市轨道交通 CBTC 系统

教学导入

　　城市轨道交通 CBTC 系统是支持移动闭塞的列车运行控制系统，它不仅适用于新建的各种城市轨道交通，也适用于旧线改造、不同编组运行及不同线路的跨线运行。 近年来，随着通信技术的发展，尤其是无线通信、计算机网络技术和数字信号处理技术的迅速发展，信号系统的冗余、容错技术的完善，信号这个传统领域为 CBTC 的发展奠定了基础，CBTC 系统已逐渐被信号界所认可。 基于无线通信移动闭塞的 CBTC 系统，已经成为我国城市轨道交通的主流制式，并在国内城市轨道交通中得到了广泛应用。 本模块主要介绍基于无线通信移动闭塞的 CBTC 系统。

学习目标

知识目标

1. 了解 CBTC 系统结构。
2. 熟悉 CBTC 系统各子系统及其组成设备。
3. 掌握 CBTC 系统运行模式。
4. 掌握 CBTC 系统功能。

能力目标

1. 能理解车载子系统的功能。
2. 了解轨旁子系统的组成及作用。
3. 理解列车位置追踪主要功能。

素养目标

1. 尊重主动精神，挖掘学习潜能。
2. 养成自我约束、主动学习、广泛阅读的好习惯。

地铁某号线的 102 车在下行线运行时无法建立 IATP/ATP 模式，下线回段。 随后由场内热备 115 车上线替其开后续车次。 处理过程为：102 车回段后，工班人员立即上车查看故障。 经检查，车载控制器内各板卡工作正常，模拟列车通过信标能够正常读取；将测试电脑连接到车载控制器后，发现速度传感器 2 的 3 组通道无数据输出，确定故障原因为速度传感器硬件故障。 更换速度传感器 2，用测试电脑查看后，数据输出正常，故障修复。 由此可知，其故障原因为 102 车 1 端速度传感器 2 故障，列车速度计算出现错误，定位系统误差累计过大，导致列车无法建立 IATP/ATP 模式。

单元 7.1 概　　述

城市轨道交通 CBTC 系统的基本架构如图 7-1 所示。

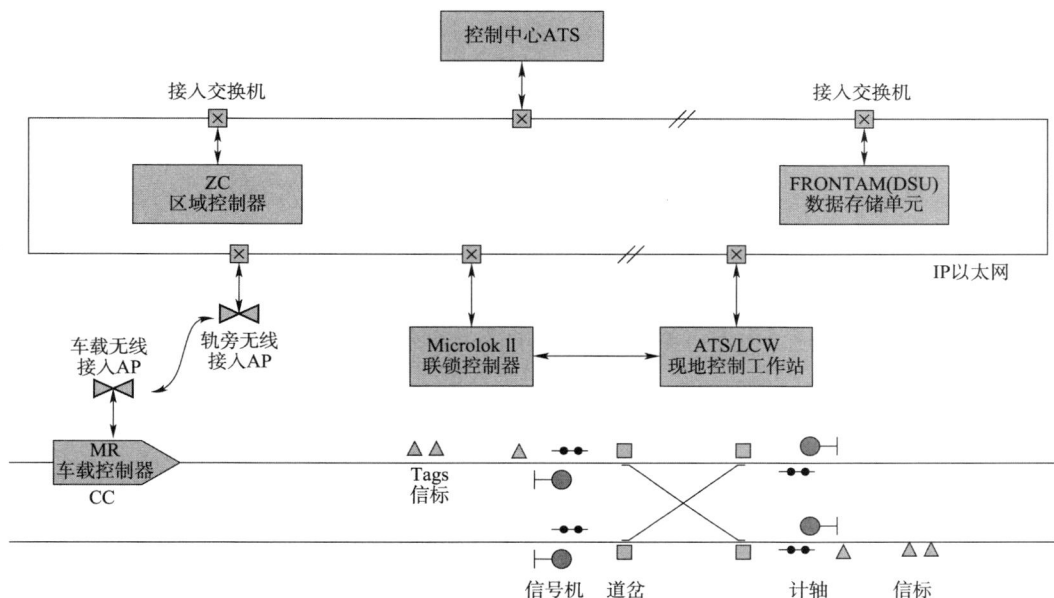

图 7-1　城市轨道交通 CBTC 系统的基本架构

1. 数据通信子系统（DCS）

CBTC 系统利用连续、大容量的车地双向可靠数据通信来实现列车控制信息、列车状态信息的无线传输，是先进的列车自动控制系统。通过 CBTC 系统可以减小行车间隔，安全、高效、可靠地实现全方位、多功能的列车控制，而且即使在发生故障的情况下也可以采用备用模式安全运行，从而保证了行车安全，提高了线路的利用率。DCS（Data Communication System，数据通信系统）子系统实现车地之间双向、连续、高速、安全的信息交互，承载了直接关系到行车安全的重要数据信息，是 CBTC 系统的核心。

安全可靠的车地双向数据通信是 CBTC 系统实现列车自动控制功能的根本。DCS 子系统是一个宽带通信系统，它提供了 CBTC 系统车地通信的承载平台，CBTC 系统各个设备之间使用通信协议直接进行互相通信。作为 CBTC 系统中完成传送列车状态及控制命令等重要信息的子系统，DCS 在整个系统中发挥了重要的作用。

作为 CBTC 系统的基础，DCS 子系统对 CBTC 系统是透明的，它提供了 CBTC 系统车地通信的承载平台。CBTC 系统各个设备之间使用 UDP/IP 协议直接进行相互通信。DCS 子系统能够满足数据传输对于传输延时、丢包率等性能指标的要求：单传输通道单向传输时延不超过 150ms（毫秒）的概率不小于 98%，不超过 2s（秒）的概率不小于 99.92%；通信传输丢包率不超过 1%，通信中断时间不超过 2s 的概率不小于 99.99%；无线数据通道单路传输速率上下行不小于 256kbit/s（千比特/秒），支持全自动运行的线路不小于 512kbit/s。

2. 车载子系统

车载控制器是安全的车载子系统。它具有以下功能：①确定列车位置；②使用接收到的障碍物位置信号和来自区域控制器的移动授权，提供安全的列车自动保护和非安全的列车自动运行；③通过无线通信将列车位置传递给数据通信子系统，再传递给区域控制器和自动列车监控子系统；④提供非安全的自动列车监控子系统功能。

外围的车载子系统设备包括数据无线电台，两个速度传感器，一个查询器天线和一个列车司机显示器（以一侧驾驶室计）。

3. 轨旁子系统

轨旁子系统主要由区域控制器（ZC）组成。ZC 接收由其控制区内列车发出的位置信号。它负责根据所有已知障碍物的位置和运行权限来确定其区域内所有列车的运行权限。障碍物包括其他列车、封闭区段、失去状态的道岔及任何外部因素。ZC 也回应相邻 ZC 的授权申请。

区域控制器属于安全装置，在已知障碍物位置信息的情况下，决定在该区域内所有列车的运行许可，接受所有列车在该区域内发送的所有位置信息，与控制和指示轨旁装置的目标控制器接口相连。每个区域控制器都采用三取二的判决配置。

目标控制器安全控制并显示与轨旁设备的接口，包括转辙机、站台门、防淹门、信号以及计轴主机设备等。双重布置的目标控制器用在每个联锁控制点上。每个目标控制器都装有应用软件，完成特定位置的联锁功能。

计轴（辅助列车检测设备）为未装备 CBTC 的列车提供安全的检测功能。在 CBTC 故障时，此功能用作后备列车检测系统。

4. 自动列车监控子系统

自动列车监控子系统包括运行控制中心（OCC）设备和位于轨旁的自动列车监控子系统设备，如本地工作站。列车运行的自动和人工监控由轨旁和车载子系统共同完成。

（1）运营控制中心（OCC）

运营控制中心（OCC）有以下三种基本类型的 ATS 工作站：

①ATS 调度工作站。ATS 工作站用于监视、控制线路和列车运行，包括调度员工作站和调度长工作站。

②ATS"支持"工作站。ATS"支持"工作站用于维护 ATS 系统，培训 ATS 用户，生成/管理列车时刻表和运行图。

③大屏幕显示工作站。大屏幕显示工作站用于在大屏幕显示器上显示 ATS 图形界面。

（2）轨旁设备

轨旁设备主要有车站控制器（STC）；系统管理中心的车站工作站等设备。

①车站控制器。设于设备集中站，每个车站控制器都有一个道岔安全控制器，其中带冗余的双 CPU 固态联锁控制器是车站控制器的核心单元。车站控制器通过双共线调制解调链路与车辆控制中心通信，它由调制、解调器机架、接口盘、电源机架、预处理器及其

机架等组成。

②系统管理中心的车站工作站。由工业级计算机和接入设备组成，其接入光纤通信环网，实现与系统管理中心的远程通信。它与车站控制器接口，实现车站的本地控制；还与乘客信息系统等设备接口。设置 ATS 备用服务器的主要目的是提供 OCC 应用服务器和 ATS 通信服务器的第三级后备，尤其是当 OCC 的 ATS 不可用时，仍然可以进行时刻表操作、进路安排及发车控制。

如果 OCC 的主服务器和通信服务器发生故障，则系统将自动切换到备用主机服务器和通信服务器，切换过程不会影响列车正常运行。备用服务器所在站的 ATS 工作站可以通过配置实现监控全线或者任意区段。

轨旁设备还包括站台紧急停车按钮、站台发车指示器、车站现地控制盘、信号机、转辙机等现场设备。

(3) 车载设备

ATC 车载设备主要包括车载控制器（VOBC）及其外围设备。每列车将配置两套互为热备冗余的车载控制器，分设在车辆两端，单套设备为二乘二取二结构，头、尾列车构成热备冗余。当激活的 VOBC 故障时，另一套 VOBC 将无扰地接管列车控制。

①车载控制器。由电子单元（EU）、接口继电器单元（IRU）、供电单元等组成。电子单元包括天线滤波器、高频接收器、数据接收器、数据发送器、高频发送器、定位计算机、双 CPU 处理单元、输出/输入端口、发送/接收卡、车辆识别卡、输出继电器、距离测量控制、转速表放大器等。接口继电器单元包括继电器面板、滤波/防护模块、电子单元与接口继电器单元的互联电缆等。

②车载控制器的外围设备。包括天线（每个车载控制器设两个接收天线和两个发送天线）、速度传感器（每个车载控制器设两个速度传感器）和司机显示盘（TOD）（每列车设置两套）。

③接口。信号系统内部接口包括与信号监测子系统的接口、与电源子系统的接口、与模拟显示屏的接口、与发车指示器的接口、与中央紧急停车按钮的接口、与信号机、转辙机等继电器控制电路的接口、与车站现地控制盘及站台紧急停车按钮的接口、与车场的接口、人机接口、主系统内部间的接口等。

信号系统外部接口包括与无线通信系统的接口、与时钟系统的接口、与通信传输系统的接口、与旅客信息系统（包括车上）的接口、与车辆的接口、与车辆管理系统的接口，与电力 SCADA 系统、FAS 系统、BAS 系统等的接口等。

单元 7.2　子系统和设备详细描述

一、数据通信子系统

数据通信子系统是一个宽带通信系统，它提供 3 个主要列车控制子系统：自动列车监控子系统、轨旁（区域控制器、目标控制器、数据库存储单元）和车载子系统。和其他沿线右侧安装的地面设备间进行数据的双向、可靠、安全交换。数据通信子系统在有线通信中采用 IEEE802.3 标准，在无线通信中采用 IEEE802.11g 标准。数据通信子系统对列车控制子系统是透明的，满足定时和全面需求，不依赖于任何无线通信技术的选择（如 IEEE802.11a/g）。

列车控制子系统和设备使用 UDP/IP 协议，可直接进行互相通信。数据通信子系统采用专门技术，确保高速安全地通信。数据通信子系统允许任何与之相连的设备之间互相通信。如果操作员允许，任何非信号系统都可使用数据通信子系统作为统一的通信平台。数据通信子系统的配置设计可提供所有合理方式，以减少单个独立或多重关联的故障，这些故障可能会造成列车停滞在线路，因此需要人工救援。

数据通信子系统的设计方式，不依赖任何轨旁设备（如接入点、以太网连接、无线调制解调器、路由器、交换机等）和/或车载设备，不会影响性能。通过冗余这种常规方式支持数据通信子系统可靠性和可用性需求。冗余的不同方式有：①热备用硬件冗余（切换到带电的、运行良好的单元，然后进行数据更新）；②冗余网络连接（设备间双重连接）；③功能冗余（多样化的信息路由：一条信息将被复制并通过两个不同的路径传输到目的地址）。

在系统的各个方面，如无线通信覆盖、车载网络、手提电话和轨旁网络等，都实现了功能冗余。

1. 无线通信

在基础配置中，移动电台通过 AP 连接到骨干网络。在特殊模式中，移动电台间的相互通信在点对点通信的基础上完成。这种情况下，电台通信网络在"基础"模式下运作，也就是说所有列车和有线网络间通信都通过 AP 进行。几个 AP 能连接在一起形成更大的网络，允许无线设施在其中漫游，如图 7-2 所示。

2. DCS 车载网络

每列列车上的两套移动电台分别安装在列车的两端。移动电台是车载无线设备，用来在车载设备（如 ATP 和 ATO）和轨旁设备间传播数据。所有列车收发的数据都由列车两端的两台移动电台传输，提供连续的热冗余，以抗衡脆弱的无线频道衰减。车载控制器 ATP 和 ATO 子系统通过两个独立的以太网连接到移动电台。

3. 轨旁骨干网络

轨旁骨干网络 WBN 是 AP、ZC、CC 和中央 ATS 子系统间的通信媒介。轨旁骨干网络 WBN 由骨干交换机组成，交互连接到两个独立的单模光缆的环式拓扑结构。这些骨干交换机安装在信号设备室，位于地铁站，相互之间的距离不超过 10km，如图 7-2 所示。

环式拓扑结构如图 7-3 所示。骨干交换机连接到两根光纤。光纤环路的通信可在两个方向上进行：在外部电缆中为顺时针方向通信，在内部电缆中为逆时针方向通信（通信方向也在图中显示）。如果光纤电缆上的任何点或骨干交换机发生故障，轨旁骨干网络 WBN 的通信能够迅速重新配置，通过另一个方向保持通信状态。

a)单隧道配置

b)双隧道及地面配置

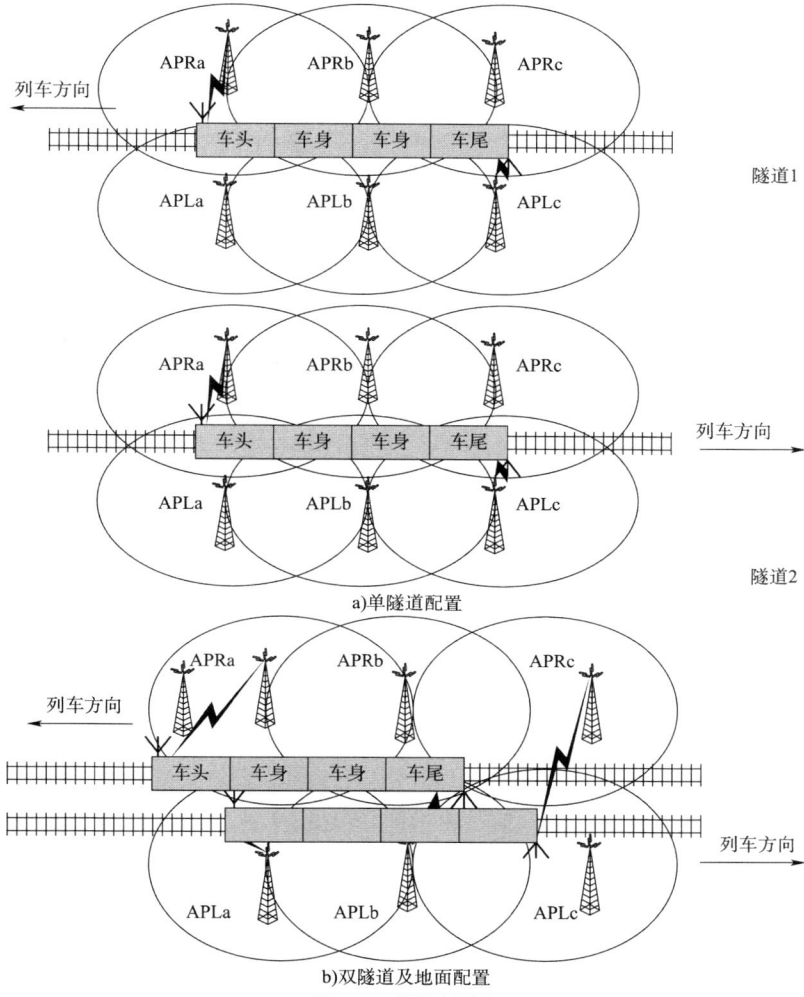

图 7-2 无线电覆盖

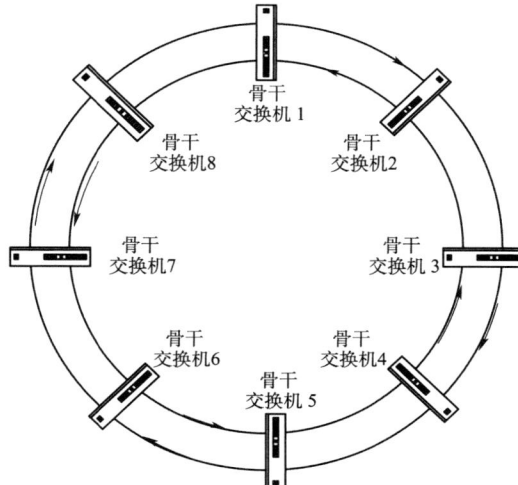

图 7-3 骨干交换机连接——环式拓扑结构

二、车载子系统

车载子系统负责确定列车的位置、监控列车速度，按照必要情况保证正确的制动，管理列车控制模式，并且根据 ZC 的信息控制列车。车载 CBTC 子系统的关键部分是车载控制器（CC），它包括一个安全的三取二处理器及目标控制器接口模块。

CC 与速度/位移传感器和查询应答器接口，以确定列车的位置。列车司机显示器与CC 接口，显示驾驶信息、设备状况，以及给司机的报警。图 7-4 所示为车载子系统设备在列车上的相关位置。

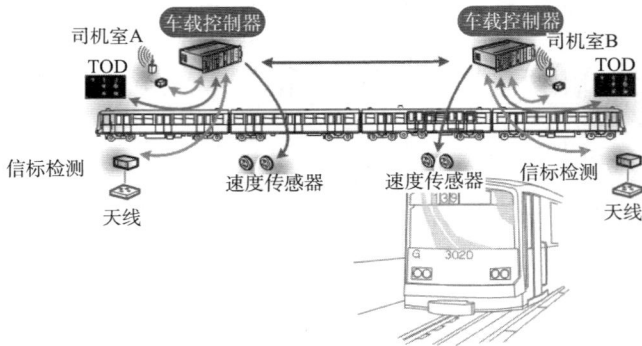

图 7-4　车载子系统设备位置

车载子系统的功能包括如下方面。

①建立并保持列车位置。

②向移动授权单元（MAU）报告列车位置。

③提供超速防护：计算列车的最大限制速度，确保列车不超过土建限速及临时限速。

④确保列车在移动授权单元（MAU）给出的移动授权限制（LMA）范围内停车。

⑤管理列车的驾驶模式并安全地在不同模式之间转换。

⑥监督列车的倒溜。

⑦监督列车非预期的运行。

⑧监督列车牵引受阻。

⑨授权打开正确侧的列车门和站台门。

⑩列车完整性监督。

⑪自动轮径校准。

⑫空转/打滑检测和补偿。

车载子系统主要包括如下设备：

（1）ATP/ATO 机箱

ATP/ATO 机箱包括三取二的安全 ATP 板、电源板、ATO 板、输入/输出控制器和接口/继电器板。

（2）外围设备的机笼

机笼用于配置外围设备，如电源板、查询器、安全装置、以太网开关板、以太网扩展器。

（3）接口板

接口板用于与安全继电器和外部接口连接器的连接；安全继电器用作安全功能的一个部分，在需要的情况下请求紧急制动和牵引切断。

（4）列车司机显示器

列车司机显示器包括双 RS-485 连接（每条与一台安全计算机连接）、多数指示器双重配置、（每套由一台安全计算机管理控制）、2 个模式开关、强制速度限制、司机确认按钮、ATO 模式下的发车按钮。

列车司机显示器显示如下信息：停站时间结束、车载设备状态、当前驾驶模式、超速、速度表、目标距离（至限速点或停车点）。

三、轨旁子系统

1. 区域控制器

区域控制器接收由其控制区内列车发出的位置信号。它负责根据所有已知障碍物的位置和运行权限，确定其区域内所有列车的运行权限。障碍物包括其他列车、封闭区段、失去状态的道岔以及任何外部因素，如基本轨侵入检测。区域控制器也回应相邻区域控制器的授权申请。区域控制器与外部目标控制器（OC）接口，外部控制器还执行传统的联锁功能。目标控制器与岔道机、信号机、站台门和计轴设备接口。目标控制器包括安全逻辑，以控制转辙机和信号机，它还根据来自 ATS 或本地 ATS 工作站的进路申请，完成联锁功能。区域控制器通过 DCS 子系统与目标控制器、车载 CBTC 子系统、其他的 ZC 和 ATS 子系统接口。

考虑可靠性，所有外部计算机接口都有冗余。区域控制器将放置在中央控制室内。区域控制器使用中央 3 选 2 计算机，含 1 个双输入/输出母线的 CSD 和 4 个外部通信用的以太网链路。

2. 目标控制器（OC）

目标控制器（OC）是一个安全逻辑处理器，除了对可用的联锁逻辑进行处理外，它还提供故障-安全的二进制输入/输出管理。OC 提供接近锁闭、进路锁闭、检查锁闭和运行方向锁闭功能。这些功能确保道岔在列车占用时不会移动，头/尾不发生头/尾碰撞。

①接近锁闭。在一个开放信号机控制进路范围内，提供所有道岔的锁闭。当一个开放的信号被设定为停止，并且一列列车与这个信号的距离比安全制动距离近时，防止开放信号与进路相反或有冲突。并且防止在一个联锁中，同时开放两个相反信号。

②进路锁闭。在列车进入进路前防止道岔的移动（在联锁的界限内）；在联锁的界限内阻止反向移动，提供未经授权的运行移动方向（在联锁的界限外）。

③检查锁闭。防止列车下道岔的移动（在联锁的界限内）。在任何有道岔被占用的轨道上，检查锁闭有效。

④运行方向锁闭。接近锁闭导致方向锁闭，阻止敌对方向进路建立。如果需要，会发

送给相邻联锁，阻止相邻联锁敌对进路请求。

如果列车的 ATP 设备故障，CBTC 系统（即区域控制器）不再了解所有列车的位置。此时，辅助列车检测系统（计轴设备）必须投入运行，确定列车在系统内的运行位置。

根据系统要求，在信号设备室内放置 OC。每个 OC 有一个唯一的 IP 地址。

安全继电器由目标控制器的数字输出控制。这些安全继电器的接点用来控制转辙机动作请求、信号机点灯和 PSD 控制。

3. 数据库存储单元

数据库存储装置（DSU）功能在一个系统区域控制器中实现。轨道数据库和系统运行软件将存储在 DSU 中，所有数据库内容将受到控制，以确保整个系统正确使用。DSU 将管理临时速度限制（TSR）。DSU 以一个安全的 3 选 2 冗余表决平台为基础，来达到系统的高可用性目的。

四、ATS 子系统

ATS 提供控制和监督设施，监控 CBTC 子系统，监视外部系统接口。ATS 监视列车，自动调整每列列车的运行，以保证其按照时刻表运行，提供数据以调整服务，把不正常运行引起的不便降到最低。

1. ATS 的硬件描述

在常规/备用模式中，ATS 子系统、区域控制器、数据存储单元 DSU、远程 ATS 车站控制工作站与数据通信子系统 DCS 之间的通信，由两个以太网 LAN 配置构成。LAN 通过远程光纤电缆设备与每个远程节点通信。网络复用器安装在中央控制室、车辆段、停车场、每个远程 ATS 车站控制工作站和 DCS 的所在地。

ATS 主机服务器用于处理集中运行控制 ATS 应用软件；ATS 数据库服务器用于处理生成报表的数据库应用软件；ATS 通信服务器用于处理和非 ATS 子系统通信的通信应用软件；ATS 培训服务器用于处理集中运行控制的 ATS 应用软件；ATS 用户工作站用于处理和显示请求和指示；背投显示工作站用于处理和显示请求和指示；10/100/1000BaseTX 交换机用来处理连接到双以太网 LAN 的设备间的数据；存储区网络（SAN）模块化智能排列存储单元配置在 RAID 中，用于连接数据库服务器；网络打印机连接到以太网，用于打印故障报表和车辆图形的图形信息；数据传输模块为 ATS、车辆段和受控站点间的通信设备。

轨旁 SCR 的工作站指的是 ATS 车站工作站。该工作站用作车站本地调度机和 CBTC 系统间的人机界面。

2. ATS 计算机系统硬件概述

每台 ATS 计算机都提供自诊断测试，在启动时用于验证系统是否良好。ATS 在系统掉电时，能进行有序地关闭互隔离，以消除妨碍系统正常运行的故障。系统控制仅仅在有重大故障发生、常规系统操作不能运作时，切换到备份系统。系统报警将由系统软件发出 ATS 服务器提供的文本文件时可以互换。系统使用的磁盘空间小于总磁盘容量的一半。数据库服务器能够存储 192h 的列车事件记录数据。

单元 7.3 CBTC 系统运行模式

一、配置 CBTC 的列车

列车的运行模式取决于下列开关的位置：方向控制器开关、主开关、CBTC 模式开关、旁路开关（CBTC 旁路和车门旁路）。

列车运行模式有以下几种。

1. 列车自动运行（ATO）模式

通常情况下，ATO 根据时刻表或调度指令，在列车司机监督下，自动运行列车。列车司机可以在任何时候干涉列车的运行。列车司机的操作优先于 ATO 操作。根据不同的运行需求，车门的开关可由列车司机人工操作或 ATO 自动完成。列车司机根据不同的运行需求，发出列车出发的指令。ATO 模式是配备 CBTC 列车在 CBTC 区域内的正常运行模式。

2. ATP 监督下的人工运行模式（ATPM）

列车由列车司机人工驾驶，列车运行速度处在 ATP 子系统的实时监督下。车载设备将实际的速度、限速、目标速度、目标距离及其他数据显示在列车司机的驾驶室内。一旦列车速度接近 ATP 限速，声音和闪光报警会发送给列车司机，引起其注意。如果列车的实际运行速度超过 ATP 限速，那么 ATP 将实施制动。

3. 限制人工驾驶模式（RM）

当车载 CBTC 设备不能与轨旁 CBTC 设备通信，或者配备 CBTC 的列车进入非 CBTC 区域，列车司机将采用 RM 模式驾驶列车，但车速不会超过预先定义的 25km/h 安全速度，司机将随时准备停车。该安全速度受车载 ATP 的防护。一旦 ATP 检测出超速情况，会立即启动制动。

4. 非限制人工运行模式

在非限制人工运行模式下，CBTC 不行使任何功能，列车运行及安全由调度员、车站工作人员和列车司机保证。在采用此模式时，需严格遵循列车操作程序。

5. 切除模式

在切除模式下，列车两端设备都关闭，CBTC 不行使任何功能，列车运行及安全由调度员、车站工作人员和列车司机保证。

6. 自动折返模式

自动折返模式中，CC 负责在 ATP 防护下运行列车。CC 将根据来自 ATS 的运行类型和许可的运行参数，如加速率、制动率和制动冲击限制驾驶列车。有两个折返阶段：阶段

1 为自车站到折返点——司机位于前车头，关闭车门。司机按下发车按钮（或触摸屏幕），CC 在 ATO 模式下驾驶列车，并将列车停靠在折返点。CC 给整个车辆下命令，反转牵引方向，并使反方向的限速无效。阶段 2 为自折返点到车站——当 CC 收到新方向上的 MAL 后将自动启动列车，无须司机操作。一旦列车到达车站，在列车出发到下一个站台之前，司机必须在车上。

二、非 CBTC 列车

CBTC 系统允许非 CBCT 列车在线上运行。非 CBTC 列车是指未安装 CBTC 车载设备的列车。虽然非 CBTC 列车不与区域控制器通信，但区域控制器可以从计轴系统获得轨道占用信息，而目标控制器则完成传统联锁功能。

CBTC 系统在所有道岔处设置信号机，非 CBTC 列车依据信号机显示行车，司机负责列车运行并保证遵循线路限速。这些信号机由区域控制器的逻辑控制。对非 CBTC 列车的进路请求由控制中心调度员完成。

如果要为非 CBTC 列车建立信号机 SIG2 至信号机 SIG8 的进路，区域控制器在判定计轴系统确认区段 2 空闲、OS1 空闲、转辙机 SW1 和 SW2 都在定位且已锁闭后，开放信号机 SIG2。同时，区域控制器不会生成该区段给 CBTC 列车的移动授权。非 CBTC 列车随后越过信号机 SIG2 并准备在信号机 SIG8 前停车。一旦计轴系统根据此区段追踪了非 CBTC 列车的运行，区域控制器就可以发出此区段的移动授权。非 CBTC 列车在系统中的运行遵循此方式。

三、区域操作

配备 CBTC 的列车在 CBTC 区域内，将在 ATP 限制和 CBTC 系统的防护下运行。列车由列车司机人工控制，或由 CBTC 系统自动控制。

在自动运行时，一些功能（如车门操作和列车出发启动）仍将由列车司机负责。

无车载 CBTC 设备配置的列车或配有不起作用的车载 CBTC 设备的列车运行至 CBTC 区域时，将在辅助列车检测系统和运行规定的保护下运行。

1. 列车进入 CBTC 区域

CBTC 系统对 CBTC 区域的界限有精确的定义，包括在进入 CBTC 区域前，验证检查 CC 的性能。在进入 CBTC 区域前，系统会充分进行检查，以验证 CC 设备良好运行（包括所有轨旁 CBTC 设备的附属设备）。

如果验证检查通过，系统将给出一个通过指示。正常情况下，根据 ATP 的限制设置，列车进入 CBTC 区域无须停车，除非行车规定有这样的要求。如果验证检查没通过，系统将给出一个 CBTC 系统故障的指示。列车运行会回到辅助列车检测系统。验证检查结果将显示在 ATS 用户界面及列车司机显示器（TOD）上。

2. 列车离开 CBTC 区域

列车离开 CBTC 区域前，CBTC 系统会给列车司机一个可视的时间和距离指示，直到列车离开 CBTC 区域。当 CBTC 系统获悉情况时，列车司机也会收到列车将要进行的列车控制系统类型的指示。

当列车离开 CBTC 区域时，轨旁和车载控制器的相互作用如下：

①CBTC 区域离去信号不能被取消（由区域控制器配置）。

②管理区域离去信号的 ZC 的覆盖区域比 CBTC 区域大。如果条件允许，ZC 将独立执行防冲撞程序，无论该区域是否属于 CBTC 区域，并且计算在 CBTC 区域外的 ZC-MAL。

③当离去信号是一种分离信号时，属于例外情况。ZC 必须安全获取离去信号，以保证在出口第一个区段只有一列列车存在。

④如果列车位于 CBTC 区域外，车载控制器不会受制于区域控制器发出的 ZC_ V_ MAL 停车限制指令。它将视 ZC_ V_ MAL 为不带速度限制的移动授权指令。事实上，因为列车肯定是区域内的唯一列车，所以其全面处于信号系统的防护下。

单元 7.4　CBTC 系统遵循的原则

一、移动闭塞原则

传统信号系统的主要设计目标是通过使用安全的轨旁信号确保列车间隔、列车停车和提醒司机，因此没有列车会进入另一列车占用的闭塞区段。基于 CBTC 的移动闭塞系统的主要设计目标是在维持系统安全性的同时，通过改良的位置分辨能力和移动授权更新率，提供更大的运能，缩短列车间间隔距离。系统的设计原则就是"目标距离"。

在轨旁区域控制器 ZC 发出的移动授权限制指令（MAL）范围内，车载控制器负责列车的安全移动。直到列车前方出现障碍物，MAL 一直处于被允许状态。车载控制器确保所有合适的、出于安全方面的考虑，都已包括在生成的速度曲线中。这些考虑包括最不利情况下的停车距离，以及不确定的前方障碍物位置。

在移动闭塞系统中，区域控制器将根据报告的列车位置和不确定误差，计算最不利情况下的列车位置。区域控制器将列车视为后续列车的障碍物，为尽可能靠近该车的后续列车计算 MAL。前一列车后的安全间隔，根据最高运行时速、制动曲线和列车在线路上的位置动态计算。因为位置信号的高分辨率，根据列车在该段线路的最高运行速度，后续列车能安全地靠近前一列车的尾部，与最新验证的车尾位置保持安全制动距离。

车辆间会保持"安全距离"。列车之间的安全间隔是根据前车的位置，按后续列车在当前速度下的所需制动距离加上安全裕量计算和控制的，确保不追尾。假定存在一系列最不利情况时，该距离仍能保持车辆的安全间隔。

CBTC 系统的原则包括：

①由 CBTC 车载设备完成高分辨率的列车位置定位。

②该列车位置的信息和其他列车的状态数据，与 CBTC 轨旁设备的通信，通过 CBTC 列车到轨旁的数据通信连接进行。

③通过 CBTC 轨旁设备，确定每辆配备 CBTC 列车的移动授权限制信息，基于列车位置信息和外部联锁输入。

④这些授权限制和其他列车的控制数据，与相应列车的通信，通过 CBTC 轨旁至列车的数据通信连接进行。

⑤ATP 速度/距离曲线的确定和执行通过 CBTC 车载设备完成。

⑥CBTC 轨旁设备与外部联锁的通信、CBTC 优先命令、外部联锁和 CBTC 轨旁设备外部联锁状态的通信，支持 CBTC 的操作。

⑦自一个 CBTC 轨旁控制器到相邻轨旁控制器的必要信息的通信，支持列车控制的传递。

⑧一列列车内多套 CBTC 车载设备间必要信息的通信，支持 CBTC 运行。

⑨采用移动闭塞原则设定 MAL。

二、轨道数据库

车载和轨旁 CBTC 子系统都使用轨道数据库。每个 CC 的内存中都有轨道数据库，该数据库至少涵盖其准备运行的整条线路。在维护（更改数据库内容）或安排列车行驶到一条系统很少使用的线路时，都必须更新车载数据库，完善或更新 CC 的内容。

轨道数据库存放在 DSU 中，如果 CC 和 ZC 发出请求，该数据库能够被下载到列车上。每个子系统都定期与数据库服务器联系，以获取当前正在使用的数据库的版本号。如果一个 ZC 或 CC 认为自身需要更新，会发出一个新版本下载请求给数据库服务器。

如果一个 CC 需要特殊的轨道数据，数据库服务器将通过发送一系列包含所需轨道数据的信息，回应该请求。网络不同元素表现固定的特征［轨道的专用属性，如永久速度限制（PSR）等］和可变的特征（如轨旁的信号显示等）。CBTC 系统的子系统使用这些对象，完成 ATP、ATO 和 ATS 功能。

模式的固定特征建立在段和线路区的概念上，参照物是轨道的轴、段的长度，或目标与段的起点距离，或列车位置，通过比较测量轨道的轴而得到。

ATS 使用位置点模式定位轨道上不同的固定物体（如道岔、车站、信号）、移动物体（列车）和其他 CBTC 信号系统设备（应答器）。每列列车的模式通过正常列车运行的起点和方向定义。物体的位置由它与模式起点的距离（以 km 为单位）定义。例如，ATS 使用该模式定位列车或确定临时速度限制。

三、列车位置追踪

列车位置追踪主要有以下五个方面功能：

①计算有装备的列车位置（车载定位）：仅涉及车载控制器。

②在轨旁追踪列车：通过 ZC 和 ATS 追踪任何种类的列车。

③位于网络中某几个点上的应答器的检测：每个应答器发出一个 ID，用于识别它所在轨道段的位置和它的偏移量。

④列车位移测量。

⑤道岔指示（为了在列车通过该道岔时更新列车位置）。

对每一台装备的列车，CC 定位包含一个"初始化"阶段和一个更新阶段。列车必须检测到两个相邻的应答器，两者间的测量距离被数据库认为有效，初始化阶段才能完成。一旦被初始化，列车的位置会根据应答器的检测结果逐步更新。应答器位于道床上，是无源装置，由列车上的查询应答器天线发出的信号提供电力。当列车经过一个应答器时，列车接收到一个数字信息，识别该应答器并且输入一个数据，进入轨道数据库，提供该应答器中点处的地理位置。

CC 功能和 ZC 追踪需要列车确定它的两端位置，包括安全位置和非安全位置两种类型。

（1）安全位置

安全位置由一个不确定间隔来定义，该间隔把下列"最不利情况"下的不确定因素都考虑在内：①读取应答器时的动态和静态的不确定性；②自最近读取的应答器的位移测量的不确定性；③应答器在轨道下安装的不确定性。

（2）非安全位置

任何列车点的非安全位置都被定义为该点最可能的位置。该点位置的计算将基于应答器的读数和位移测量的可能假设。非安全位置在运行停车管理中特别有用。

该功能涉及 ZC 和 CC 子系统。ZC 通过互相对比以及与固定的追踪障碍物对比，确定列车位置。列车追踪的功能主要用来提供数据以保持安全的列车间隔。这些数据可被看作是上报列车或者非上报列车的所处位置的网络地图。每个车载控制器提交一份位置报告，包含列车识别号、前后车头位置，加上安全的估计位置不确定值。列车识别号实际上是"CC 识别号"，是每列列车上安全的硬件编码，防止两个 CC 有相同的识别号。只要与不确定性有关，ZC 使用来自 CC 的非安全位置报告，计算"安全的"列车两端位置，提交位置不确定的报告。这将保证列车长度的最大化（对轨道出清确定的"最不利情况"）。

ATS 接收由每个 CC 发出的列车位置报告，ATS 利用前车头位置报告定义列车的前部位置。AC/ZC 通过 DCS 把道岔状态报告给 ATS，由 ATS 产生显示列车和/或道岔异常的报警，并发送给 ATS 用户。每辆配置 CBTC 的列车运行在 CBTC 区域内时，会被分配一个（列车）追踪识别码 TID。所有列车的追踪都基于 CBTC 列车位置报告，每列列车的位置都将显示在 ATS 用户界面上。ATS 用户通过 TID 能够接收列车长度以及其他列车的特定信息变化。

根据列车服务数据、预定义的进路规则和任何 ATS 用户定义的服务策略，ATS 允许有 CBTC 配置的列车基于 CBTC 列车位置报告，在 CBTC 区域内人工或自动运行。在运行到特定的轨道结构处时，自动进路将帮助列车在交叉点处良好地汇合和分叉，帮助列车折返，进入或退出停车场，在服务中断和/或计划的预留储运时变更进路。列车进路能够显示在 ATS 用户界面以及列车司机的显示器上。CBTC 移动授权限制也能够显示在 ATS 用户界面上。

四、移动授权限制(MAL)

移动授权限制（MAL）是指列车按照给定的运行方向被授权进入和通过一个特定的轨

道段。移动授权在每一个通信周期前被签发和监督。CBTC 系统执行移动授权，以维持安全的列车间隔，并通过联锁提供防护。

MAL 包含安全（V_ MAL）和非安全（NV_ MAL）数据部分。MAL 的组成可分为 ZC 确定的约束列车移动的限制、ZC 发送给所有控制列车（如"广播模式"）的轨旁设备状态，及 CC 通过它内部数据库识别的限制。CC 基于列车位置和运行模式识别限制（在 CBTC 区域内与列车定位相关的限制，与在非 CBTC 区域内的定位相反）。ZC 确定限制以防护其他列车（防止列车相撞），包括迎面行驶、脱轨和侧面冲突。ZC 发送轨旁设备（如道岔位置）状态到所有列车，CC 确定该轨旁设备是否与列车运行有冲突。

五、联锁功能

独立于信号结构（CBTC 或固定闭塞），联锁必须提供某些重要的功能，这些功能包括接近锁闭、进路锁闭、检查锁闭和方向锁闭功能。

道岔保持在电气锁闭状态，直到道岔锁闭解除。道岔锁闭只有在接近锁闭、定时锁闭、进路锁闭和检查锁闭都解除时，才能解除。这些功能通过使用列车位置数据来完成。在以列车为中心的 CBTC 系统中，每列列车的位置都被传送给区域控制器，来执行诸如接近、进路、方向和道岔锁闭的功能。

系统要求 CBTC 配备的列车和无此装备的列车（无车载 CBTC）能够安全地在同一系统中运行，本功能的实现通过采用辅助列车检测系统——计轴设备来完成。因此，联锁能够执行无装备列车的主要功能。

单元 7.5　CBTC 功能描述

CBTC 系统可提供列车自动保护（ATP）、列车自动运行（ATO）和列车自动监控（ATS）功能。在冲突、超速及其他危险条件下，ATP 功能可提供故障安全防护。该项功能优先于 ATO 和 ATS 功能。ATO 功能可在 ATP 设定的防护限度内完成列车的基本运行功能。ATS 功能可提供系统的状态信息、监控系统运行并对系统各个功能进行自动控制。

ATP、ATO 和 ATS 所要求的全部功能均获得 DCS 通信接口的支持。数据链路可不间断地提供 CBTC 范围内的地理信息，为列车在隧道、水平及坡道情况下的运行提供支持。数据链路还支持数据双向传输，足以满足 CBTC 规定的所有功能要求。数据链路的协议结构可确保列车管理信息可靠、及时、安全地传输。

一、列车自动防护（ATP）功能

1. 列车位置/速度测定

对于配有 CTBC 设备的列车，该 CTBC 可确定列车的位置、速度和运行方向。列车位置测定功能能够安全而又准确地测定列车前端和后端的位置。列车位置测定功能无须人工输入列车位置或长度数据，即可自动检测并确定配有 CTBC 设备，并驶入 CTBC 区域的列车位置，或测定已排除设备故障的列车位置。

对于不准确的列车位置/速度测定，CBTC 系统可进行补充修正。列车位置/速度测定功能以车轮转动为依据，可能会因车轮打滑/空转或车轮尺寸变化（磨损、调校、更换）而产生位置误差，该功能可对这些误差做出修正。

2. 安全列车间隔

无论车载 CTBC 设备是否运行，CTBC 系统都可保证在该系统内所有列车之间的安全列车间隔。如果车载 CBTC 设备运转良好，CBTC 系统可对这些列车进行安全列车间隔，间隔以认定前方列车立即停车为原则。对于车载 CBTC 设备运转良好的列车，其位置测定以 CBTC 系统的定位分辨率为基准。如果车载 CBTC 设备无法运转，则应严格按照操作规程，利用进站信号并通过轨道电路测定列车的位置。CBTC 系统会将移动授权限定在前方列车所在线路入口点处，前方列车没有配备 CBTC 设备，或其车载 CTBC 设备已停止运转。

CBTC 安全列车间隔功能包括：

①利用 ATP 固定数据（如永久限速）和 ATP 可变数据（如临时限速和移动授权）计算 ATP 曲线（即安全速度曲线，属于列车定位功能）。

②监控并执行 CBTC 系统计算出的 ATP 曲线。

③ATP 曲线受安全制动模式管理，可确保在任何情况下（包括故障）配有 CBTC 设备的列车不会超出移动授权限制。

以下移动授权限制最具有约束性：①前方 CBTC 列车的后端，包括位置不确定性；②轨道终点；③在无法证明进路开放且道岔已被锁闭的道岔处；④已确立反方向运行的区段边界；⑤锁闭区段的边界；⑥已检测出无法让列车安全运行的进路入口。

3. 超速防护

在安全制动模式下确立、监督及执行 ATP 曲线时，CC 确保在任何条件下（包括故障）列车的实际速度不超过安全行驶速度。安全速度由以下限制因素决定：①ATP 曲线规定的区段永久限速；②ATP 曲线规定的区段临时限速；③适用于特定列车等级或配置的永久限速；④使列车在移动授权限制内安全停车的最大速度，或在进入某区段时，使列车减速至该区段永久/临时限速的最大速度。列车的任何一部分进入限速区时，即应适用限速。

4. 退行防护

CC 会对列车的实际运行方向进行监控，并将测量所得的方向与确立/指令运行方向进行比较。列车的反方向移动如超过额定退行距离，CC 就会启动紧急制动。

5. 遛逸防护

列车处于 ATO 模式且已在站台区域停车时，车载控制器要确保列车处于"不移动"状态。如果检测到列车在没有命令的情况下移动了一定的距离，车载控制器将实施紧急制动。

6. 轨道终点防护

轨道终点防护使列车在接近轨道终点界柱时停止运行。轨道终点防护属于超速防护功能的一部分，也可以说是与超速防护功能相互配合，防止列车超越轨道终点。如规定有缓冲区，该功能可防止列车超过设计限速，和轨道终点缓冲区相撞。安全制动模式是轨道终点防护的设计基础。

7. 列车分解编组防护及列车的连挂与解编

列车由两节或更多的单独车厢连挂在一起组成。CBTC 系统能够对列车分解进行检测和防护。无论车厢是否永久连挂在一起，还是由于维护或运行原因需要定期解钩，列车都要求具备分解防护功能。CBTC 系统还可满足列车的连挂与解勾操作要求，包括系统内组成长度的自动更新。如有规定，对于在 CBTC 范围内运行的特定等级的列车，系统还可依据操作规程计算出最不利情况下列车最大的固定长度，确保其不超过长度最大值。

8. 零速保护

零速测定属于 CC 的 ATO 和 ATP 功能。通过速度传感器和加速计，ATP 可探知列车是否处在零速状态。在单个 ATO 周期中，如果速度传感器的累积脉冲使 ATO 的预计速度低于零速限制，而又未检测到打滑/空转情况，则 ATO 可断定车辆正处在零速状态。

9. 开门控制防护联锁

CC ATP 开门功能的一般要求如下：
①列车处于零速状态；
②列车已对准站台的正确位置；
③列车实施常用制动。

若能满足上述所有条件，列车车门就会接收到指令并打开。如检测到列车车门没有全部关闭，列车就不会开动。若 CC 发生故障，列车会立即停车，车门只能在旁路模式下打开；列车停止后，若车门控制处于旁路模式，车门即可人工打开，ATP 会进行制动。列车在行驶过程中，由于某些原因，如果 CC 检测到有车门打开，就会实施制动，使列车完全停止。CC 的 ATP 功能可以确保车辆完全停止后打开车门。CC 可实现两个安全的门控输出（左门可开和右门可开）。根据运行模式的不同，车门依照 ATO 指令或司机的指令开启。

列车停止（速度低于零速）并与站台对齐后，车门可依据运行模式的不同通过人工打开或自动打开。CC 会提供开启哪一侧车门的提示。收到车辆对齐信号后，CC 发出制动指令，使车辆停靠在预定位置，在达到零速时取消牵引，并实施制动。如果列车未达站台或越过站台，CC 就会向司机发出警报，让司机进行人工调整。如果列车没有在预先确定的车站位置停车，未达站台，ATO 会使列车向前慢行，与站台对齐。如果停车位置超过预先定义的位置，列车会继续行驶到下一车站。在 ATO 模式下工作时，CC 会在列车操作人员的显示器上显示 ATS 的停站时间，如果停站结束，司机须人工关闭车门，向下一车站开行。如果 CC 未收到 ATS 停站结束信息，就会使用储存在其数据库中的默认停站时间。如果 ATS 发出一个有效的扣车命令，那么列车会无限期停站，直至扣车命令撤销。CC 向车门控制电路（或控制器）发出两个门控信号，即左门可开和右门可开。车辆在预定公差范围内与站台对齐后，CC 会根据线路数据库和车辆运行方向决定哪侧门可开。停站结束后，所有车门关闭并锁闭，门控可开命令撤销。

ZC 可安全地提供正确一侧的站台门开门许可和取消，也能向它们发送开关指令。车辆在预定误差范围内与站台对齐后，CC 就会请求 ZC 打开站台门。停站结束前，CC 还会请求 ZC 关闭站台门。在收到站台门关闭信号之前，列车不会驶离站台。CC 可向车辆两侧的车门电路（或控制器）发送开门许可信号。车厢在预定误差范围内与站台对齐后，CC 将根据轨道数据库和运行方向允许打开正确的一侧车门。列车在预定误差范围内停止后，CC 会向区域控制器发出指令，打开相应站台一侧的站台门。同时，区域控制器会请求站台门控制器打开站台门。停站一结束，CC 就向车辆和站台门控制器发出请求，关闭站台门和车门。然后，司机须按下发车按钮，向下一车站开行。车门和站台门的开关同时进行。如果列车还在停止时，车门关闭并锁闭状态丢失，那么 CC 将防止列车移动；如果列车在移动时，车门关闭并锁闭状态丢失，那么 CC 会实施全常用制动（平滑控制的全常用制动）。无论站台门是否开启，ZC 都会收到其状态信息。

CC 从车辆车门电路（或控制器）处获得"所有门关闭"的安全输入信息。如果在列车移动时 CC 未检测到"所有门关闭"的信息，就将实施平滑控制的全常用制动，直到收到该信息或列车完全停下来为止。如果在列车停止时"所有门关闭"状态丢失，CC 会防止列车移动。

站台门的状态信息由 ZC 接收。如果列车尚未与站台对齐且车门尚未允许打开时，站台门打开，那么 ZC 将检测到此情况，并且防止车辆接近车站站台。

停站结束后，司机可以人工关闭车门。如果车门模式选择开关位于自动开/关位置，车门则会自动关闭。

10. 发车联锁

列车处于 ATO 运行模式时，CC 会向司机发出报警提示，关闭车门。一旦 CC 检测到车门关闭并锁闭后，制动缓解，列车向下一车站发车。在 ATO 运行模式下，列车停站结束后，TOD 上的发车指示灯就会点亮，司机按下发车按钮，向下一车站发车。只有满足下列条件，CC 才会允许列车发车：

①车门已关闭并锁闭；
②MAL 足够允许列车发车；
③ATS 的扣车指令未生效；
④站台门关闭并锁闭。

11. 紧急制动

列车紧急制动系统能使列车在安全制动模式所确定的停车距离内停车。紧急制动一经激活，在列车完全停车前就不会缓解。即使 ATP 所测定的列车运行状况错误，紧急制动仍将继续，任何复位信号和干预行为均无效，除非旁路 CBTC 系统（须严格按照操作规程进行）使列车的 ATP 功能失效。如果紧急制动复位且 ATP 正常，列车将可以开动或继续行驶，但如果列车实际速度再次超过 ATP 曲线速度，或继而发生功能故障，紧急制动则会再次实施。

列车的移动授权限制受若干 ATP 因素的制约。另外，对每种类型而言，这些制约因素可根据以下标准分类：

①CC 直接识别；

②ZC 识别，并向各列车发送专用综合信号（包括轨旁设备）。

该分类依照下列一般原则进行：

①CC 仅按照列车位置和/或运行模式对限制要素进行自我识别。

②ZC 对限制条件汇总，并针对其他列车做出自我防护（列车间隔），包括行驶方向上的迎面冲突防护。

12. 进路联锁

CBTC 提供的进路联锁功能与传统联锁相同，可防止列车相撞和脱轨。该功能在 ZC 内实施，包括列车进入联锁区之前进行进路定时或接近锁闭，以及在列车进入联锁区后对进路进行锁闭（进路锁闭）。如果列车行驶在有岔区段时，则道岔也会被锁闭（检查锁闭）。根据相关要求，可对列车驶过后的区段进行分段解锁。只有在正确的进路设定并锁闭后，道岔区段才会获得移动授权。移动授权一旦获得，只有在列车驶过道岔区且被证实后，或移动授权已被取消并且生效后，相关进路才会解锁、敌对进路才会开放。

列车定位功能发生故障时，进路锁闭仍然保持有效，直到 CBTC 系统证实列车已驶出道岔区（即道岔区段内已没有列车）或根据行车规程确定，或者两者都采用。

如果联锁区域给出移动授权后，道岔失去表示，那么系统就会将移动授权降低至联锁区域入口处。如果列车已进入道岔的安全制动距离，那么 CC 就会立即实施制动。

13. 工作区域防护

对于封锁区段上运行的列车，CBTC 系统不会给出移动授权，并在其靠近或通过限定的工作区域时进行限速。在列车通过工作区域时，CBTC 系统还可禁止列车以 ATO 模式在此区域运行。

14. 紧急关闭

所有车站的站台和控制室都设有紧急关闭按钮。这些按钮一经按下，该条线路及该区域内上、下行线路会立即关闭，这些区域的相关移动授权也随之失效。

15. 受限进路的防护

CBTC 系统可防止列车驶入非安全进路。这些非安全因素是由列车或进路的机械、土建、电力及其他预设的临时或永久状况造成的。该系统还可与影响进路安全的危险检测设备接口。

16. 运行方向反向联锁

CBTC 区域内的运行方向管理，对于合理地为 CBTC 列车建立移动授权来说非常重要。它包括 CC 和 ZC 子系统，具体包括下列因素：

①列车驾驶人员的方向请求：须通过驾驶室激活进行表示。

②运行方向：由车载 CBTC 设备从 ZC 处获取 MAL 计算。

③CBTC 运行方向：由某一区段的 ZC 设定。如果某一区段的运行方向已确立，系统

就不会为该区段的列车再指派相反方向的移动授权。

17. 偏移防护

CBTC 系统会对列车的实际运行方向进行监控，并将测定方向与设定/指令运行方向进行比较。列车的反方向运动如果超过额定偏移距离，CC 就会启动，实施紧急制动。

18. 发车联锁

发车联锁可以防止静止的列车移动，除非所有车门都已正确关闭并锁闭。在特定情况下（如设备故障），可通过某些设备旁路上述发车联锁，操作人员依照操作规程发动列车。

19. 速度变化及打滑/空转测定

CC 会对速度传感器和加速计输入数据的一致性进行监控。如检测到速度或速度传感器信息的超常规变化，则会对异常情况进行记录。这些状况表明出现了打滑或空转现象，或者可能出现速度传感器信号丢失的情况。检测到打滑/空转现象后，CC 会将最后一个有效速度作为列车目前的速度，并继续保持相同的牵引或制动模式。这能确保程序停车在打滑条件下得以继续执行，并在经过标记号时修正列车位置。如果该现象持续存在数秒（须计算），CC 就会发出打滑/空转报警。若出现时间更长的打滑/空转现象（须计算），CC 就会实施紧急制动。如果 CC 检测到打滑/空转现象并且 ATO 不在程序站停模式时，CC 就会将牵引/制动系统置于惰行模式。在惰行模式下，CC 将牵引等级设定为默认惰行值。在打滑/空转现象消失前，CC 会请求列车保持惰行模式。此时，CC 在车站停车时将使用计算的制动率。

20. 轮径确认及磨损补偿

每次车辆执行车站停车时，CC 都会对列车速度和走行距离进行估算。CC 使用计算过的轮径输入和速度传感器的累积脉冲，作为估算车辆速度和走行距离的基础。通过在平直线路上（一般为车辆段转换轨处）设置的特殊应答器，CC 自动计算车轮尺寸。当列车经过这两个应答器时，车载控制器把走行的距离与数据库中存储的实际距离进行比较，从而确定车轮尺寸。由于车轮尺寸是 ATO 计算速度和距离的关键因素，车载控制器会在第一站停车时计算车轮尺寸，并将车轮磨损考虑在内。每个站台的应答器都对应应答器表，车载控制器可从中获取储存信息，并测定当前的车轮尺寸。该表包括了各站应答器之间的固定距离。车载控制器利用该信息计算车轮尺寸和速度-距离模式曲线。

二、列车自动运行（ATO）功能

CBTC 系统的一般性列车自动运行和监控功能由 ATO 子系统完成。在车辆运行过程中，ATO 子系统执行其规定功能，同时与 ATP 交换数据。ATP 认为系统配置适当，可以进入 ATO 操作模式后，即向 ATO 发送模式选择信息和激活指令。然后，ATO 使用固定储存在数据库中的车站和进路信息，执行程序站停。在人工 ATP 模式下，ATO 的功能性会受到限制。表 7-1 总结了各运行模式下 ATO 的非安全功能。

ATO 的一般功能

表 7-1

非安全功能	自动（ATO）	人工（ATP）
速度自动调节	×	
程序站停	×	
车门控制	×	×
运行等级	×	
折返	×	×
跳停	×	
扣车	×	
未达站台或越过站台	×	

注：×表示具有该功能。

1. 速度自动调节

CC 使用两个光电速度传感器（EOSS）测定速度。它将 EOSS 的总计输出作为列车的速度数据，用以估算车辆的运动参数。这些参数包括实际速度、空转与打滑、走行距离、退行/遛逸，以及零速度（列车停止）。脉冲是速度传感器的输出数据。输出的脉冲数量与车轮的旋转距离成正比。CC 将这些脉冲信号转换成直线距离，并利用目前已知的车轮直径数值计算出车轮旋转时的走行距离。通过计算单位时间内累积的脉冲数量，可测定出列车的速度。

2. 程序站停

根据指定的进路，列车按照要求在车站站台停车。CC 进路上的每个车站执行程序站停，除非 ATS 命令跳停或进路指定只有某些车站是停车点。自动程序停车只在正常的行车方向上适用。使用传感器的位置输入数据，列车可实现站台精确停车。当列车驶过预先设定点时（该点位于靠近车站的一段距离之外），程序停车即开始启动。停车曲线启动时，CC 依据列车速度、预定制动率、距离以及与停车点的距离变化计算制动曲线。CC 按照该曲线的要求，改变牵引和制动力。额定停车曲线制动率是车辆最大常用制动率的百分比，可按照 10 个增幅调整至总量的 60%。制动率的调整值可通过 DCS 从 ATS 处获得。该功能可根据反常的路轨条件对制动率做出有效调整。

列车将按照 6 节编组形式停车。列车中点应与站台中点对齐，前后误差不超过 25cm，这是列车的目标停车位置。即使车站停车曲线因某些原因中断，CC 也会使列车在程序停车地点停车。此时，停车误差为 ±1m。列车一旦停止，CC 就会实施制动（全常用制动的 70%），防止列车继续移动。即使列车没有超出站台范围，但如果无法证实已与站台对齐，CC 就不会启动车门，司机须采取相应措施。

3. 车门控制

列车通过自动模式和人工模式完成允许开门或取消允许开门。在正常运行时，CC 只有确定列车已在站台停车，并与站台门对齐后，才允许开门。确认安全后，CC 即允许开门。DCS 显示的停站结束时，CC 取消允许开门。如果 DSC 通信中断，CC 将在某一车站的默认停站结束后取消允许开门。ATO 的请求指令可使车门自动打开，操作人员也可进行干预，人工打开车门。关闭车门时，操作人员必须按下"关门"按钮进行人工操作。

4. 运行等级

车辆通过 DCS 接收 ATS 设定的运行等级。运行等级数据包括速度限制、加减速指令限制及车站停车减速率。该信息由 ATS 的车辆管理计算提供。各个运行等级均与特定的运行方案相对应，比如通过网络使能源消耗降至最低，或依据特定的时刻表使速度恢复实现最大化。CC 中存储有运行等级表格，以尽可能减少数据传输。ATS 会向列车发出指令，修正运行等级数据。在列车的停车与启动过程中，CC 使用该指令数据。CC 还会对程序停车曲线做出修正，使其与收到的运行等级保持一致，但列车的实际速度和加速/减速须受CC ATP 的限制。因此，运行等级数据中的速度和加减速限制并不安全。

除此之外，CC 还具有惰行运行模式。ATS 发出请求后，只有运行等级设定在 1 到 5、列车的目标速度在 40km/h 以上时，惰行模式才能生效。CC 在启动惰行模式后，可使列车在连续牵引之间进行惰行，重新获得牵引之前，允许车速降低至 11km/h；重获牵引后，车速恢复到运行等级数据所确定的额定值。

5. 折返

有两种不同的折返模式：无人自动折返和有人自动折返。有人折返方式时，CC 会在折返地点实施精确停车，它可使列车自动驶入折返区，实现精确停车。司机随后须切断进入端驾驶室电源，然后开启离去端驾驶室。CC 通过 DCS 获取 ATS 车站信息，然后列车驶入第一个车站，并实施精确停车。列车在自动模式下从车站出发时需具备一定条件：①有效的目的地 ID；②有效的司机 ID；③非零限速（须完成各种安全检查，没有激活的可缓解或不可以缓解的扣车，并按下"ADU"发车按钮）；④有效的行车方向——东/西；⑤发车测试时未发现故障；⑥数据通信建立。

6. 跳停

通过 DCS 子系统，CC 子系统可从前一车站获取下一车站的跳停指令。列车完成车站的程序站停之前，ATS 也能向列车发送本站跳停的指令。然后，列车会驶过车站，并不停车。如果列车在车站停车过程中收到本站跳停指令，车载控制器（TOD）上的跳停指示灯就会闪亮，向列车操作人员发出不在车站停车的信号。此时，列车在 ATP 控制速度下继续进行速度调节。本站跳停指令可在任何区域内取消。

7. 扣车

扣车是指列车停车后保持零速的状态。扣车可分为可缓解和不可缓解两种类型。两者都可禁止列车移动。收到 ATS 的"关门"指令后，扣车还会禁止 TOD 上的停站结束指示灯闪亮。

如果满足下列条件，CC 会执行 ATS 发出的可缓解的扣车指令：
①车辆抵达单程进路的目的地（站台或存车线）。
②车辆收到"999"目的地 ID。

③车辆在一个商业 DID 后接收到一个非商业 DID。

④若在行驶时启动一个扣车命令，CC 将继续行驶，并在下一程序停车位置发出扣车请求。

8. 未达站台和越过站台

在正常条件下，车站停车曲线会使列车在站台中央停车。若情况异常，列车可能会停在不到停车位置的地方，此时 CC 以最低调节速度向前移动，直至与站台对齐为止。发生未达站台现象时，若列车尚未进入车站站台区域，CC 就会重复进行牵引控制。CC 完成移动后，如果列车还未与站台对齐，并且没有正确的停靠位指示，司机应采取措施激活开门允许，可打开车门。

很多原因可造成越过停车目标位置。一个典型的原因是，列车制动子系统出现故障，列车动态特性发生了改变。例如，制动能力部分失效就会导致越过站台。如果列车越过车站停车目标位置，CC 就会产生并保持报警状态，它将不会允许开门，并要求司机采取措施。

三、列车自动监控（ATS）功能

1. 概述

ATS 提供控制和监督设备，对 CBTC 子系统及其外部系统接口进行监控。ATS 监视并显示实际运营的 CBTC 列车位置，位置由每列车通过 DCS 报告。它可自动调节列车的运行等级和停站时间，以维持时刻表和运行间隔。还能进行人工操作控制——通过 DCS 对所有或其中一辆到站列车进行扣车/缓解扣车，制定/撤销速度限制，使用区域控制器临时关闭/打开某一区域。ATS 设计有数个控制等级或模式，可将因操作调度异常或设备故障而产生的不良影响降至最低。

ATS 系统通常自动执行其功能，而无须操作人员的干预。该系统可根据调度增加列车，不间断地监督每列列车的运行，并移出预期结束商业运营的列车。ATS 的人工控制请求优先于自动控制请求。ATS 子系统收到区域控制器和车载控制器的运行状况信息后，能协同其他 CBTC 子系统对出现的问题做出远程诊断，解决故障。

2. ATS 用户接口

ATS 系统支持多类型用户使用。系统功能的使用权以用户类型为依据。系统管理员功能可对用户类型及相应的使用权进行创建和管理。登录时，用户须选择用户类型，并输入有效的系统密码。ATS 的用户类型包括主任调度员、运行调度员、车站控制员、车辆段控制员、停车场控制员、系统管理员、维护人员、计划人员、培训人员、受训人员及访客。

3. 列车识别和列车追踪

ATS 的列车追踪子系统（TTT）负责列车识别和列车追踪的管理。通过利用列车位置、ATS 用户请求、ATS 车辆自动管理请求及其他 ATS 子系统，TTT 可以完成车次的建立、删除及移动操作。ATS 会保持车辆固定标识（PVID）（表示一趟列车）及追踪标识（TID）在当前的位置，以便显示和报告。由于有新车加入和旧车退出，系统配置工具（SCT）会对系统数据库文件中有效的 PVID 进行更新。ATS 收到的 PVID 信息，如数据库中不存在，系统就会将之忽略。TID 与一组列车相关联，以达到列车追踪的目的。ATS 用户创建的 TID 可以不比照时刻表运行。

ATS 的轨道示意图可表示系统内所有列车及其相对应的列车标识。列车标识通常含有按照时刻表运行的 TID。如果列车标志中不含 TID，PVID 就会在列车标志中显示。TTT 对列车位置报告、ATS 用户请求及车辆管理请求进行不间断的监控，创建每趟车次的 TID，并对系统中 TID 和 PVID 的位置进行更新。

4. 列车进路

列车自动监控系统（ATS）会对列车运行进行监控，按照时刻表优化并稳定系统的运行。它设计有数个控制等级（中央自动、中央人工及本地人工）冗余部件，能将异常情况及设备故障对运行时刻表产生的不良影响降至最低。每种运行模式都表明，ATS 用户对列车运行可使用的控制等级，其使用须在具备该控制等级的车站进行。本地车站和 ATS 系统间须确立某种协议，以确保车站一次只执行一种模式。

在本地（车站）控制模式下，车站的人工控制指令（如进路控制）传输至车站控制室的 ATS 车站工作站。车站在本地控制模式下运行时，ATS 系统无法实施控制。但是，ATS 系统会继续接收回馈信息，进行显示更新和数据收集。

在中央控制模式下，车站的人工控制指令传输至 ATS 系统。只要车站在该模式下运行，控制就由 ATS 系统负责实施，而不是由车站计算机负责实施。但是，ATS 车站工作站将会继续接收回馈信息，进行显示更新和数据收集。

在中央自动模式下，所有列车依照时刻表和列车自动 ID 在系统进路中行驶，无须人工干预。ATS 用户可依据当前需要修改进路信息，这是正常的运行模式。在中央自动模式下，ATS 系统的车辆管理任务会自动对车辆运行进行控制管理。该模式下，计算机依据以下要素管理运行：①编辑计算机确定的时刻表；②从车站接收的实际数据中检测出来的冲突；③车次优先级。

5. 列车自动调整

所有在 CBTC 范围内运行的列车，都接受 ATS 系统的监督和车辆管理。CBTC 区域定义为所有允许列车以自动模式运行的运营区域。这包括所有的运营区域，但与运营系统的非商业连接除外。列车经调度进行运行，并依据列车时刻表（预先设定）所规定的次数停止运行。所有列车的位置和运行都自动受到监控，以测定列车运行是否符合时刻表，是否在可接受的限制范围内。

ATS 车辆管理还包括多种计算法则，运算信息从一种算法向其他算法传递，可确定车次的优先级，列车控制得当，运行符合时刻表，不会对乘客产生任何影响。

列车时刻表确定了一整套的启动、到达及发车时间，并对列车的运行计划及随后停靠做出了完整的规定。列车时刻表规定了某一列车所有车站的计划到站时间和停站时间。每列列车在运行中都有自己特定的时刻表。系统时刻表会在一天的商业运营开始时自动选定。

车辆管理软件的主要构成部件由以下分段确定：①启动/停靠作业；②投入作业；③时刻表控制。

ATS 最少可储存以下时刻表：①工作日时刻表；②周六时刻表；③周日时刻表；④假日时刻表；⑤特殊事件时刻表。

6. 能源优化

通过降低出站加速率、进站减速率以及根据时刻表或运行间隔采用惰行模式，ATS VR 所使用的列车运行等级可以节约能源。

7. 停站功能

ATS 向其用户提供人工停车功能，无论时刻表情况如何，用户都能让一辆、若干或所有列车在下一车站停车。列车停下后，车门保持打开，直至用户发出关闭车门的请求，此时，列车驶离车站，并按照时刻表开始运行。该功能只在异常情况下适用，如果不调整时刻表，列车就会晚点。如果列车是在人工模式下运行，该车站停车就会以正常的方式向司机显示。

ATS 向其用户提供人工扣车功能，可对停靠在当前车站的列车实施扣车，若来不及在当前车站扣车，可在列车进入下一车站时实施扣车。列车停下后，车门保持打开，直至用户发出关闭车门的请求，此时，列车驶离车站，并按照时刻表开始运行。该功能只在异常情况下适用，如果不调整时刻表，列车就会晚点。如果列车是在人工模式下运行，该车站停车就会以正常的方式向司机显示。

ATS 向其用户提供人工跳停功能，通过 DCS 接口，用户可以让一辆或一组列车跳过下一车站。收到指令后，列车在下一车站或当前车站（列车尚未停车）就不再停车。如果列车是在人工模式下运行，该跳停信息就会以正常的方式向司机显示。ATS 还向其用户提供跳停人工取消功能，用户可取消一辆或一组列车的跳站指令。收到该指令后，列车使用常用制动进行到站停车。在两个车站之间运行时，若列车已驶过停车点，无法在下一车站正常停车，则会按照初始请求跳过该车站。如果列车是在人工模式下运行，那么取消跳停就会以正常的方式向司机显示。ATS 向其用户提供特殊的人工跳停功能，用户可以让所有列车跳过特定的车站或站台。时刻表功能可将某一位置确定为时刻表停车位置，该跳停功能是对时刻表功能的补充。ATS 还具有让列车在某一车站或站台继续停车的功能。

8. 列车运行限制

ATS 向其用户提供人工停车功能。收到该功能的请求后，用户通过实施全常用制动，使一辆、一组或所有列车实现人工停车。该功能只在异常情况下适用，如果不调整时刻表，列车就会晚点。如果列车是在人工模式下运行，该停车信息就会以正常的方式向司机显示。ATS 还向其用户提供人工缓解功能，用户可以人工缓解一辆、一组或所有在进路中停车的列车。

ATS 为其用户提供人工请求功能，可复位车载 ATP 设备。车载设备负责认定该请求的有效性，并在安全实施的前提下进行复位。若车载系统拒绝该请求，它会向 ATS 发出拒绝请求的通知。

用户利用 ATS 提供的该项功能，可为 CBTC 范围内任何区段上的所有 CBTC 列车制定/修改/取消临时速度限制。在特定区段，TSR 可将 ATP 速度限制以 5km/h 的降幅减小至最小 10km/h。用户还可说明制定/修改/取消临时速度限制的原因。系统通过共享 CBTC 数据存储器（DSU）对 TSR 实施管理，并向 CBTC 子系统做出相关通知。

ATS 向其用户提供以下人工闭塞功能（由区域控制器实施）：①在当前位置的道岔闭塞；②道岔闭塞解除；③出站信号闭塞；④出站信号闭塞解除；⑤进站信号闭塞；⑥进站信号闭塞解除。

可用 ATS 提供的功能建立/撤销临时工作区域，此时须通过 DSU 配合使用，接近或通过工作区域的临时速度限制。还可进行线路闭塞，以确保不存在通过工作区域的运行权限。ATS 用户还能禁止/允许具有特定运行模式的列车进入工作区域。ATS 会向用户显示工作区域及接近或通过工作区域的临时速度。列车接近工作区域时，ATS 会向其用户发出声音和图像通知。声音通知（"哔哔"声）与 ATS 系统的其他声音通知有所区别。ATS 通过改变列车显示对象，向用户发出图像通知。这些声音和图像通知可使 ATS 用户通过驶近列车的无线电，向轨旁工人发出报警。

收到区域控制器的站台紧急停车激活信息及 DCS 的相关线路闭塞信息后，ATS 系统会向用户做出特殊显示，并发出报警。ATS 系统向其用户提供复位功能，通过 DCS 的线路闭塞解除功能实施。

对于具有专属使用权的非 CBTC 列车及系统无法运转的 CBTC 列车，ATS 用户可利用系统提供的人工功能，为其安排联锁区域之间的进路。ATS 的控制请求向区域控制器发出，区域控制器负责建立该专属进路，并在 ATS 用户人工取消进路之前，禁止其他列车进入该进路。

正处于 ATPM 驾驶模式的列车根据进路请求实施折返运行时，ATS 系统会自动或人工向区域控制器和车载控制器发出控制请求。ATS 收到该列车方向变更信息后，会通过区域控制器请求为该列车安排进路。如果该折返符合时刻表，ATS 会根据时刻表自动实施上述操作。

正处于 ATO 驾驶模式的列车，根据进路请求实施折返运行时，ATS 系统会自动或人工向区域控制器和车载控制器发出控制请求。ATS 收到该列车方向变更信息后，会通过区域控制器请求为该列车安排进路。如果该折返符合时刻表，ATS 会根据时刻表自动实施上述操作。ATS 系统还向用户提供人工功能，实施上述折返操作。

ATS 系统可在 CBTC 系统内发出区域封闭指令。封闭区域由 ATS 用户确定。列车禁止进入封闭的区域。封闭区域指令发出后，ATS 即向 DSU 发出信息。DSU 就对其轨道数据库的状态进行更新，将该区域视为固定障碍。然后该信息向 ZC 发送并执行。ATS 系统还能解除封闭区域的封闭状态。

实训任务

任务 7.1　CBTC 系统基本认知

任务描述

（1）对城市轨道交通 CBTC 系统有一个清晰的认识。
（2）准备教学资料。

（3）学生分组讨论学习计划。

（4）学生分组讨论学习城市轨道交通 CBTC 系统、ATP 子系统、ATO 子系统及 ATS 子系统的相关知识。

（5）各组将学习的成果进行交流并汇报。

（6）对学生的学习情况进行评价。

任务准备

（1）在多媒体教室或城市轨道交通通信与信号车间现场，根据场地和需要确定学生人数。

（2）教学用的 PPT、视频及相关教学引导资料。

（3）考评表。

任务考评

将考评结果填入表 7-2 中。

任务实施过程考评表　　　　　　　　　　　　　　　　表 7-2

考评项目		配分	考评指标	学生自评	小组互评	教师评定
知识准备	基础知识回顾、制订学习计划	5	熟悉的程度			
任务组成	CBTC 系统的基本架构和组成	5	熟悉的程度			
	列车驾驶模式	5	熟悉的程度			
	轨旁子系统的组成	5	熟悉的程度			
	车载子系统的组成	5	熟悉的程度			
	ATP 子系统的主要功能	5	熟悉的程度			
	ATO 子系统的组成	5	熟悉的程度			
	ATO 子系统的主要功能	10	熟悉的程度			
	ATS 子系统的组成	5	熟悉的程度			
	ATS 子系统的主要功能	10	熟悉的程度			
	ATS 子系统的外部接口	10	熟悉的程度			
	任务实施过程记录	5	详细性			
	所遇问题与解决记录	5	成功性			
讨论过程的表现		5	遵守上课纪律、态度认真			
协调合作，成果展示		15	小组成员的参与积极性、成果展示的效果			
成绩						
总成绩 （根据需要按照自评、互评和教师评价作百分比计算，以学生为主、教师为辅）						

达标练习题

一、填空题

1. 车载控制器是安全的车载子系统，确定_____位置。

2. 轨旁子系统主要是由_____组成。

3. 列车运行的自动和人工监控由_____和_____共同完成。

4. 运营控制中心，有三种基本类型的 ATS 工作站，分别是_____、
_____、_____。

二、选择题

1. 车载子系统主要包括下列设备有（　　）。

    A. ATP/ATO 机箱   B. 外围设备的机笼

    C. 接口板   D. 列车司机显示器

2. 列车司机显示器显示信息包含下列（　　）。

    A. 停站时间结束   B. 当前驾驶模式、超速、速度表

    C. 车载设备状态   D. 目标距离

3. 对于配有 CTBC 设备的列车，该 CTBC 可确定列车（　　）。

    A. 位置   B. 速度

    C. 运行方向   D. 列车的间隔

三、简答题

1. CBTC 系统的运行模式及其功能是什么？

2. 请描述区域控制器的特点、位置、作用。

3. 请列举提高列车运行间隔的 CBTC 因素。

4. CBTC 系统的功能有哪些？

模块 8

城市轨道交通通信系统

教学导入

　　城市轨道交通通信系统在正常情况下为行车调度、设备监控、防灾报警等系统进行语音、数据、图像等信息的传送。 在非正常和紧急情况下，城市轨道交通通信系统可作为抢险救灾的通信手段。

　　城市轨道交通通信系统应适应城市轨道交通运输效率，保证行车安全，提高现代化管理水平和传递语音、数据、图像和文字等各种信息，做到系统可靠、功能合理、设备成熟、技术先进、经济实用。

　　城市轨道交通通信系统一般由传输、公务电话、专用有线调度、无线列车调度、闭路电视监控、广播、时钟、乘客信息、UPS 不间断电源等子系统组成，构成传送语音、数据和图像等各种信息的综合业务通信网。 其中，传输系统（城市轨道交通骨干网）是通信系统中最重要的子系统，它不仅为本系统的各个子系统提供信息通道，而且也为其他自动控制管理系统提供信息通道。

学习目标

知识目标

1. 了解城市轨道交通通信系统的组成及作用。
2. 掌握城市轨道交通电话子系统的构成及功能。
3. 掌握城市轨道交通广播子系统的结构及功能。
4. 掌握城市轨道交通视频监视子系统的结构及功能。
5. 了解城市轨道交通 UPS 电源和接地系统。

能力目标

1. 能举例说明通信系统在城市轨道交通中的发展和应用。
2. 了解传输介质的种类及其特性。
3. 能描述无线列车调度子系统的应用。

素养目标

1. 提高语言表达能力，增强自信心。

2. 具有科学学习的精神和积极的工作态度。

地铁某号线的 104 车在下行线运行时车载乘客信息系统出现 LCD 黑屏故障。

处理过程: 104 车回段后,工班人员立即上车查看故障,发现 LCD 屏控制器 1 和控制器 2 的显示屏同时出现故障,更换后,恢复正常运行。

单元 8.1　城市轨道交通通信系统概述

一、城市轨道交通通信系统概述

地铁通信应适应地铁运输效率，保证行车安全，提高现代化管理水平和传递语音、数据、图像和文字等各种信息的需要，做到系统可靠、功能合理、设备成熟、技术先进、经济实用。

通信系统一般由传输网络、公务、专用电话、闭路电视、广播、无线、时钟、电源及接地等子系统组成，构成传送语音、数据和图像等各种信息的综合业务通信网。在正常情况下，通信系统为运营管理、行车调度、设备监控、防灾报警等系统进行语音、数据、图像等信息的传送；在非正常和紧急情况下，通信系统作为抢险救灾的通信手段。其中传输网络（即地铁骨干网）是通信系统中最重要的子系统，它不仅为本系统的各个子系统提供信息通道，而且也为其他自动控制管理系统提供信息通道。

二、通信系统在城市轨道交通中的发展和应用

在城市轨道交通通信系统的发展应用过程中，主导和引领整个通信系统发展的是传输子系统，应用在城市轨道交通通信系统的有 PDH、SDH（SONET）、ATM、OTN、IP 网等传输制式。

在 20 世纪 90 年代初我国修建的上海和广州地铁中，采用的是 PDH 传输系统。PDH 传输系统的特点是带宽资源有限，不能传输视频信息，只能满足地铁运营基本的语音信息和数据信息的传输要求。在早期的地铁传输系统中，为了满足传输视频信息的要求，需要单独架设用于视频的通信线路。

随着电信技术的发展，应用于城市轨道交通传输系统的技术也有更多选择的技术方案，如 SDH 传输技术、ATM 传输技术、OTN 传输技术以及千兆位以太网等。

三、模拟通信系统和数字通信系统

1. 模拟通信系统

在模拟通信系统中传输的是模拟信号。图 8-1 所示为模拟通信系统的基本组成。这里的调制器和解调器对信号的变换起着决定性作用，直接关系着通信质量的优劣。

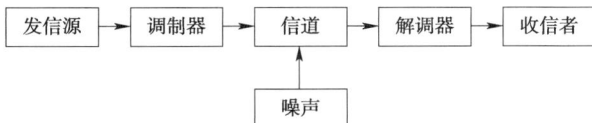

图 8-1　模拟通信系统的基本组成

2. 数字通信系统

在数字通信系统中传输的是数字信号。数字通信系统的基本组成如图 8-2 所示。数字通信系统除包括调制器和解调器外，还包括信源编码器、信道编码器、信道译码器、信源译码器和同步系统等。

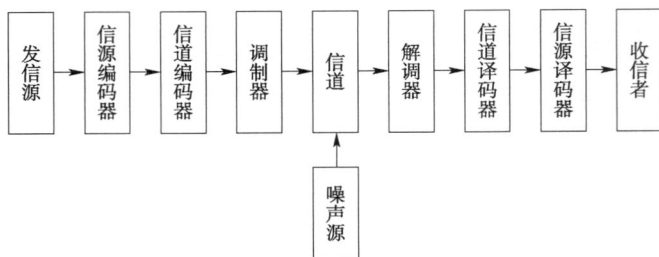

图 8-2　数字通信系统的基本组成

信源编码器的主要作用是提高数字信号传输的有效性。如果信息源是数据处理设备，还要进行并/串变换，以便进行数据传输。通常的数字加密也可归并到信源编码器中。接收端的信源译码是信源编码的逆变换。

信道编码器的主要作用是为了提高数字信号传输的可靠性。由于传输信道内噪声的存在和信道特性不理想造成的码元间干扰，通信系统很容易产生传输差错，而信道的线性畸变所造成的码间干扰可通过均衡办法基本消除。因此信道中的噪声是导致传输差错的主要原因。减小这种差错的基本做法是在信码组中按一定规则附加上若干监视码元（或称冗余度码元），使原来不相关的数字信息序列变为相关的新的序列，然后在接收端根据这种相关的规律性来检测或纠正接收序列码组中的误码，提高可靠性。因此信道编码器又称差错控制编码器。接收端的信道译码器是信道编码器的逆过程。

同步系统用于建立通信系统收、发相对一致的时间关系。因此同步是数字通信系统正常工作的前提，通信系统能否有效、可靠地工作，很大程度上依赖于同步系统性能的好坏。同步可分为载波同步、位同步、帧同步和网同步四类。

数字通信系统的特点如下：①抗干扰能力强；②可采用差错控制技术，从而提高数字信号传输的可靠性；③便于进行各种数字信号处理，如计算机存储和处理，使数字通信和计算机技术相结合而组成综合化、智能化的数字通信网；④数字通信系统可使传输与交换相结合，电话、数据和图像传输相结合，有利于实现综合业务数字网；⑤数字通信系统的器件和设备易于实现集成化、微型化。

单元 8.2　城市轨道交通传输子系统

一、传输子系统的功能

为满足地铁通信各子系统和信号、电力监控、防灾、环境与设备监控系统和自动售检票等系统各种信息传输的要求，应建立以光纤通信为主的传输系统网络。传输系统宜采用光同步数字系列传输设备或其他宽带光数字传输系统，同时还能满足各系统接口的需求。

传输系统容量应根据地铁各业务部门对通道的需求确定，并应留有余量。为保证各种行车安全信息及控制信息不间断地可靠传送，传输系统应根据需要尽量利用不同径路的两条光缆组成自愈保护环。

光缆容量应满足光同步数字传输系统或其他宽带光数字传输系统、无线基站中继和闭路电视视频信号传输等需要，并应考虑远期发展需要。传输系统应配置传输网络管理系统和公务联络系统。传输网络管理中心设备应设置于控制中心。

二、传输介质

传输介质指连接通信网络发送方和接收方的物理通路，共有三种类型传输介质。第一种类型是金属导体介质，包括对称电缆（双绞线是较常见的一种）、同轴电缆等。第二种类型是光导纤维介质，包括多模光纤、单模光纤等。第三种类型是无线介质，包括微波、红外线、激光等。

传输系统的作用

1. 双绞线

双绞线由按规则螺旋状扭在一起的两根绝缘导线组成，线对扭在一起可以减少相互间的辐射电磁干扰。双绞线是最常用的传输媒体，用于电话通信中的模拟信号传输，也可用于数字信号的传输。

①物理特性。双绞线芯一般是铜质的，能提供良好的传导率。

②传输特性。双绞线既可用于传输模拟信号，也可用于传输数字信号，其数据传输率的高低与传输距离有密切关系。

③连通性。双绞线普遍用于点到点的连接，也可用于多点的连接。作为多点介质使用时，双绞线比同轴电缆的价格低，但性能较差，而且只能支持很少几个站。

④传输距离。双绞线可以很容易地在几十米或更大范围内提供数据传输。局域网的双绞线主要用于一个建筑物内或几个建筑物间的通信，在100kbps速率下传输距离可达1km，但在10Mbps和100Mbps传输速率下传输距离一般不超过100m。

⑤抗干扰性。在低频传输时，双绞线的抗干扰性相当于或高于同轴电缆，但在超过10Hz～100kHz时，同轴电缆就比双绞线明显优越。

⑥使用特性双绞线的优点是价格便宜、使用方便、安装容易。因此常作为用户与本地中心站及中心站与中心站间的连线。

⑦常见分类。为了提高双绞线的抗干扰能力，可以在双绞线的外面增加金属屏蔽层。双绞线根据有无屏蔽层可以分为非屏蔽双绞线（UTP）和屏蔽双绞线（STP）。

2. 同轴电缆

同轴电缆是按"同轴"形式构成线对，最里层的内芯是铜质或铝质导体，向外依次为绝缘层、由网状导体构成的屏蔽层，最外层则是起保护作用的塑料外套，内铝质导体芯和屏蔽层构成一对导体。闭路电视所使用的电缆就是宽带同轴电缆。

①物理特性。单根同轴电缆的直径为 1.02 ~ 2.54cm，可在较宽的频率范围内工作。

②传输特性。基带同轴电缆仅用于数字传输，数据传输速率最高可达 10Mbps。宽带同轴电缆既可用于模拟信号传输，又可用于数字信号传输，对于模拟信号发送带宽可达 300MHz ~ 450MHz。

③连通性。同轴电缆适用于点到点和多点连接。基带 50 电缆每段可支持几百台设备，在大系统中还可以用适配器将各段连接起来；宽带 750 电缆可以支持数千台设备，但在高速数据传输率下（50Mbps）使用宽带电缆时，设备数目限制在 20 ~ 30 台。

④传输距离。传输距离取决于传输的信号形式和传输的速率，典型基带电缆的最大距离限制在几千米，在同样数据速率条件下，粗缆的传输距离较细缆远。宽带电缆的传输距离可达几十千米。

⑤抗干扰性。同轴电缆的抗干扰性能比双绞线强。

⑥使用特性。同轴电缆具有寿命长、通信容量大、质量稳定、外界干扰小、可靠性高和维护便利等优点，在有线通信中占很大比重。

⑦常见分类。按其阻抗特性来分主要有 50、750 两类。在早期的局域网中，传输介质几乎全部采用的是 50 基带同轴电缆（又叫基带电缆）和 750 宽带同轴电缆（又叫宽带电缆）。

3. 光纤

光纤是光导纤维的简称，光纤通信是以光波为载波，以光纤为传输介质的一种通信方式。

①物理特性。目前通信用的光纤是石英玻璃制成的横截面很小的双层同心圆柱体，未经涂覆和套塑的光纤称为裸光纤，由纤芯和包层组成。实际应用中，为使光纤耐拉伸不受损，一般需在裸光纤表面进行涂覆，构成各种不同结构的光缆，所以光缆由缆芯、缓冲层、加强层和包层组成。常用的光缆结构形式有层绞式光缆、束管式光缆、骨架式光缆和带状式光缆。

②传输特性。传输特性主要包括传输损耗和色散。传输损耗指通信信号从一点传输到另一点时的功率损耗。色散特性指由于光纤材料中存在色散，输入的光脉冲波形随着传输距离的增加而增宽、变形，产生码间干扰，增加了误码率，使光纤通信的通信容量和传输距离受到影响。

③连通性。用于点到点的链路，因其损耗小、衰减少，故分接头数较多。

④传输距离。光纤可在几千米的距离内部用中继器传输。

⑤抗干扰性。光纤具有不受电磁干扰或噪声影响的独有特性，适宜在长距离内保持高数据传输率，且能提供很好的安全性。

⑥使用特性。光纤具有传输频带宽、速率高、传输损耗低、传输距离远、抗雷电和电磁干扰性好、保密性好、不易被窃听和截获数据、重量轻、成本低等使用特性。

⑦光纤的分类。光纤可分为单模光纤和多模光纤。单模光纤是指光纤中只有一种波长的光波传输，其特点是纤芯细、色散小、效率高、价格贵，适用于长距离与高速场合。多模光纤是指光纤中有不同种波长的光波传输，其特点是纤芯粗、色散大、效率低、价格较低，适用于短距离与低速场合。

4. 无线传输介质

无线传输介质通过空间传输，不需要架设或铺埋电缆或光纤，目前常用的技术有无线电波、微波、红外线和激光。便携式计算机的出现，以及在军事、野外等特殊场合下移动式通信联网的需要，促进了数字化无线移动通信的发展，目前无线移动个人网络和无线局域网产品已经得到广泛应用。

微波通信的载波频率为 2 ~ 40GHz，因为频率很高，所以可同时传送大量信息。与通常的无线电波不一样，它是沿直线传播的。由于地球表面是曲面，微波在地面的传播距离有限。直接传播的距离与天线的高度有关，天线越高，传播距离越远，超过一定距离后就要用中继站来接力传输信号。微波通信一般用于长距离的骨干网。卫星通信是微波通信中的特殊形式，卫星通信利用地球同步卫星做中继来转发微波信号。卫星通信可以克服地面微波通信距离的限制，一个同步卫星可以覆盖地球的 1/3 以上表面，3 个这样的卫星就可以覆盖地球上全部通信区域，这样，地球上的各个地面站之间都可互相通信。卫星通信的优点是容量大、传输距离远；缺点是传播延迟时间长，对于数万千米高度的卫星来说，从发送站通过卫星转发到接收站的传播延迟时间约要花数百毫秒，这相对于地面电缆的传播延迟时间来说，两者要相差几个数量级。卫星通信一般用于船舶通信和军事通信。

三、传输系统的构成

传输系统一般由车站设备、控制中心设备和传输线路三部分组成。车站设备用来将车站各系统需要上传的电信号转换成光信号，通过光缆线路传输到控制中心。控制中心设备是将车站上传的光信号转换成各通信子系统或其他系统需要的电信号。控制中心设备一般包括网络管理系统，用来监测整个网络设备运行状态，同时还具有系统参数设置、故障统计、报表输出、系统用户权限设置等功能。传输线路主要指传输系统传递信息的介质，主要包含金属导体介质、光导纤维介质和无线介质。传输系统结构示意图如图 8-3 所示。

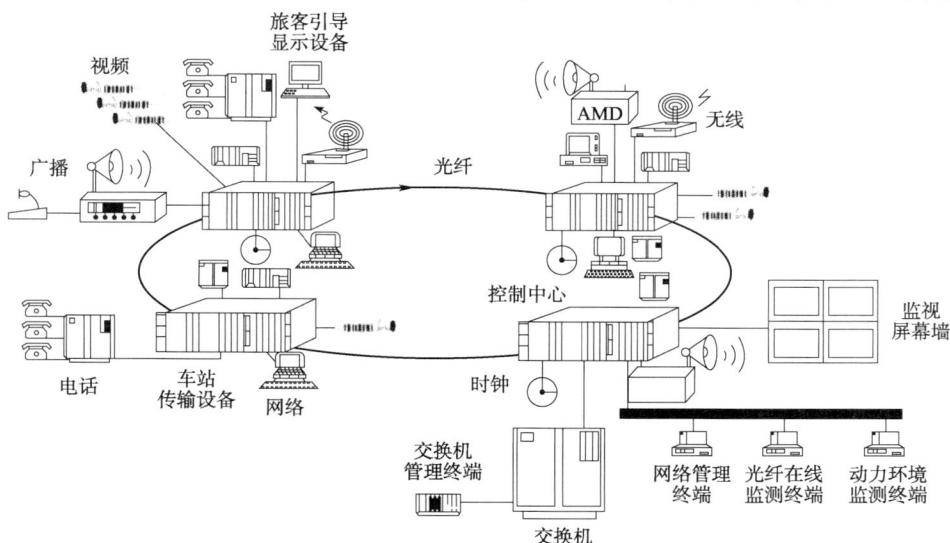

图 8-3　传输系统组网模式示意图

四、传输系统的组网类型与比较

随着城市轨道交通的发展，通信传输技术在该领域得到广泛应用和发展，目前城市轨道交通传输系统承载的业务主要有2M中继业务、计算机以太网业务、视频业务、旅客信息多媒体业务、高清晰广播语言业务、各种控制接口业务等。

根据城市轨道交通传输系统业务特点，适合各种业务的传输网络系统主要有开放式传输网路（OTN）系统、基于SDH的多业务平台、异步传输模式（ATM）网络系统等。

1. 开放式传输网路（OTN）系统

OTN是以波分复用技术为基础，属于同步传输体系。OTN系统提供丰富的接口板卡业务，对于城市轨道交通传输系统承载的业务无须再加接口转换设备。OTN系统兼容性好，开发了与SDH相连的接口节点设备，不仅提供了完全透明的通信协议，还为WDM提供端到端的连接和组网能力，它为ROADM提供光层互联的规范，并补充了子波长汇聚和疏导能力。在城市轨道交通中应用案例很多，如北京地铁、天津轻轨、广州地铁、上海地铁、深圳地铁、重庆轻轨等均有应用。

2. 基于SDH的多业务平台

多业务平台技术源于同步数字传输系统SDH，现已将准备同步数字传输（PDH）、SDH、基于SDH的数据包（POS）、以太网、ATM、数字数据网（DDN）等技术融为一体，该平台现在能够提供多点到多点的连接，具有用户隔离和带宽共享等功能，成为今后数字传输系统的主流。在城市轨道交通中应用案例较多，如广州地铁3号线、5号线。

3. 异步传输模式（ATM）网络系统

ATM是一项数据传输技术。ATM是以信元为基础的一种分组交换和复用技术，是一种为了多种业务设计的通用的面向连接的传输模式，适用于局域网和广域网，具有高速数据传输率并支持许多种类型如声音、数据、传真、实时视频、CD质量音频和图像的通信。ATM采用面向连接的传输方式，将数据分割成固定长度的信元，通过虚连接进行交换。ATM集交换、复用、传输为一体，在复用上采用的是异步时分复用方式，通过信息的首部或标头来区分不同信道。

单元8.3 城市轨道交通公务电话子系统

一、公务电话子系统功能

城市轨道交通公务电话用于各部门间进行公务通话及业务联系，主要功能为语音业务和非语音业务。

1. 语音业务

①完成电话网内本局、出局及入局呼叫。

②能与市话局各类交换机配合完成对市话的呼叫。

③完成国内和国际长途全自动的来话、去话业务。

④完成各种特殊呼叫。

⑤完成与公用网中移动用户的来话、去话接续。

⑥完成对无线寻呼的呼叫。

2. 非语音业务

①向用户提供话路传真和话务数据业务。

②提供 64kbps 的数据和传真业务。

③提供用户线 2B + D/30B + D 的交换接续。

二、公务电话子系统结构

公务电话子系统由程控交换机组成单局式或双局式地铁专用电话网，交换局设在控制中心和车辆段，与市话局之间采用自动呼出、自动呼入。地铁沿线各站（段）配置的自动电话、数字终端和 2B + D 用户终端经接入网传输汇集于局端 OLT。

地铁公务电话

三、公务电话子系统设备组成

公务电话子系统由程控电话交换机、自动电话、传输系统提供的数字中继线路及其附属设备组成。

单元 8.4　城市轨道交通专用电话子系统

专用电话系统是控制中心调度员、车站、车辆段的值班员组织指挥行车、运营管理以及确保行车安全而设置的专用电话系统设备。

一、专用电话子系统功能

调度电话包括行车、电力、防灾环控、维修和公安等；各调度台能快速地单独、分组或全部呼出分机，分机摘机即呼调度台。调度员可通过操作调度台，一键完成对沿线各站的单呼、组呼、全呼、强插、强拆、召集会议等功能。车站值班员呼叫调度员采用热线方式，摘机即通。

二、专用电话子系统结构

调度总机设控制中心，调度分机设在各个车站，调度总机与分机之间通过专用信道以全辐射方式连接。

各调度系统的分机通过程控交换机连接。这就需要利用程控交换机的闭合用户群功能，在网内可组织若干个闭合用户群。用这种方式，以程控交换网为依托，构成的调度电话系统是一种虚拟的独立系统。此外，为保证调度员和分机之间的呼叫无阻塞，可在中心交换机和各车站交换机之间设置直接中继通道。站间行车电话也应能摘机即呼，这可利用交换机在相邻两站的行车电话机之间建立双向热线实现。而轨旁电话沿隧道设置，轨道沿线电话并联后接入邻站交换机。轨旁电话可直接呼叫上行值班员、下行值班员和行车调度员。

三、专用电话子系统设备组成

专用电话子系统包括调度电话，站间行车电话，车站、车辆段直通电话以及区间轨旁电话。

调度电话系统由中心调度专用主控设备，车站、车辆段专用主控设备，调度电话终端、调度电话分机、录音装置以及维护终端等组成。调度电话终端设置在控制中心各调度台上。

单元 8.5 城市轨道交通广播子系统

一、广播子系统功能

城市轨道交通系统中广播的主要作用有两个方面：一是对乘客进行广播，通知列车到站和离站的信息，或者播放音乐以改善候车环境，或在发生意外情况时疏导乘客。对乘客广播的播音范围主要是站台层和站厅层。二是对工作人员进行广播，其播音范围为办公区域、站台、站厅、隧道及车辆段范围内，以便发布有关的通知信息，使有关工作人员协同配合工作。

一般城市轨道交通系统中广播采用多信源选区广播方式，即广播信息有不同的内容和不同的信息源，广播的区域也在不同的地区，广播系统具有在不同区域选择不同信息源广播的功能。何时、何地区、广播何种信息由广播系统按运营要求自动运行。

二、广播子系统结构

城市轨道交通广播系统采用二级广播控制方式，由控制中心一级和车站一级组成。城市轨道交通车站广播区分为上行站台、下行站台、售票区、站厅、出入口和办公区等。当城市轨道交通发生故障或灾害时，广播系统自动转为抢险通信设备，环境调度员具有最高优先权。

控制中心播音控制台上输出的语音信号和控制信息，经过光传输系统传到各个车站，由车站广播控制设备接收。车站设备根据中心发来的指令，控制启动车站广播执行装置，语音经放大均衡后播送到指定的广播区域。同时车站广播控制设备亦将本站执行的状态反馈传送到控制中心，并在控制中心播音控制盒上显示，来完成中心调度对车站的选路、选站、选区遥控操作和指挥。当控制中心不操作时，各车站广播均能独立自主地实现自控操作。

控制中心广播系统由中心广播控制台、CD 播放机、网管终端、网络控制器、网管接口装置、多信源转换矩阵、数字录音装置、语音合成器、报警单元、电源装置、中心广播机柜及线缆等组成。

系统对该站台进行定向人工广播。控制台内部设有自动压限电路，当用话筒广播或播放语音合成内容时，将自动压限外部线路输入的信号，实现插播功能。语音合成器可存入多条语音信息。系统中的网络控制器可控制各广播的优先级，优先级可由网管进行修改。中心配备数字录音装置，可对控制中心的环调和行调广播内容进行录音。该录音装置对语音信号采取 MP3 实时压缩处理，以数字形式进行存储，并记录广播的日期、起始时间、结束时间、控制台编号、广播对象及语音内容。在存储器起始端制作查询目录，方便管理人员查询。同时在电路设计中设有防修改电路，保证记录内容真实可靠，录音方式为 24h 循环录音。在各车站的站台及站厅等旅客公共区域处设置噪声传感器，噪声传感器将检测到的噪声信号传到噪声检测控制器，实现噪声检测功能。在控制中心配有一台网管微机，该网管微机与中心的网管控制器连接，随时接收网管控制器发来的车站信息，将信息处理后在监视器上显示出来，能监测系统中各设备的运行状态。当有广播操作时，输出切换控制器将收到的信息进行处理，检查各广播区和功放的开关情况，根据预先设定的功率进行核算。在同一广播信源的情况下，如广播区的负载没有超过一台功放的功率，即启动一台功放工作；当广播区的负载超过一台功放的功率时，即自动启动另一台功放工作，依次类推，以达到最佳的功率匹配，提高设备的利用率。为增加系统的可维护性及可靠性，在设备维护期间，不使广播出现中断，除车站广播控制系统的主播通道外，在广播控制台上另设置了内置话筒的应急广播设备。当正常的控制通道、语音通道或部分设备故障时，广播员可通过应急系统进行直接广播，面板上设置了多路编组广播区选择键，广播员可提前预置不同的广播区组合。应急系统由独立电源供电，由噪声检测控制器直接调整功率放大音量。

三、广播子系统设备组成

车站广播系统主要由车控室广播台（话筒）、车站广播设备、扬声器等设备构成。车控室广播台配有带控制键盘，可以对本站范围内的广播区进行选择和播音；车站广播设备具有接口控制功能和信号放大功能；扬声器作为广播终端设备将广播信息传递到选定的区域。

控制中心广播系统主要由行车调度广播台、电力调度广播台、环控调度广播台和控制中心广播设备（控制器、语音信号处理器等）组成。

单元 8.6 城市轨道交通视频监视子系统

视频监视系统作为一种图像通信，具有直观、实时的动态图像监视、记录和跟踪控制等独特功能，是通信指挥系统的一个重要组成部分，具有独特的指挥和管理能力，已成为城市轨道交通实现自动化调度和管理的必备设施。闭路监视系统可实现对地铁重点区域、要害区域和易发案场所进行有效防范，既确保地铁运营生产安全，又威慑犯罪分子，减少所辖公共场所的发案，并可通过提取与分析录像资料为案发后的侦查破案工作提供重要线索。

一、视频监视系统功能

城市轨道交通视频监视系统具有运营调度图像辅助指挥和公共安全管理功能。

1. 运营调度图像辅助指挥

由城市轨道交通线运营部门应用管理，为城市轨道交通线运营调度指挥提供图像辅助。运营调度控制中心在实施列车调度、运营管理和防灾控制指挥中，借助电视监视系统，实时直观地了解线路运营情况和事故灾害信息，使调度控制指挥人员能够在管理事件的第一时间获取事件现场实时的直观图像资料，从而能在最早时机做出控制反应。同时调度控制人员能够操控电视监视系统的前端摄像机云台（公安用摄像机除外）和图像记录设备，跟踪事件的场景区域，掌握事件演进过程，并记录事件现场图像，以备日后查阅和分析。

平时调度控制人员能够通过电视监视系统巡检全线各车站运营情况；能够任意调看各车站各摄像机（公安用摄像机除外）的采集图像，并对重点场景图像进行不间断记录；可操控各站的硬盘录像机选定某个图像进行远程回放。

系统为城市轨道交通车站运营管理提供图像监视信息。车站控制管理人员借助电视监视系统，实时直观地了解本站运营情况，并能够操控本站摄像机（公安用摄像机除外）、切换控制和图像记录设备，对监视图像进行巡检、调视、跟踪和记录。

2. 公共安全管理

由公安部门应用管理系统为城市轨道交通线公共安全管理提供辅助手段，为公安指挥中心提供全线各车站实时场景图像。公安指挥中心值班人员可以任意操控调看各车站各摄像机（运营用摄像机除外）、云台和图像，以巡检和跟踪各车站现场场景，及时了解全线安全情况，发现治安事件，判断事件性质和规模，从而实施快速反应和高效指挥。公安指挥中心值班人员可以对重点场景图像或事件现场图像进行不间断记录，以备日后查询和分析历史资料。

二、视频监视系统结构

车站内部的控制信号可通过控制电缆传输，视频信号可通过视频同轴电缆传输。在站间传输时，控制信号可通过 SDH 传输系统提供的从控制中心至各车站的共线低速数据通道进行传输；而视频信号可通过数字图像传输方式进行传输，即将每个车站的多路视频信号分别经数字压缩编码（H261，MPEG2）处理后，通过 SDH 传输系统送至控制中心，控制中心数字交换控制模块筛选出多路压缩编码数字视频信号后进行视频解码，还原后的视频信号送至相关调度台的各监视器上。用上述方式传输时，如果车站及每站所传的视频信号路数较多，则将占用较大的带宽，这时可将所要监视的视频信号在网上传输，其余的信号则在需要时切换进主干网中传输。

1. 控制中心监视子系统

控制中心监视子系统包括图像显示、图像切换控制、图像录制和网络管理等部分。

2. 车站(车辆段) **监视子系统**

车站（车辆段）监视子系统由图像摄取、图像处理、图像切换控制、图像显示和图像录制等部分组成。

3. 视频与控制信号传输子系统

①本地传输。在本车站（车辆段）范围内控制信号可通过控制电缆传输，视频信号通过视频同轴电缆传输。

②远距离传输。控制信号远距离传输采用由数字传输系统提供的控制通道完成相应的控制功能；网管数据远距离传输采用由传输系统提供的、从控制中心至车站及车辆段之间的低速数据传输通道；视频信号的远距离传输通过数字传输系统提供的视频接口，在各车站（车辆段）经过 A/D 变换和数据压缩、编码，再经传输系统传至控制中心，在控制中心完成反向变换，解码输出模拟视频信号。

③视频信号压缩编码方式及传输方式的选择。由于地铁对视频监视系统传输图像的质量和实时性要求比较高，因此采用每路视频压缩技术。

车站图像摄取范围为站台层、站厅层、售票厅、检票口、自动扶梯、各出入站口、厕所通道、楼梯、楼梯通道、通道拐弯、隧道口和高压设备室门口等处；车辆段的图像摄取范围为停车列检库、架修库、定修库、联络线等处。同时根据需要在高压设备室、低压设备室、通信机械室、信号机械室以及 AFC 机械室等处设置视频采集点。

地铁站入口处人群相对稀薄，架设彩色快球摄像机，采用广角镜头以获得大的视角，对进站的人员进行图像监控。

闸机、检票口和售票大厅人行进出速度较慢，尤其是自动检票闸机必须单人次顺序经过，架设彩色固定摄像机进行监控，容易获得乘客清晰的五官图像。采用高倍变焦镜头，可对锁定目标随时放大或抓拍，提供清晰的图像资料。楼梯和通道处，人群被整形有利于摄像，而且人员在楼梯上容易取得摄像的有力角度，在楼梯口架设摄像头分别监控出站人群和进站人群。站台上，人群再次分散，在站台和候车大厅架设摄像机进行随机摄像和定点摄像，尽量做到无盲区。厕所通道、隧道口以及高压设备机房入口处等重要部位设置摄像机，增加监视区域。

4. 视频监视系统设备组成

视频监视系统主要由摄像机（包括云台）、监视器、控制切换设备和传输网络等各部分组成。

单元 8.7　城市轨道交通时钟子系统

一、时钟子系统功能

时钟系统为通信、信号、防灾报警、电力监控等专业设备提供统一的定时信号，为控制中心、车站、车场等各部门工作人员提供统一的时间信息，并且为广大乘客提供统一的标准时间信息。

二、时钟子系统结构

中心母钟（一级母钟）接收来自 GPS 的标准时间信号，通过传输子系统传输给车站及其他场所母钟（二级母钟），由二级母钟按标准时间信号指挥子钟统一显示时间，为乘客和工作人员提供标准时间。同时具备数字式及指针式多路输出接口以及数据接口，为其他子系统（或时间显示设备）提供统一的时间信号，使各机电系统的定时设备与时钟系统同步，从而实现全线统一的时间标准。

三、时钟子系统设备组成

时钟系统主要由监控终端、一级母钟（中心母钟）、二级母钟（车站及车辆段母钟）、子钟（包含时间显示设备）及传输通道五部分组成。

单元 8.8　城市轨道交通无线集群调度子系统

一、无线通信的系统介绍

1. 无线子系统功能

（1）系统呼叫功能

系统呼叫功能包括：①完成调度员（固定台）与移动台之间的全自动通话接续；②完成移动台与移动台之间的全自动通话接续；③完成无线用户与 PABx 之间的全自动通话接续；④具有选呼及组呼功能；⑤具有调度和重要用户实现广播及系统呼叫功能；⑥具有多级优先、遇忙排队、自动呼叫、自动重发、紧急呼叫功能；⑦具有首长呼叫及呼叫转移功能；⑧具有状态呼叫功能；⑨具有语音及长、短数据信息传输功能；⑩具有开放信道呼叫功能。

（2）系统控制与管理功能

系统控制与管理功能包括：①具有控制电话呼叫及通话限时功能；②调度员具有强拆、强插功能；③具有集中的网络管理功能；④具有呼叫记录和通话录音处理功能；⑤具有用户动态重组功能。

（3）系统诊断和可靠功能

系统诊断和可靠功能包括①具有系统自诊功能；②具有故障告警、显示功能；③具有故障弱化功能；④具有备份控制信道功能。

2. 无线子系统结构

系统的基本结构通常采用基站加露泄同轴电缆中继方式。全线通常设一个控制中心，一个或若干个集群基站，一个无线移动交换机，基站信道数根据用户数及话务量大小灵活配置，动态分配。

3. 无线子系统设备组成

①集群调度通信系统。集群调度通信系统包括集群控制器、无线交换机、调度台、基站收发信机、天馈系统、列车电台、操作维护终端。

②漏缆中继系统。漏缆中继系统包括光纤射频传输系统、双向放大器。

③无线寻呼引入系统。无线寻呼引入系统包括前端接收部分、信号处理部分、寻呼发射机、高功率线性放大器。

④蜂窝电话引入系统。蜂窝电话引入系统包括高增益大功率线性放大器、高隔离双工器及高性能合路平台。

4. 无线调度的通信方式

在无线调度通信中，其无线终端带有按键发送讲话键，按下PPT键时打开发信机关闭收信机，松开PPT键时关闭发信机打开收信机。无线调度有单工、半双工、全双工三种通信方式。

5. 专网调度与集群调度

（1）专网调度

一个调度专网配置一组专用载频，即使载频空闲，其他专网亦不能使用。例如，一条城市轨道线路建立了行车调度、维修调度、防灾调度、公安调度等专网，则各专网所分配的载频不能互相通用。

（2）集群调度

集群调度将几个专网合并，共用一组公共载频，建立一个集群调度网。在集群调度网中各专网以虚拟专网的形式存在，各虚拟专网有自己的调度台与移动台，用户并不会感觉到其他虚拟专网的存在。这样，各虚拟专网可以共享公共载频资源。

与专网调度相比，集群调度具有如下优点：①共用频点；②共用设施；③共享覆盖区；④共享通信业务；⑤分组费用。

6. 无线集群通信系统的集群方式

集群通信系统的主要通信方式为调度台与移动台、移动台与移动台之间的单频道单工或半双工通信。据统计，一次典型的半双工"调度通话"由4个半双工传输组成，每个半双工通话时间约为4s，甲、乙双方各讲话2次，共16s。加上双方讲话间3次停顿，每次2s，共6s，则一次通话共占用无线信道22s时间。

集群方式指如何给集群用户之间的一次通话分配无线信道，有消息集群、传输集群、准传输集群三种方式。

7. 无线集群通信系统的组网方式

（1）大区制

大区制一般在一个服务区域（例如一个城市）只设置一个基站，利用直放站（亦称中继器）加大其覆盖范围；若话务量较大，可以配置较多的无线信道。在城市轨道通信的一条线路中，若采用大区制组网，可以在一个车站设置基站，全线其他车站均设置直放站。

大区制的优点为不存在越区切换问题，工程造价低；其缺点为可靠性较低，存在多径干扰的场点较多，单基站的载频受限使扩容受到限制。

（2）中区制

中区制一般在一个城市只设置少量基站，利用直放站加大其覆盖范围；若话务量较大，可以配置较多的频点。在城市轨道通信的一条线路中，若采用中区制组网，可以在少数几个车站设置基站，全线其他车站均设置直放站。在城市轨道中，中区制基站与直放站之间可以用同轴漏泄电缆连接或利用城市轨道传输网连接。

（3）小区制

小区制一般在一个城市设置多个基站，直放站只用来消灭个别盲区，类似公众蜂窝移动通信网的组网方式。在城市轨道通信的一条线路中，若采用小区制组网，可以在每一个车站设置基站，非相邻基站载频频率一般允许进行空间复用，频率资源利用率高。

（4）基站间的越区切换

在无线集群通信系统的小区制组网方式中，每个基站小区（以下简称小区）使用一组载频，邻近小区使用不同载频。移动台离开一个小区进入另一个邻近小区时，需进行载频切换，这种切换统称为越区切换。

越区切换发生在移动用户处于小区覆盖的边缘地带时。判断切换的准则一般有信号电平准则和载干比准则。

在城市轨道无线集群通信系统中，若采用小区制或中区制组网方案，车载台在列车行进过程中经常会发生越区切换。

8. 无线通信中的多址技术

在无线通信系统中，各基站和移动用户终端间的通信共用一个空间物理媒体。需要采用不同的信号特征去表征每一个无线信道，以便接收端能够选择接收所需无线信道。无线集群通信系统采用多址技术，类似于有线传输中的多路复用技术。实现多址连接的理论基础是信号分割技术，也就是在发送端改变信号的某些特征，使各站所发射的信号有所差异。在接收端具有信号识别能力，能从混合信号中选择出所需接收的信号。

目前，在无线通信系统中所采用的多址方式主要有频分多址、时分多址和码分多址。

二、无线集群调度子系统在城市轨道交通中的应用

城市轨道交通无线通信系统是城市轨道交通通信系统中不可缺少的组成部分，是提高

地铁运输效率、保证运营行车安全的重要手段。城市轨道交通无线通信系统主要由具有极强调度功能的无线集群通信子系统、无线寻呼引入子系统、蜂窝电话引入子系统等构成。城市轨道交通无线通信属于移动通信的范畴，但又具有限定空间、限定场强覆盖范围、技术要求高、专用性强、系统复杂等特点。

1. 无线集群调度子系统组成

城市轨道交通中，无线集群调度子系统主要解决固定人员（调度员、值班员）与流动人员（司机、站务、维修人员与列检人员）及其相互之间的通话及数据传输问题。其网络一般为带状，无线集群调度子系统主要由以下几部分组成：控制中心交换设备、控制中心网络管理终端、调度台、基站、移动设备（便携式手持台、车载电台、车站用固定台）、传输设备等。

无线子系统主要用于地铁、轻轨线的列车运行指挥、公安治安、防灾应急通信和设备及线路的维修施工通信。根据运行组织、业务管理需要，其工作区域及工作性质不同，无线集群子系统分为以下 6 个无线通信作业系统。

①列车无线调度系统。供列车调度员、司机、车站值班员、停车场（车辆段）信号楼值班员之间及车站值班员与站台值班员之间通信联络，满足列车运行需要。

②公共治安无线系统供公安调度员与车站公安值班员及公安外勤人员之间通信联络，维护日常和灾害时的车站秩序，确保乘客旅行安全。

③事故及防灾应急无线系统。供防灾调度员、车站防灾员、现场指挥人员及有关人员间通信联络，进行事故抢修及防灾救灾。

④停车场调车、检修无线系统。供停车场运转值班员、调车员、检修员间通信联络，进行列车调车与车辆站修和临修。

⑤车辆段调车、检修无线系统。供车辆段运转值班员、调车员、检修员间通信联络，进行车辆调车、车辆月修和定修。

⑥维修及施工无线系统。供机、工、电维修人员相互间通话联络，进行线路、设备维修及施工抢修。

2. 无线集群调度子系统功能

城市轨道交通的无线集群通信系统为控制中心调度员、车辆段调度员、车站值班员等固定用户与列车司机、防灾、维修、公安等移动用户之间提供通信手段。系统必须满足行车安全、应急抢险的需要，并考虑"互联互通"的需要。

城市轨道无线集群调度子系统的功能需求如下：

①无线通信可以为城市轨道内部固定工作人员与流动工作人员提供语音通信、短信息与分组数据通信。系统以调度组通信（组呼）为主，也可以提供用户之间一对一的选择通信（选呼、单呼）。

②根据业务需要，为控制中心行车调度员、环控（防灾）调度员、维修调度员、公安中心调度员、车站值班员、车辆段/停车场值班员、列车司机以及各部门流动人员之间提供无线通信手段，为车辆段/停车场值班员对段内的流动人员提供无线通信手段。

③按使用部门进行优先权排队。当业务信道全部占用时，优先权级别高的呼叫可中断优先权级别低的通话，以保证调度作业的正常进行，并确保紧急情况下（例如：发生火灾、恐怖事件）的指挥、调度。

④具有紧急呼叫功能，紧急呼叫的优先权高于所有的呼叫。

⑤控制中心调度员可插入列车广播，对列车乘客进行选呼广播和全呼。

⑥控制中心调度员可监听本部门调度用户的通话，并可对所有通话自动或人工录音。

⑦控制中心的无线调度核心网设备具有呼叫记录功能，存储主呼和被呼号码、位置、类型、日期和时间；必要时，可打印输出。

⑧具有设备的自检和中心检测功能。

⑨系统选择800MHz工作频段，具体频点与数量须经当地无线电管理委员会批准。

⑩地面（高架）线路和地面（高架）车站、车辆段/停车场，采用基站和空间波天线完成工作区域的场强覆盖；地下线路和地下车站采用基站（或直放站）和漏泄同轴电缆（或隧道天线）完成工作区域的场强覆盖。

⑪整个系统由位于控制中心的核心网设备、位于车站的无线接入（基站）设备、列车台、各部门便携台和传输通道等组成。

⑫固定台采用全双工或半双工工作方式；列车台采用全双工（对固定用户）或单工/半双工（对移动用户）工作方式；便携台可采用单工、半双工工作方式。

⑬在语音质量为三级的保证条件下，边缘覆盖概率为系统空间波覆盖的地点概率不小于90%，漏泄同轴电缆辐射电波覆盖的地点概率不小于95%。

单元8.9　城市轨道交通通信电源及接地系统

一、UPS电源系统

通信电源系统必须是独立的供电设备并具有集中监控管理功能。通信电源系统应保证对通信设备不间断、无瞬变地供电。通信电源设备应满足通信设备对电源的要求。

为了保证地铁各通信系统正常工作，一个安全可靠的通信电源及接地系统必不可少。通信电源系统应安全、可靠地向各通信设备不间断地供电。

1. 电源系统组成

（1）系统要求

地铁通信电源系统需要供电系统提供两路安全可靠的三相五线制交流电源，控制中心、各车站（场）的通信设备均要求按一级负荷供电。

（2）系统构成

地铁通信电源系统有交流供电和直流供电两种供电方式。

（3）组成方式

由于目前地铁车站各通信子系统的设备大多以交流供电为主，各车站仅少数设备需直流供电，且直流用电量较小，若车站再设直流供电，各站都需增加一套高频开关电源与 -48V 蓄电池组。因此，从经济合理性考虑，各车站一般不设直流供电，由交流不间断电源设备向各通信设备供电。对少数需直流供电的通信设备，可采用设备厂家机柜内自带整流器的方式解决。

对于控制中心或个别直流用电量较大的站（场），若采用设备厂家机柜内自带整流器的方式，从可靠性、合理性上考虑不太适宜，所以宜采用交、直流两种电源供电方式。采用交流供电的通信设备，由交流不间断电源设备向负载供电；采用直流供电的通信设备，由直流高频开关电源与蓄电池并联浮充方式供电。

2. 系统主要功能及技术指标

（1）交流配电柜

交流配电柜主要用作交流电源的转换和配电，用交流配电柜的两路电源切换盘可对两路输入电源进行自动/手动切换，有可靠的电气联锁和机械联锁。多路负载分路对输出电源进行分配，输出至各通信子系统设备。配电盘上应能显示常用电源、备用电源的三相电压、负载电流情况。配电柜应具有过压、欠压、过流、防雷和浪涌吸收保护装置，当电源故障时给出告警，并提供本地和远端监控功能的通信接口或输出信号。

交流配电柜主要技术指标如下：输入电压 $380\text{V} \pm 15\%$；输入频率 $50\text{Hz} \pm 5\%$。过压、欠压保护具有交流电压过压、欠压保护的装置。

（2）不间断电源设备

不间断电源设备主要由整流器、逆变器、静态开关和旁路开关、蓄电池组等组成。在正常供电时，不间断电源设备能起到稳频稳压作用，并向负载供电，同时给蓄电池充电；当停电时，不间断电源设备则通过配备的一组蓄电池经逆变器向负载供电。不间断电源设备具有手/自动旁路功能。当负载端发生过载以及逆变器发生损坏时，不间断电源设备将自动无间断地切换到电子旁路继续供应负载；当不间断电源设备内部的电子部件损坏维修时，为了不影响对负载的供电，可人为将不间断电源设备切换到手动旁路。不间断电源设备能显示工作状态和报警状态，并提供本地和远端监控功能的通信接口。

不间断电源设备主要技术指标如下：输入电压 $380\text{V} \pm 15\%$；输入频率 $50\text{Hz} \pm 5\%$；输出电压 $220\text{V} \pm 1\%$；输出频率 $50\text{Hz} \pm 0.1\%$；输出功率因数 ≥ 0.8；整机效率 $> 92\%$。

（3）直流高频开关电源

直流高频开关电源由整流模块、监控模块、直流配电单元等组成。直流高频开关电源的交流电源由交流配电屏引入，输出可靠的48V直流电源至相关的通信设备。当正常供电时，整流器一方面给通信设备供电，另一方面又给蓄电池充电；当停电时，直流高频开关电源则通过配备的蓄电池组向负载供电。整流模块采用 N + 1 备用。直流高频开关电源应有过压、过流保护，防雷和输出端浪涌吸收装置，故障时有告警功能，并提供本地和远端监控功能的通信接口。

直流高频开关电源主要技术指标如下：输入电压 323 ~ 418V；输入频率 50Hz ± 5%；额定输出电压 48V；稳压精度 ≤ ±1%；均流误差同型号整流模块能多模块并联工作，并具有按比例均分负载性能，其不平衡度 ≤ ±5% 输出额定电流值。

（4）免维护阀控式全密封铅酸蓄电池

免维护阀控式全密封铅酸蓄电池主要技术指标如下：均衡充电单体电压 2.30 ~ 2.35V；浮充电单体电压 2.23 ~ 2.27V；端电压的均衡性由若干个单体组成一体的蓄电池，其各单体间的开路电压最高与最低差值 ≤ 20mV。

3. 电源监控系统

鉴于通信电源的重要性，对其进行监控已成为提高电源系统稳定性和可靠性、实现安全供电和维护管理的一个不可缺少的环节。通信电源系统的各电源设备应配备具有监控性能和接口的监控单元，各站（场）的监控信号经数据采集器采集，通过以太网通信接口经传输系统送至控制中心。在控制中心的网管中心设置一套通信电源监控系统，对全线各站、停车场的通信电源设备进行遥控、遥信、遥测，实时监控系统和设备运行状态，记录和处理相关数据，及时发现故障，实现对 UPS、交流配电柜、直流高频开关电源、防雷器的工作状态，以及蓄电池组的充、放电情况的监控和管理。

4. 通信电源系统的防雷要求

通信电源系统的防雷主要通过通信电源设备机内设置的分级防雷装置实现。在交流配电设备输入端的 3 根相线及零线应分别对地加装防雷器；在整流设备输入端、不间断电源设备输入端均应加装防雷器；在直流配电设备输出端应加装浪涌吸收装置。通信电源设备机内采用的防雷器应带远程遥信监控模块。

二、通信接地系统

接地系统是通信电源系统的重要组成部分，它不仅直接影响通信电源系统和通信设备的正常运行，而且还起到保护人身安全和设备安全的作用。

1. 接地方式的分类

接地方式可分为分散式接地方式和联合接地方式两种。

2. 地铁通信接地系统组成

地铁的通信接地系统宜采用联合接地的接地方式，在各车站（场）、控制中心均设置一组通信接地系统。接地系统由室外接地体和室内地线盘组成。室外接地体可由供电系统设置，它通过两条不同的引接线与通信电源室内地线盘的接地铜排相连。通信接地系统接地电阻标准为接地体接地电阻应 ≤ 1Ω（自地线盘处测得）。接地装置用来接引以下各类设备：①直流电源需要接地的一极；②通信设备的保安避雷器；③通信设备、通信电源设备的机架、机壳；④引入电缆、室内电缆和配线的金属护套或屏蔽层。

通信设备接地要求见表 8-1。

车站通信设备接地要求   表 8-1

接地体类型	分设室外接地体阻值（Ω）			合设室外接地体阻值（Ω）
	联合接地	保护接地	防雷接地	
车站	1~4	10	10	1

注：通信防雷接地可与建筑防雷接地共用。

实训任务

任务 8.1　城市轨道交通通信系统认知

任务描述

（1）对城市轨道交通通信系统有一个清晰的认识。

（2）准备教学资料。

（3）学生分组讨论学习计划。

（4）学生分组讨论学习城市轨道交通通信系统的基础知识，传输、公务电话与专用有线调度、无线列车调度、闭路电视监控、广播、时钟、乘客信息、UPS 不间断电源等子系统的相关知识。

（5）各组将学习的成果进行交流并汇报。

（6）对学生的学习情况进行评价。

任务准备

（1）在多媒体教室或城市轨道交通通信与信号车间现场，根据场地和需要确定学生人数。

（2）教学用的 PPT、视频及相关教学引导资料。

（3）考评表。

任务考评

将考评结果填入表 8-2 中。

任务实施过程考评表   表 8-2

	考评项目	配分	考评指标	学生自评	小组互评	教师评定
知识准备	基础知识回顾、制订学习计划	5	熟悉的程度			
任务组成	城市轨道交通通信系统的组成	5	熟悉的程度			
	传输子系统的组网模式	5	熟悉的程度			

续上表

考评项目		配分	考评指标	学生自评	小组互评	教师评定
任务组成	传输子系统的功能	5	熟悉的程度			
	公务电话子系统	5	熟悉的程度			
	专用有线调度子系统	5	熟悉的程度			
	无线列车调度子系统的组成	5	熟悉的程度			
	无线列车调度子系统的功能	5	熟悉的程度			
	专网调度与集群调度	5	熟悉的程度			
	无线列车调度子系统的应用	5	熟悉的程度			
	视频监视系统的组成	5	熟悉的程度			
	闭路电视子系统的功能	5	熟悉的程度			
	广播子系统的组成和功能	5	熟悉的程度			
	时钟子系统的组成、功能和组网	5	熟悉的程度			
	乘客信息子系统的组成和功能	5	熟悉的程度			
	UPS 不间断电源子系统的构成、功能及原理	5	熟悉的程度			
	任务实施过程记录	5	详细性			
	所遇问题与解决记录	5	成功性			
讨论过程的表现		5	遵守上课纪律、态度认真			
协调合作，成果展示		5	小组成员的参与积极性、成果展示的效果			
成绩						
总成绩 （根据需要按照自评、互评和教师评价作百分比计算，以学生为主、教师为辅）						

达标练习题

一、填空题

1. 广播系统的主要作用是_____和_____。

2. 城市轨道交通电视监控系统分_____和_____。

3. 时钟系统为 _____、_____、

_____和 _____等专业设备提供统一的定时信号。

4. GPS 的含义是 _____。

二、选择题

1. 数字通信系统的组成主要有（   ）。

    A. 信源编码器　　　B. 信道编码器　　　C. 同步系统　　　D. 噪声源

2. 传输介质是指连接通信对于 ATC 系统而言，网络发送方和接收方的物理通路。共有三种类型传输介质包括（   ）。

    A. 金属导体介质　　B. 光导纤维介质　　C. 无线介质　　　D. 超导体介质

3. 传输系统一般由（   ）组成。

    A. 车站设备　　　　B. 传输线路　　　　C. 控制中心设备　　D. 公用电话网

4. 公务电话子系统设备组成包括（   ）。

    A. 自动电话　　　　　　　　　　　　B. 程控交换机

    C. 传输系统的数字中继线路　　　　　D. 传输系统的附属设备

5. 关于城市轨道交通时钟系统的组成包括（   ）等设备。

    A. 中心母钟　　　　B. 二级母钟　　　　C. 子钟　　　　　D. 终端监控

三、简答题

1. 简述城市轨道交通通信系统的组成。

2. 简述城市轨道交通通信系统中专用电话子系统的功能。

3. 简述城市轨道交通通信系统中无线集群调度子系统的功能。

4. 简述城市轨道交通通信系统中视频监视子系统的功能。

5. 简述城市轨道交通通信系统中广播子系统的功能。

6. 简述城市轨道交通通信系统中时钟子系统的功能。

附　录

常用城市轨道交通信号系统英文缩写对照表

缩写	全　称	缩写	全　称
ATC	列车自动控制系统 Automatic Train Control	STC	车站控制器 Enhanced Station Controller
ATO	列车自动运行系统 Automatic Train Operation	RTS	远程终端单元 Remote Terminal System
ATP	列车自动保护系统 Automatic Train Protection	CTC	调度集中 Centralized Traffic Control
ATS	列车自动监控系统 Automatic Train Supervision	OBE	车载设备 On-Board Equipment
ATB	列车自动折返 Automatic Turn-Back	CA	控制中心自动控制（模式）Control Automation（Mode）
CBTC	基于通信的列车控制系统 Communications-Based Train Control	CM	人工控制模式 Controlled by Manual Mode
LCW	本地控制台 Local Control Workstation	LC	本地控制 Local Control
LCP	局部控制盘 Local Control Panel	SM/ATPM	ATP 监督下的人工驾驶（列车模式）Supervised Manual Train Operation（Train Operation Mode）
LEU	轨旁电子单元 Lineside Electrical Unit	AM	列车自动运行驾驶（模式）Automatic Driving Mode
HMI	人机接口 Human Machine Interface	SCR	车站控制室 Station Controlle Room
AP	接入点 Access Point	PSD	站台站台门 Platforms Screen Door
OCC	控制中心 Operation Control Center	UPS	不间断电源 Uninterrupted Power Supply
CC	车载控制器 Carborne Controller	PIIS	乘客信息系统 Passenger Information and Indication System
LOW	现场操作工作站 Local Operator Workstation	DTI	发车计时器 Depart Timer Interface
PTI	列车识别系统 Positive Train Identification	TDT	列车发车计时器 Train Departure Timer
RM	限制人工驾驶（模式）Restricted Manual Driving Mode	OCS	光纤通信系统 Optic Communication System
NRM	非限制人工驾驶（模式）No-restricted Manual Driving Mode	TWC	车-地通信 Traffical Wayside Communication
DCS	数据通信子系统 Data Communication System	DSU	数据储存储单元 Database Storage Unit
ZC	区域控制器 Zone Controller	VCC	车辆控制中心 Vehicle Control Centre
OC	目标控制器 Objective Controller	WE	轨旁设备 Wayside Equipment
TC	轨道电路 Track Circuit		

参 考 文 献

[1] 郎宗栊,曾小清,姜季生.轨道交通信号控制基础[M].北京:同济大学出版社,2007.

[2] 何宗华,汪松滋,何其光.城市轨道交通通信信号系统运行与维修[M].北京:中国建筑工业出版社,2007.

[3] 刘伯鸿,李国宁.城市轨道交通信号[M].成都:西南交通大学出版社,2011.

[4] 高嵘华,吴广荣.城市轨道交通信号基础设备维护[M].成都:西南交通大学出版社,2011.

[5] 张喜.城市轨道交通信号与通信概论[M].北京:北京交通大学出版社,2012.

[6] 上海申通地铁集团有限公司轨道交通培训中心.城市轨道交通通信技术[M].北京:中国铁道出版社,2012.

[7] 王燕梅,宋保卫.城市轨道交通信号与通信系统[M].北京:中央广播电视大学出版社,2014.

[8] 贾毓杰.城市轨道交通通信与信号[M].2版.北京:机械工业出版社,2014.